파이썬
딥러닝
머신러닝
입문

파이썬 딥러닝 머신러닝 입문

초판 1쇄 발행 | 2021년 1월 5일
초판 2쇄 발행 | 2022년 3월 10일

지 은 이 | 오승환
발 행 인 | 이상만
발 행 처 | 정보문화사

책 임 편 집 | 노미라

주 소 | 서울시 종로구 동숭길 113 (정보빌딩)
전 화 | (02)3673-0037(편집부) / (02)3673-0114(代)
팩 스 | (02)3673-0260
등 록 | 1990년 2월 14일 제1-1013호
홈 페 이 지 | www.infopub.co.kr

I S B N | 978-89-5674-900-6

Python

Deep Learning
Machine Learning

파이썬 딥러닝 머신러닝 입문

오승환 지음

정보문화사
Information Publishing Group

'머신러닝'과 '딥러닝'이란 단어가 일반 대중에게도 상당히 친숙해지고 있다. 점점 더 많은 사람들이 인공지능과 데이터 분석에 관심을 갖게 되었고, 직업으로 선택하려는 사람들도 어렵지 않게 찾아볼 수 있다. 인공지능 대학원도 여러 곳에 설립되고 있고, 사회적 관심이 늘어난 만큼 온라인과 오프라인에서 다양한 학습 기회가 제공되고 있다.

그럼에도 불구하고 여전히 많은 사람들에게 머신러닝과 딥러닝이 낯선 분야인 것은 사실이다. 쉽게 다가서기 어려운 용어들과 코딩에 대한 막연한 두려움이 인공지능 기술을 직접 배우려는 생각을 하지 못하게 막아서는 것일 수도 있다. 파이썬 프로그램을 PC에 설치하는 과정부터가 넘기 어려운 장벽이 되는 경우도 많이 지켜보았다.

필자는 IT 비전공자로서 늦은 나이에 파이썬을 배우기 시작했지만, 인공지능 분야에 눈을 뜨면서 파이썬 실력과 인공지능에 대한 지식이 동시에, 매우 빠른 속도로 향상하는 경험을 했다. 얼마 전에는 인공지능 경진대회에서 우승을 하기도 했다. 파이썬을 공부하기 시작한지 불과 3년 남짓 되는 시간 동안, '파이썬 머신러닝 판다스 데이터 분석'과 '실무자를 위한 파이썬 100제'에 이어 벌써 세 번째 책을 쓰고 있다. 그리고 입문자를 위한 파이썬 기반 머신러닝, 딥러닝 강의를 비롯한 인공지능 산업 발전을 위한 다양한 활동을 하고 있다.

이 책을 통해 파이썬과 인공지능을 독학하며 느낀 점과 입문자를 위한 강의를 진행해온 경험에 비추어, 이 분야를 처음 공부하는 사람들이 반드시 알아야 하는 핵심 개념을 단계적으로 제시하려고 한다. 파이썬 코딩을 배우는 목적이 인공지능 기술을 직접 실무 또는 실생활에 활용하는 것이 된다면 학습 효과는 배가될 것이다. 이 책의 예제를 하나씩 따라하다 보면 최신 머신러닝 기법을 적용하고 간단한 딥러닝 모델을 직접 설계하는 경험을 할 수 있다.

다시 강조하지만, 이론보다는 실습이 중요하다. 두려움은 잠시 내려 두고 일단 시작해 보자. 이 책의 예제 코드를 따라서 하나씩 실행하다 보면, 어느덧 초급자를 넘어 준전문가로 성장해 나가는 자신의 모습을 발견할 수 있을 것이다.

오승환

이 책을 보는 방법

이 책은 머신러닝과 딥러닝을 처음 시작하는 입문자를 대상으로 한다. 핵심 개념을 간단하게 설명하면서 실습을 통해 자연스럽게 따라해 보는 방법으로 구성했다. 특히 인공지능 경진대회에 자신의 분석 결과물을 제출해 보는 실습을 통해 실력 향상과 동기 부여라는 두 가지 목적을 동시에 달성하는 것을 목표로 한다.

PART 01은 파이썬 코드를 입력하고 실행하는 방법을 설명한다. 짧은 코드를 입력하고 바로 실행할 수 있기 때문에 초보자도 어렵지 않게 따라할 수 있다. 파이썬 프로그램을 PC에 설치하지 않아도 되고, 인터넷 접속이 가능한 컴퓨터만 있으면 충분하다.

PART 02는 인공지능 학습 기법을 적용하는데 필요한 최소한의 파이썬 프로그래밍 기초를 다룬다. 이 책에서는 파이썬의 고급 기술은 다루지 않는다. 파이썬을 잘 활용하는 독자라면 이 부분은 건너뛰어도 된다. 그러나 복습하는 의미에서 가볍게 살펴보기를 추천한다.

PART 03은 데이터를 수집하고 정리하는데 필요한 판다스(Pandas) 핵심 개념을 다루고, 사이킷런(Sklearn)의 다양한 머신러닝 기법을 간단한 예제들을 실행하며 익힌다. 코드를 외울 필요는 없지만 직접 코드를 입력하고 실행 결과를 비교하는 것이 중요하다.

PART 04는 실제 경진대회 사이트에서 데이터를 다운로드 받고, 머신러닝 분석을 통해 결과를 예측해 본다. 대회 사이트에 결과물을 제출하고 전체 참가자 중에서 각자 랭킹을 확인한다. 이 책으로 배운 내용을 실전 경진대회에 적용해 보면서 실력을 업그레이드할 수 있다.

PART 05는 딥러닝 기본 구조를 다룬다. 머신러닝 분석에서 다룬 정형 데이터를 가지고 분류, 회귀 문제를 해결하면서 딥러닝 학습 방법을 배운다. 텐서플로 2 기반의 케라스(Keras) 사용법을 주로 다룬다.

PART 06은 이미지, 자연어, 시계열 예측 등 다양한 딥러닝의 응용 사례를 다룬다. 딥러닝 모델이 예측한 결과를 경진대회에 제출하는 예제를 포함한다. 복잡한 수식과 이론 설명보다는 가장 단순한 구조의 모델을 직접 만들어 보면서 딥러닝에 친숙해지는 것을 목표로 한다.

PART 01 개발 환경 설정

PART 02

파이썬 기초

PART 03 머신러닝 입문

PART 04

머신러닝 응용

PART 05

딥러닝 입문

PART 06

딥러닝 응용

PART 01
개발 환경 설정

코드를 직접 입력하고 실행하는데 필요한 기본적인 환경을 소개한다.
구글 코랩의 사용법과 구글 드라이브에 예제 코드를 업로드하는 방법을
설명한다.

01 구글 코랩이란?

코랩은 구글 클라우드 환경에서 파이썬 데이터 분석을 가능하게 하는 무료 코드 에디터이다. 웹브라우저에서 바로 실행하기 때문에 인터넷 접속이 가능한 컴퓨터와 스마트폰만 있다면 자유롭게 사용 가능하다. 파이썬 사용자들에게 널리 알려진 주피터 노트북(Jupyter Notebook) 환경을 기반으로 만들어졌고, 사용방 법이 쉽고 편리하다는 장점이 있다.

- 설치가 필요 없다.
- 인터넷이 접속되는 컴퓨터만 있으면 사용 가능하다.
- 머신러닝, 딥러닝에 필요한 GPU 환경이 지원된다. 별도로 그래픽카드를 살 필요가 없다.
- 무료로 사용 가능하다.

구글 코랩을 사용할 때 제한 사항이 있다. 무료 계정의 경우 사용 12시간이 넘으면 세션이 종료된다. 그리고 메모리(RAM)와 저장 장치 디스크 용량에 제한이 있다. 이런 제한 없이 사용하려면 유료 서비스를 구독해야 한다. 이 책의 예제는 무료 계정이면 충분하다.

02 코랩 시작하기

코랩을 사용하려면 구글 계정이 필요하다. 웹브라우저를 열고 구글 계정에 로그인하면 사용할 준비가 끝난다. 이 책에서는 크롬 웹브라우저를 기준으로 설명한다.

2-1 구글 계정 로그인

웹브라우저에 구글 주소(www.google.com)를 입력하고 [로그인] 버튼을 누른다. 구글 계정을 선택한다. 계정이 없으면, 새로운 계정을 만든다.

[그림 1-1] 구글 홈페이지 로그인

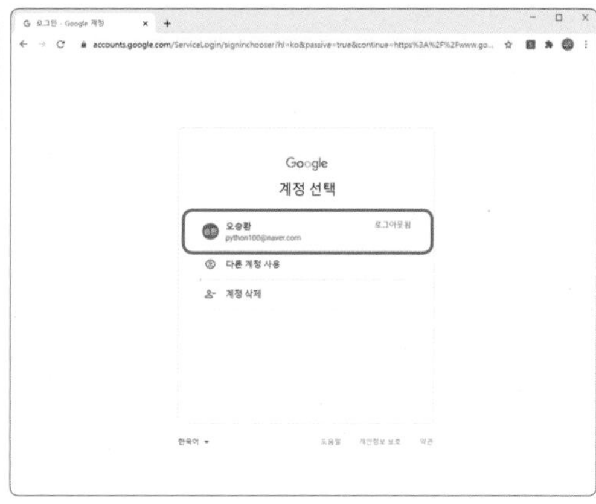

[그림 1-2] 구글 계정 선택

계정 비밀번호를 입력한다. 로그인이 완료되면, 프로필 이미지가 표시된다.

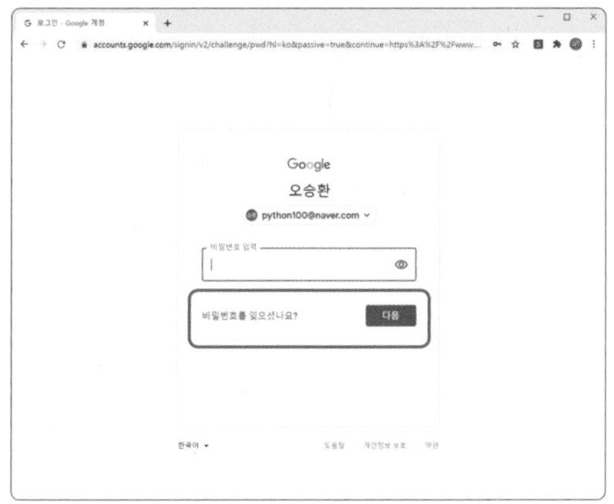

[그림 1-3] 비밀번호 입력

[그림 1-4] 로그인 완료

2-2 구글 코랩 실행하기

화면 오른쪽 위의 "Google 앱" 메뉴를 클릭하면 다음과 같이 실행 가능한 앱이 표시된다. 여기서 "드라이브" 앱을 찾아 선택한다.

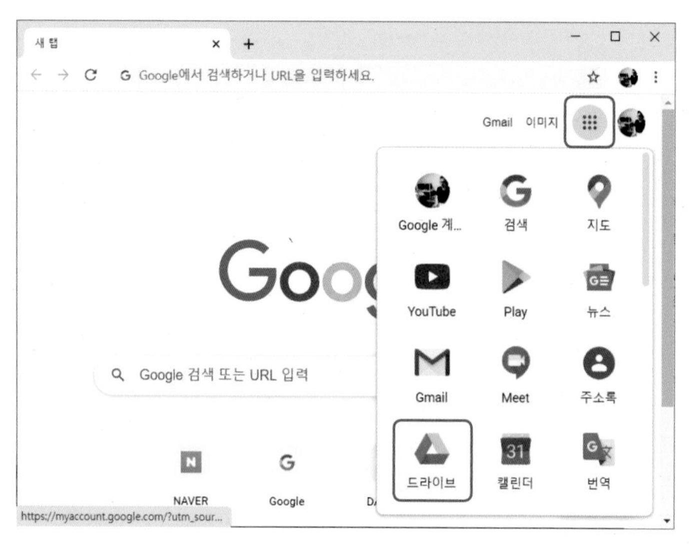

[그림 1-5] 구글 드라이브 실행

다음과 같이 구글 드라이브가 실행되면 왼쪽 메뉴에서 [새로 만들기] 버튼을 누른다.

[그림 1-6] 구글 드라이브 메인 회면

[새로 만들기] 버튼을 클릭하면 다음과 같이 팝업 메뉴가 나타난다. "Google Colaboratory"를 찾아 선택한다. 메뉴에서 보이지 않는 경우 "연결할 앱 더보기"를 클릭해서 "Google Colaboratory"를 검색하여 설치한다.

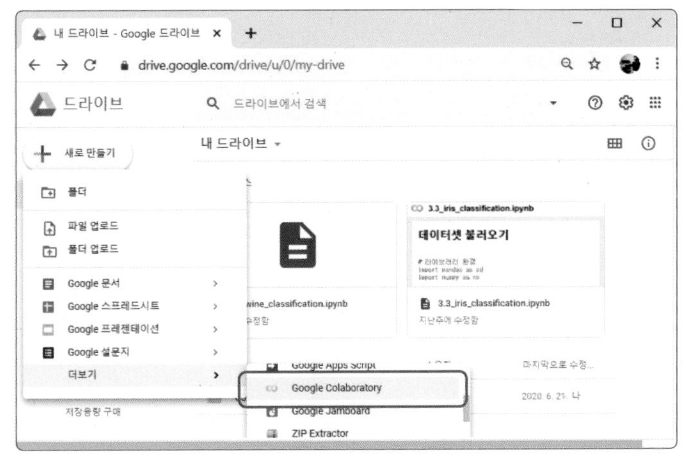

[그림 1-7] 구글 코랩 실행

다음과 같이 노트북 파일이 실행된다. 파일명은 "Untitled0.ipynb"이다. 코드 셀 안쪽 영역에 커서가 깜박이고, 셀의 왼쪽에는 입력한 코드를 실행하는 ● 버튼이 보인다.

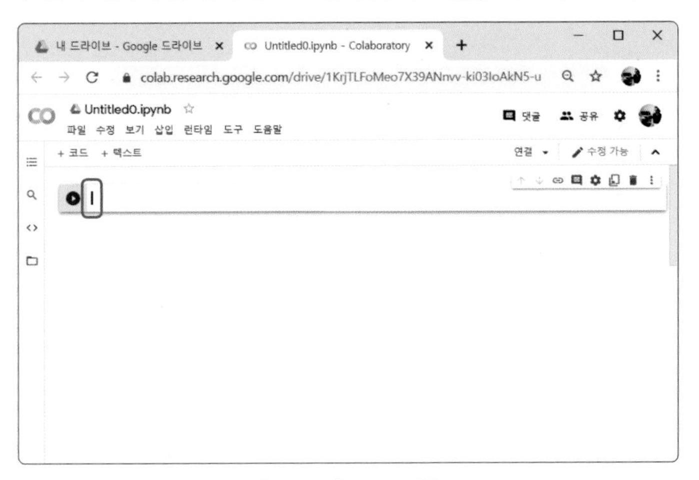

[그림 1-8] 노트북 실행

03 "Hello, Colab" 코딩하기

코드 셀에 다음과 같이 1+1을 입력하고 실행한다. 코드 셀에 입력된 파이썬 코드를 실행하려면 실행 ▶ 버튼을 클릭하거나 Shift+Enter를 동시에 누른다.

〈소스〉 1.1_hello.ipynb

```
[1]  1+1
```

코드 셀 아래 부분에 "1+1"의 덧셈 결과값인 2가 출력된다. 그리고 실행 결과의 아래 쪽에 새로운 코드 셀이 자동 생성되어 새로운 코드를 입력할 수 있는 상태가 된다.

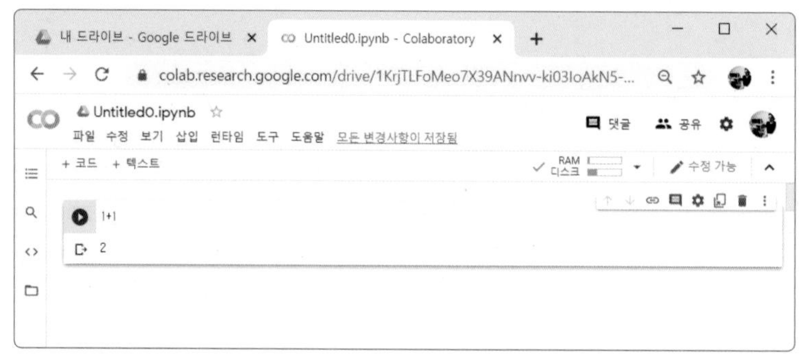

[그림 1-9] 덧셈 연산 실행 결과

"Hello Colab"을 화면에 출력해 본다. 파이썬의 print 명령을 이용하면 괄호 안에 입력한 데이터를 화면에 출력할 수 있다. 코드 셀에 다음과 같이 입력하고 실행 버튼을 누른다.

```
[2]  print("Hello Colab")
```

[그림 1-10] print 명령 실행 결과

Tip 함수(function)는 입력값을 받아 변환 과정을 거쳐 출력값을 내는 코드를 미리 만들어 저장해 놓은 명령이다. 다음 장에서 자세히 알아보자.

파일 이름을 변경하려면 왼쪽 위에 있는 파일 이름(Untitled0.ipynb) 부분을 클릭한다. 파일명을 "hello.ipynb"로 변경한다. ipynb는 주피터 노트북 파일 형식을 나타낸다.

[그림 1-11] 파일 이름 바꾸기

Tip [파일] 메뉴에서 [노트 이름 변경]을 선택하는 방법도 가능하다. 노트북 파일을 저장하려면 [File] 메뉴에서 [Save]를 선택하거나, Ctrl+S를 동시에 누른다. 이때 노트북 파일은 구글 드라이브에 저장된다.

04 예제 파일 업로드하기

정보문화사 홈페이지(infopub.co.kr) 자료실에서 예제 파일을 다운로드 받아 파일의 압축을 해제한다. 이 책에서는 폴더 이름을 example이라고 가정한다. 구글 드라이브를 실행하고 [내 드라이브] 폴더를 선택한다.

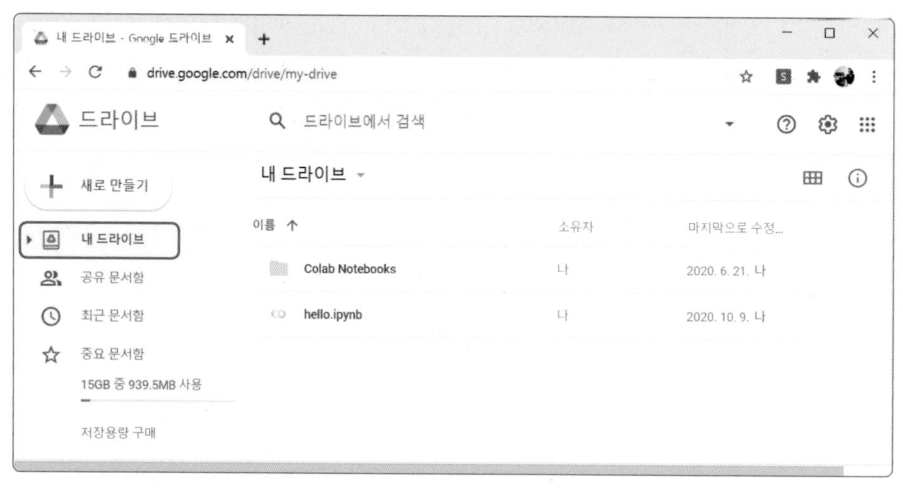

[그림 1-12] 구글 드라이브 - 내 드라이브

업로드할 파일 또는 폴더를 선택하고 마우스 왼쪽 버튼을 계속 누른 채 내 드라이브 영역으로 끌어온 뒤 마우스를 놓는다. 드래그&드롭 방식으로 업로드하는 방법이다.

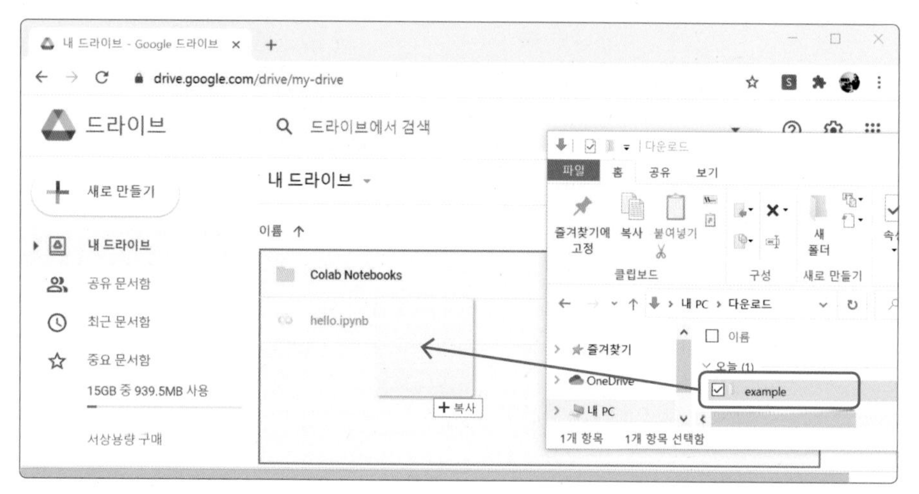

[그림 1-13] 구글 드라이브 연결 허용

Tip [내 드라이브] 메뉴에서 마우스 오른쪽 버튼을 클릭하면 팝업 메뉴가 나타난다. 여기서 업로드를 선택하는 방법도 있다.

업로드가 완료되면 내 드라이브에 업로드된 파일 또는 폴더가 표시된다.

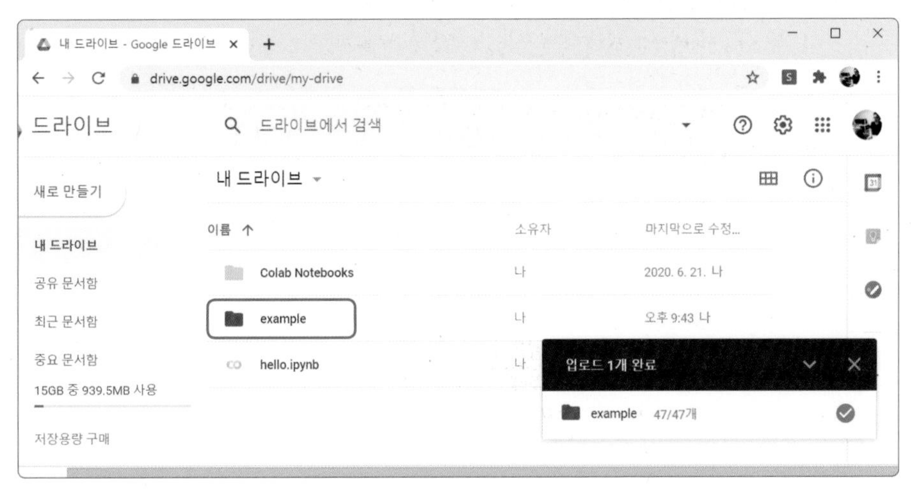

[그림 1-14] 업로드 완료

업로드한 노트북을 실행한다. 실행하려는 노트북 파일을 선택하고, 마우스 오른쪽 버튼을 클릭한다. [연결 앱] 중에서 [Google Colaboratory]를 선택하면 노트북이 실행된다.

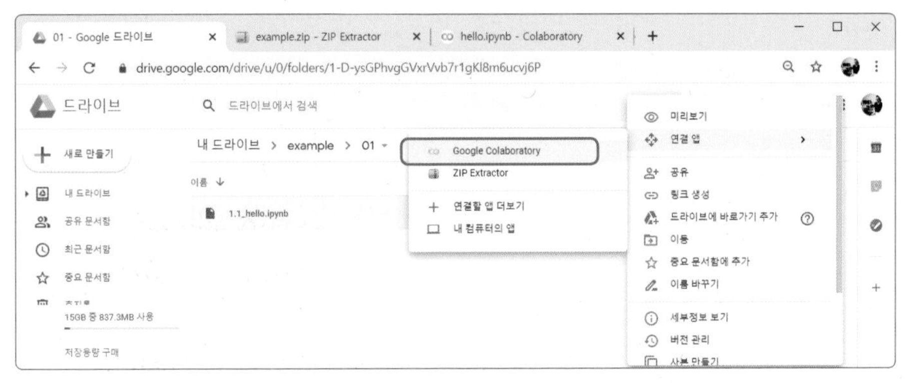

[그림 1-15] 구글 코랩 실행하기

Tip 코랩이 실행된 상태라면 노트북 화면에서 [파일] - [노트 열기] 메뉴를 선택해서 실행할 수 있다.

PART 02
파이썬 기초

파이썬의 기초적 문법과 실습 예제를 소개한다. 머신러닝(Machine Learning)과 딥러닝(Deep Learning) 입문에 필요한 핵심 개념을 다룬 만큼 반드시 실습해 보기 바란다. 특히 PART 3에서 배울 판다스 자료구조(DataFrame)를 이해하는데 필수적인 인덱싱(indexing), 슬라이싱(slicing) 개념을 잘 익혀두는 것이 중요하다.

01 프로그래밍 기본 개념

컴퓨터는 연산에 필요한 데이터를 키보드 등 입력 장치를 통해 전달받고, 연산 장치(CPU, GPU)에서 계산한 결과를 모니터, 프린터와 같은 출력 장치를 통해 보여준다.

1-1 데이터 입력과 출력

코랩을 실행하고 새로운 노트북을 연다. [File] 메뉴에서 [New notebook]을 선택하면 된다. 코드 셀의 안쪽 영역을 선택하면 커서가 반짝거리면서 활성화된다.

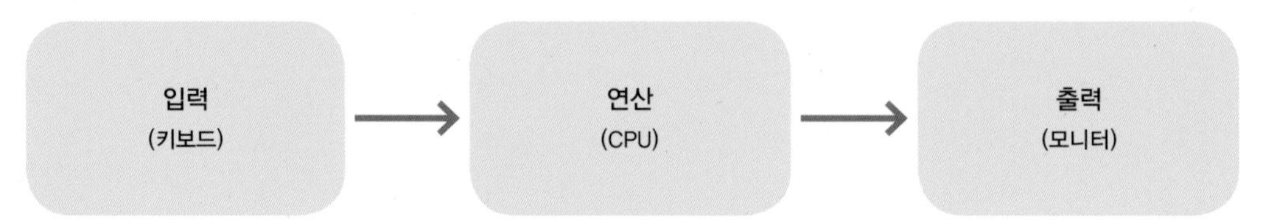

[그림 2-1] 데이터의 입력, 연산, 출력 프로세스

[입력 단계] 키보드를 이용하여 1+2를 입력한다. 1과 2는 데이터(또는 자료)라고 부르고, 더하기(+) 연산 기호를 연산자라고 말한다. [연산 단계] 코드 셀 왼쪽의 실행(▶) 버튼을 누르면, 컴퓨터는 입력값을 읽어 덧셈 연산을 처리한다. [출력 단계] 코랩은 실행 결과를 코드 셀 아래 쪽에 표시한다. 1과 2를 더한 값인 3이 출력된다.

〈소스〉 2.1_input_processing_output.ipynb

```
[1] 1+2
```

```
3
```

Tip 다운로드 받은 예제 파일들은 가능하면 참고용으로 활용하고, 새 노트북에 직접 코드를 입력해 보는 것이 좋다.

1-2 변수에 저장

데이터를 저장 장치에 기록해 두고 필요할 때마다 불러와 사용할 수 있다. 이때 변수를 사용하는데, 변수는 데이터가 저장되는 메모리의 위치(주소)를 기억한다. 따라서 변수를 이용해 메모리에 저장된 값을 불러올 수 있다. 이 과정을 '어떤 값을 변수에 할당'한다고 말한다.

숫자 5를 변수에 할당해 보자. 변수 이름은 자유롭게 정할 수 있는데, 다음의 예제에서는 var1이라는 변수 이름을 사용하고 있다. 여기서 등호(=)는 '좌변과 우변이 같다'는 뜻이 아니고, '우변에 있는 값(5)을 좌변의 변수(var1)에 할당한다'는 뜻이다. var1 변수에 5가 저장된다고 이해하자. 코드 셀을 실행하면 화면에 결과가 표시되지 않는다. 변수에 값을 할당하는 과정만 처리되고 출력 단계를 거치지 않은 상태다. 오류 메시지가 나오지 않았기 때문에 var1 변수에 숫자 5라는 값이 잘 저장된 것이다.

```
[2]  var1 = 5
```

변수 이름을 코드 셀에 입력하고 실행하면 변수에 할당되어 있는 값이 화면에 표시된다. 앞의 코드에서 var1 변수에 할당해 놓은 숫자 5가 화면에 출력된다.

```
[3]  var1
```
```
5
```

var1 변수에 다른 값을 할당하면 var1 변수의 값이 변경된다. 이처럼 저장하는 값이 변할 수 있다는 의미에서 변수(variable)라고 부른다.

```
[4]  var1 = 10
     var1
```
```
10
```

Tip 코드 셀에 입력할 때 줄 바꿈을 하려면 엔터(Enter)를 누른다. 여러 줄에 걸쳐서 파이썬 명령을 입력할 수 있고, 각 줄이 별도의 독립된 하나의 명령을 나타낸다. 위에서 아래로 한줄씩 실행된다.

var2 변수에 숫자 20을 할당한다. var2 변수명을 실행하면 저장된 값인 20이 표시된다.

```
[5]  var2 = 20
     var2
```
```
20
```

변수끼리 더한 값을 다른 변수에 할당할 수 있다. var1 변수와 var2 변수를 더하면, 두 변수에 할당되어 있는 값들을 더한다. 즉, 10과 20이 더해지고 덧셈의 결과인 30이 var3 변수에 할당된다.

```
[6]  var3 = var1 + var2
     var3
```

```
30
```

1-3 화면에 출력

파이썬 내장 함수인 print 명령을 사용하여 화면에 출력한다. print 함수의 괄호 안에 화면에 표시하려는 대상을 입력한다. var1 변수를 입력하면 변수가 저장하고 있는 값인 10을 출력한다.

```
[7]  print(var1)
```

```
10
```

변수를 대신하여 연산식(var1 + var2)을 입력하는 것도 가능하다. 덧셈 결과인 30이 출력된다.

```
[8]  print(var1 + var2)
```

```
30
```

쉼표(,)로 구분해서 여러 객체를 입력하면 서로 한 칸 간격을 띄우고 출력된다. 예제의 `print(var1, var2)` 코드는 var1 변수의 값과 var2 변수의 값을 한 칸 띄우고 출력하라는 뜻이다. 숫자 10과 20이 한 칸 띄우고 출력된다.

```
[9]  print(var1, var2)
```

```
10 20
```

파이썬에서 따옴표 안에 입력하는 글자 또는 숫자를 문자열로 인식한다. 큰 따옴표(" ")와 작은 따옴표(' ') 모두 사용할 수 있다. 문자열을 print 함수에 입력하면 따옴표를 제외하고 따옴표 안의 문자열 값을 화면에 출력한다. `print("□□:", var1 + var2)`라는 코드는, "덧셈:" 문자열과 연산식(var1 + var2)의 결과값인 30을 한 칸 띄우고 출력하라는 뜻이다.

```
[10] print("덧셈:", var1 + var2)
```

```
덧셈: 30
```

Tip 따옴표 안의 문자열 내용은 그대로 출력된다.

02 자료형

파이썬 프로그래밍 언어는 다양한 종류의 데이터를 형태와 특성에 맞게 표현할 수 있도록 여러 가지 자료형(data type)을 제공한다. 앞에서 잠깐 다뤄본 숫자와 문자를 나타내는 숫자형과 문자열 자료형부터 자세히 살펴보자.

2-1 숫자형

숫자형은 숫자가 갖는 특성을 프로그래밍 언어로 구현한 데이터 유형을 말한다. 숫자형 데이터는 정수형(int)과 실수형(float)으로 구분된다. 자연수와 정수는 정수형으로 정의하고, 소수점이 있는 숫자는 실수형으로 정의한다.

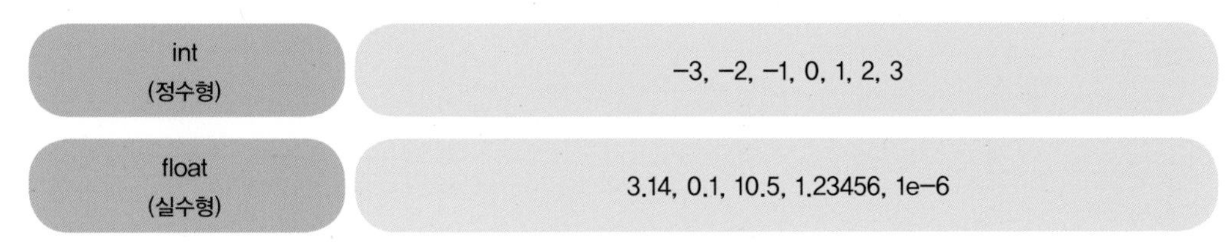

[그림 2-2] 숫자형 데이터의 종류

var1 변수에 정수 10을 입력한다. 자료형을 확인할 때 type 함수를 이용한다. type 함수에 의해 출력되는 값 int는 정수를 뜻하는 integer를 줄인 말이다. 즉, var1 변수가 가리키는 값인 10이 정수형 데이터라는 뜻이다.

〈소스〉 2.2_data_types_1.ipynb

```
[1]  var1 = 10
     type(var1)
```

```
int
```

var2 변수에 소수점이 있는 숫자 3.14를 입력한다. type 함수로 확인해 보면, var2 변수의 데이터는 실수형을 나타내는 float로 확인된다.

```
[2] var2 = 3.14
    type(var2)
```
```
float
```

var3에는 정수 1과 2를 더한 값을 저장한다. var4에는 정수 3과 실수 0.14를 더한 값을 저장한다. type 함수로 자료형을 확인하고 print 함수로 출력한다. 정수형과 정수형을 더하면 정수형(var3)이 되지만, 정수형과 실수형의 덧셈 결과는 실수형(var4)이 된다.

```
[3] var3 = 1 + 2
    var4 = 3 + 0.14

    print(type(var3))
    print(type(var4))
```
```
<class 'int'>
<class 'float'>
```

2-2 문자열

문자열(string)은 따옴표 안에 입력한다. 큰 따옴표(" ") 또는 작은 따옴표(' ') 안에 알파벳, 한글, 숫자, 공백(띄어쓰기), 기호 등을 입력하면 문자열 데이터로 인식한다. 따옴표 안에 Easy라는 문자를 입력하고, str1 변수에 저장한다. str1 변수의 값을 출력해서 확인해 본다.

〈소스〉 2.3_data_types_2.ipynb

```
[1] str1 = "Easy"
    str1
```
```
'Easy'
```

type 함수로 문자열의 자료형을 확인해 보면, string을 나타내는 str로 표시된다.

```
[2] print(type(str1))
```
```
<class 'str'>
```

따옴표 안에 입력된 문자들의 형태가 그대로 유지된 상태로 하나의 객체를 이룬다. 다음의 예제를 보면 띄어쓰기 공백도 그대로 유지된다.

```
[3] str2 = '파이썬 딥러닝'
    str2
```

```
파이썬 딥러닝
```

따옴표 안에 문자와 숫자를 함께 사용해도 모두 문자열로 인식된다.

```
[4] str3 = 'ver1.0'
    print(type(str3))
```

```
<class 'str'>
```

str1 변수가 저장하고 있는 'Easy' 문자열은 E, a, s, y라는 4개의 문자를 원소로 갖는다. len 함수는 원소의 개수를 계산하는데, 문자열의 길이(문자의 개수)가 4라는 것을 알 수 있다.

```
[5] len(str1)
```

```
4
```

2-2-1 문자열 인덱싱

[그림 2-3]과 같이 인덱스(index)는 어떤 배열 안에 원소가 위치하고 있는 순서를 나타낸다. 첫 번째 원소의 위치를 인덱스 0으로 하고, 두 번째 인덱스는 1이 된다. 이처럼 숫자 1씩 증가시켜 다음 위치를 나타내는 인덱스 숫자를 표시한다.

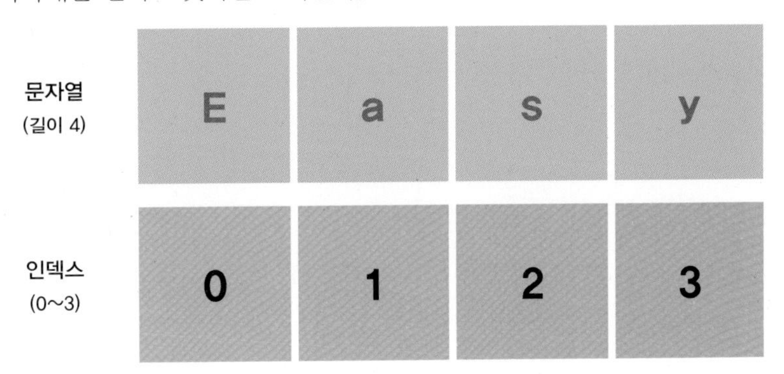

[그림 2-3] 문자열 인덱싱(앞에서부터 순서를 셀 때)

원소를 선택할 때는 대괄호([ ]) 안에 위치 순서를 나타내는 인덱스 숫자를 입력한다. 첫 번째 인덱스는 0으로 표기하므로 str1 변수의 값인 'Easy' 문자열의 첫 번째 원소인 "E"가 선택된다.

```
[6]  str1[0]
```

```
'E'
```

길이가 4인 'Easy' 문자열의 끝 위치를 나타내는 인덱스는 앞에서부터 0, 1, 2, 3 순서이므로 4번째 인덱스인 3을 사용한다. 'Easy' 문자열의 4번째 위치에 있는 마지막 원소 "y"가 선택된다.

```
[7]  str1[3]
```

```
'y'
```

인덱스 배열의 순서를 뒤에서 앞으로 표현할 수 있다. 이때 끝 위치를 나타내는 인덱스는 −1로 정의한다. [그림 2−4]와 같이 뒤에서 앞자리로 이동하면서 숫자 1씩 줄여서 표현한다.

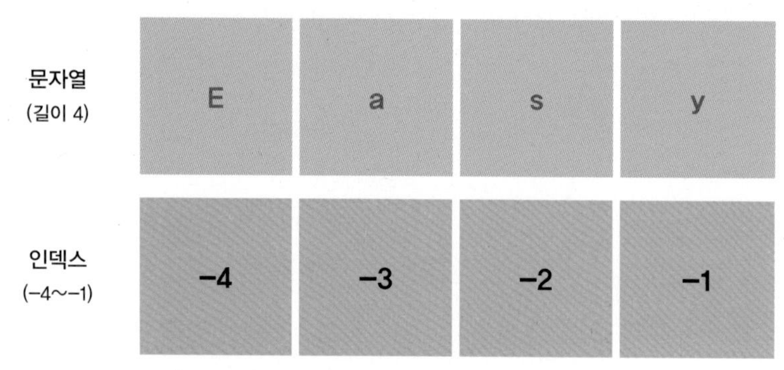

[그림 2−4] 문자열 인덱싱(뒤에서부터 순서를 셀 때)

'Easy' 문자열의 마지막 원소인 "y"를 선택하기 위해서는 [−1]로 인덱스를 표시한다.

```
[8]  str1[-1]
```

```
'y'
```

배열의 뒤에서 인덱스 순서를 나타낼 때는 −1, −2, −3, −4 순서로 표시하므로, 뒤에서 3번째 원소인 "a"를 선택하려면 인덱스 −3을 사용한다.

```
[9]  str1[-3]
```

```
'a'
```

2-2-2 문자열 슬라이싱

슬라이싱(slicing) 기법은 인덱스 범위를 지정하여 여러 개의 원소를 추출하는 방법이다. [시작 인덱스:끝 인덱스] 형식으로 추출하려는 범위를 입력한다.

다음의 예제에서 범위를 [0:3]으로 지정하면 3을 포함하지 않고 0, 1, 2 인덱스에 해당하는 "Eas"를 추출한다. 즉, 범위를 지정할 때 시작 인덱스는 포함하지만 끝 인덱스는 포함하지 않는다.

```
[10] str1[0:3]
```

```
'Eas'
```

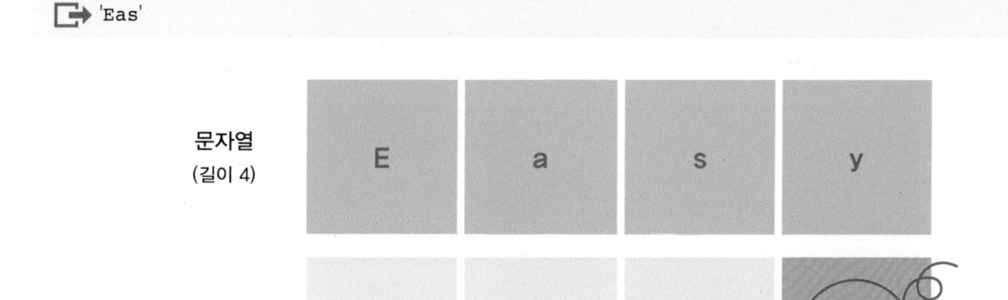

[그림 2-5] 문자열 슬라이싱

뒤에서부터 슬라이싱하는 경우에도 끝 인덱스 값은 포함하지 않는다. [-3:-1] 범위로 지정하면, 시작 인덱스인 -3과 범위 중간에 있는 인덱스 -2에 해당하는 "as" 문자열을 추출한다. 끝 인덱스인 -1에 해당하는 "y" 문자열은 포함되지 않는 점에 유의한다.

```
[11] str1[-3:-1]
```

```
'as'
```

뒤에서 3개의 문자를 선택하려면 범위를 [-3:]과 같이 입력한다. 이처럼 끝 인덱스를 지정하지 않으면 끝 인덱스 위치에 해당하는 문자("y")까지 포함된다. 따라서 "asy"가 선택된다.

```
[12] str1[-3:]
```

```
'asy'
```

2-2-3 문자열 중간에 문자열 끼워 넣기

문자열 안의 특정 위치에 원하는 문자열을 끼워 넣는 방법이다. %s는 문자열을 넣을 위치를 나타낸다. "%s 파이썬 딥러닝" 문자열에 str1 변수의 값을 %s 위치에 대신 끼워 넣는다. 즉, str1 변수의 값인 "Easy"가 %s 위치에 들어가 "Easy 파이썬 딥러닝"이라는 문자열을 만든다.

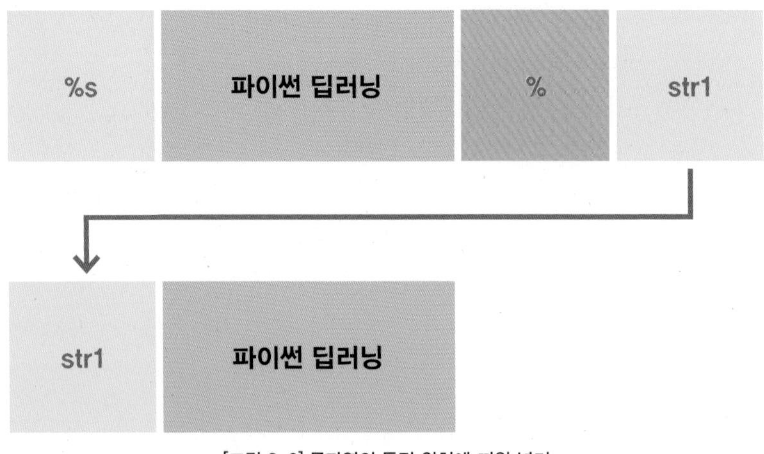

[그림 2-6] 문자열의 특정 위치에 끼워 넣기

```
[13] str4 = "%s 파이썬 딥러닝" % str1
     str4
```

```
'Easy 파이썬 딥러닝'
```

2-3 리스트

리스트(list)는 여러 개의 데이터를 하나의 모음(집합)으로 다루고 싶을 때 사용하는 대표적인 자료형이다. 여러 개의 원소를 담는 집합 또는 꾸러미라고 생각하면 쉽다.

리스트를 만들기 위해서는 대괄호([ ]) 안에 여러 개의 원소를 쉼표(,)로 구분하여 입력한다. 다음의 예제는 1~5까지 정수를 원소로 갖는 리스트 객체를 만들고, 이 객체를 list1 변수에 저장한다.

〈소스〉 2.4_data_types_3.ipynb

```
[1]  list1 = [1, 2, 3, 4, 5]
     list1
```

```
[1, 2, 3, 4, 5]
```

type 함수로 list1 변수의 자료형을 확인해 보면 리스트라는 것을 알 수 있다.

```
[2]  type(list1)
```

```
list
```

원소가 1개인 리스트를 만들어 본다. 리스트를 표현하는 대괄호 안에 숫자 10을 원소로 입력하고, list2 변수에 저장한다. print 함수로 list2 변수가 저장하고 있는 리스트를 출력한다. type 함수로 리스트 객체임을 확인할 수 있다.

```
[3]  list2 = [10]
     print(list2)
     print(type(list2))
```

```
[10]
<class 'list'>
```

list( ) 함수에 배열을 입력하지 않으면 원소가 없는 빈 리스트를 생성한다. list3 변수에 저장하고, print 함수로 출력한다. 대괄호 안에 원소가 없는 빈 리스트가 표시된다.

```
[4]  list3 = list()
     print(list3)
```

```
[]
```

Tip list 함수는 배열을 입력받아 리스트로 변환해 주는 명령이다.

[ ]와 같이 원소를 추가하지 않고 대괄호만 입력하는 방법으로 빈 리스트를 만들 수 있다.

```
[5] list4 = []
    list4
```
```
[]
```

2-3-1 리스트를 원소로 갖는 리스트

모든 종류의 파이썬 객체는 리스트의 원소가 될 수 있다. 따라서 리스트도 다른 리스트의 원소가 될 수 있다. [ ] 안에 3개의 리스트 객체를 담아 리스트들을 원소로 갖는 리스트를 만든다.

```
[6] list_of_list = [list1, list2, list3]
    list_of_list
```
```
[[1, 2, 3, 4, 5], [10], []]
```

Tip '객체지향 프로그래밍'이라는 말을 들어봤을 것이다. 객체(object)는 프로그램에서 사용되는 변수, 자료형, 함수 등 메모리에 저장되어 있는 대상을 가리킨다.

type 함수로 list_of_list의 자료형을 체크해보면 리스트임을 알 수 있다.

```
[7] type(list_of_list)
```
```
list
```

2-3-2 리스트 인덱싱

문자열의 인덱싱과 비슷하다. 인덱스(index)는 리스트 안에서 각 원소가 위치하고 있는 순서를 나타낸다. 첫 번째 원소의 인덱스가 0이고, 두 번째 원소의 인덱스는 1이 된다.

[[1, 2, 3, 4, 5], [10], [ ]]

인덱스 0 인덱스 1 인덱스 2

[그림 2-7] list of list 인덱싱

list_of_list는 3개의 리스트를 원소로 갖는다. 첫 번째 위치(인덱스 0)에 있는 원소를 선택한다. 원소 5개를 갖는 리스트(list1)이 출력된다.

```
[8] list_of_list[0]
```
```
[1, 2, 3, 4, 5]
```

list_of_list[0]은 첫 번째 위치(인덱스 0)에 있는 원소를 추출한다. 이 원소는 리스트([1, 2, 3, 4, 5])이므로 [1]과 같이 인덱싱하면 5개의 원소 중에서 두 번째 원소인 2를 추출한다.

```
[9]  list_of_list[0][1]
```
```
2
```

list_of_list의 마지막 원소를 추출하려면 인덱스 −1을 사용한다. 빈 리스트가 출력된다.

```
[10] list_of_list[-1]
```
```
[]
```

Tip 리스트의 길이(원소의 개수)가 3이므로 세 번째 위치를 나타내는 인덱스 2를 사용하여 마지막 원소인 빈 리스트([ ])를 선택할 수도 있다.

인덱스 위치를 뒤에서부터 카운트할 수 있다. 이때 마지막 인덱스가 −1이고 끝에서 두 번째 원소 위치는 −2, 세 번째는 −3으로 나타낸다. 다음의 예제는 인덱스 −3을 사용하여 뒤에서 세 번째 원소를 추출한다. list_of_list는 원소가 3개이므로 뒤에서 세 번째는 앞에서 첫 번째와 같다.

```
[11] list_of_list[-3]
```
```
[1, 2, 3, 4, 5]
```

2-3-3 리스트 슬라이싱

리스트 원소의 위치(인덱스) 범위를 지정하여 여러 개의 원소를 추출한다. 문자열 슬라이싱 방법과 비슷하다. 다음의 예제에서 인덱스 범위를 [0:2]로 지정하면 0부터 1(범위의 끝인 2를 제외)까지 인덱스에 해당하는 원소가 선택된다. 즉, 앞에서 2개 원소를 추출한다.

```
[12] list_of_list[0:2]
```
```
[[1, 2, 3, 4, 5], [10]]
```

2-3-4 리스트에 새로운 원소 추가

리스트의 맨 뒤에 새로운 원소를 추가할 수 있다. 리스트 객체에 도트(.) 연산자를 이용하여 append 메소드를 적용한다. 다음의 예제는 리스트인 list1 객체에 원소 100을 추가한다. 기존 원소들 뒤에 6번째 원소로 100이 추가되는 것을 확인할 수 있다.

```
[13] list1.append(100)
     list1
```
```
[1, 2, 3, 4, 5, 100]
```

Tip 메소드(method)는 나중에 설명할 클래스 자료구조 내부에서 정의된 함수를 말한다. 클래스 자료에 어떤 기능을 처리할 때 사용하는 명령이다. 리스트 자료형은 클래스로 구현되어 있는데, append 메소드는 리스트에 새로운 원소를 추가하는 명령이다.

이번에는 원소가 없는 리스트인 list3에 원소를 추가해 본다. append 함수로 7, 8, 9를 순서대로 하나씩 추가한다. list3 객체를 출력하면 원소 7, 8, 9가 순서대로 추가된 것을 알 수 있다.

```
[14] list3.append(7)
     list3.append(8)
     list3.append(9)
     list3
```

```
[7, 8, 9]
```

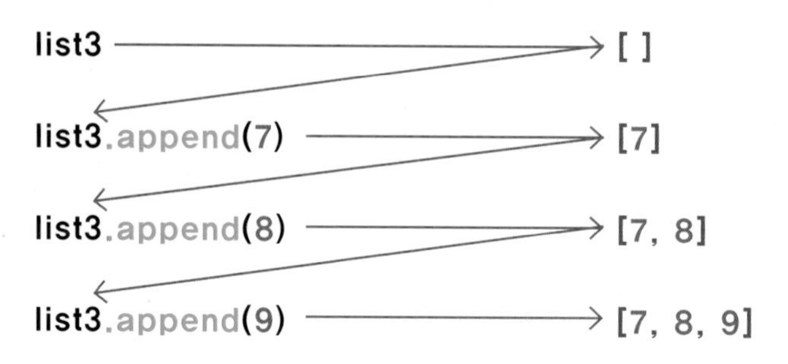

[그림 2-8] append 메소드로 리스트에 새로운 원소 추가

2-4 투플

투플(tuple)은 리스트 자료구조와 형태가 비슷하다. 여러 원소를 순서대로 저장할 수 있고 각 원소를 쉼표(,)로 구분한다. 단, 리스트는 [ ] 안에 원소를 입력하지만, 투플은 ( ) 안에 원소를 입력한다.

가장 큰 차이점은 투플은 리스트와 다르게 원소를 추가하거나 삭제할 수 없다는 점이다. 즉, 프로그램이 실행되는 동안 데이터의 순서와 값이 바뀌지 않아야 하는 경우에 주로 사용한다.

다음의 예제는 숫자 1과 2를 원소로 갖는 투플을 만든다. ( ) 안에 원소를 입력한다.

〈소스〉 2.5_data_types_4.ipynb

```
[1] tuple1 = (1, 2)
    tuple1
```

```
(1, 2)
```

type 함수로 투플의 자료형을 확인한다.

```
[2] type(tuple1)
```

```
tuple
```

리스트와 마찬가지로 서로 다른 자료형을 갖는 원소를 담을 수 있다. 문자열 "a", "b"와 숫자 100을 원소를 갖는 투플을 만들어 본다.

```
[3] tuple2 = ("a", "b", 100)
    tuple2
```

```
('a', 'b', 100)
```

원소가 없는 빈 투플을 만드는 두 가지 방법은 tuple 함수를 사용하거나, 빈 괄호를 사용한다.

```
[4] tuple3 = tuple()
    tuple4 = ()
    print(tuple3)
    print(tuple4)
```

```
()
()
```

리스트와 마찬가지로, 원소의 위치를 나타내는 인덱스는 0, 1, 2, ...와 같이 0부터 시작한다. 따라서 tuple2의 첫 번째 원소 'a'는 인덱스 0을 사용하여 선택할 수 있다.

```
[5] tuple2[0]
```

```
'a'
```

인덱스의 범위를 지정하여 선택하는 슬라이싱 방법도 적용 가능하다. 두 번째 위치의 원소부터 마지막 위치의 원소까지 선택하려면 시작 인덱스로 1을 지정하고 끝 인덱스는 지정하지 않는다.

```
[6] tuple2[1:]
```

```
('b', 100)
```

2-5 딕셔너리

여러 개의 원소를 담는 자료형 중에서 딕셔너리(dictionary)는 형태가 독특하다. "키(key) : 값(value)" 쌍을 원소로 갖는데, 중괄호 { } 안에 원소(키 : 값)를 쉼표(,)로 구분하여 입력한다.

```
{ 키1:값1, 키2:값2, 키3:값3, … }
   ↑         ↑         ↑
  원소 1     원소 2     원소 3
```

[그림 2-9] 딕셔너리 구조

'name'(이름)과 'age'(나이)를 키로 하는 딕셔너리를 만든다. 'name' 키는 문자열 데이터 'Jay'와 짝을 이루고, 'age' 키는 숫자형 데이터 20과 짝이 된다. 딕셔너리 객체를 dict1 변수에 저장한다.

〈소스〉 2.6_data_types_5.ipynb

```
[1] dict1 = {'name':'Jay', 'age':20}
    dict1
```

```
{'age':20, 'name':'Jay'}
```

딕셔너리 객체의 자료형을 type 함수를 사용하여 확인한다. dict는 'dictionary'를 뜻한다.

```
[2] type(dict1)
```

```
dict
```

키는 서로 짝을 이루는 값을 대표하는 이름이 된다. 따라서 키를 사용하면 매칭되는 값을 추출할 수 있다. 대괄호 [ ] 안에 'name' 키를 입력하면 매칭되어 있는 문자열 데이터인 'Jay'를 추출한다.

```
[3] dict1['name']
```

```
'Jay'
```

대괄호 [ ] 안에 'age' 키를 입력하여 짝을 이루고 있는 숫자형 데이터인 20을 추출한다.

```
[4] dict1['age']
```

```
20
```

딕셔너리에 원소를 추가하려면 추가하려는 원소의 키를 대괄호 [ ] 안에 입력하고, 짝이 되는 값을 할당 연산자(=) 오른쪽에 입력한다.

다음은 숫자 4개를 원소로 갖는 리스트 객체를 'grade'라는 키와 매칭하여 딕셔너리(dict1)에 추가하는 코드이다.

```
[5] dict1['grade'] = [3.0, 4.0, 3.5, 4.2]
    dict1
```

```
{'age':20, 'grade':[3.0, 4.0, 3.5, 4.2], 'name':'Jay'}
```

딕셔너리의 키를 따로 추출한다. 딕셔너리 객체에 도트 연산자(.)를 사용하여 keys( ) 메소드를 적용한다.

```
[6] dict1.keys()
```

```
dict_keys(['name', 'age', 'grade'])
```

딕셔너리의 값을 따로 추출하기 위해 values( ) 메소드를 사용한다.

```
[7] dict1.values()
```

```
dict_values(['Jay', 20, [3.0, 4.0, 3.5, 4.2]])
```

items( ) 메소드를 사용하면, (키, 값) 형태의 투플 구조로 키와 매칭되는 값을 함께 추출한다.

```
[8] dict1.items()
```

```
dict_items([('name', 'Jay'), ('age', 20), ('grade', [3.0, 4.0, 3.5, 4.2])])
```

03 연산자

숫자 연산을 하는데 사용하는 연산 기호를 산술연산자라고 부른다. 논리 연산은 참(True)과 거짓(False)을 판별하는 논리 규칙을 처리한다. True와 False와 같이 진리값(참, 거짓)을 표현하는 자료형을 불린(boolean) 또는 부울(bool)이라고 부른다. 또한 비교연산자를 사용하면 숫자의 크기를 비교할 수 있다.

3-1 산술연산자

숫자를 더하는 덧셈 연산자(+)를 사용하여 코드 셀에 1+2를 입력하고 실행해 본다. 숫자가 아닌 문자열에 덧셈 연산자(+)를 적용할 수 있다. 숫자가 아니기 때문에 덧셈을 하는 것이 아니라, 문자열을 하나로 결합한다.

〈소스〉 2.7_operators_1.ipynb

```
[1] 1+2
```

```
3
```

3개의 문자열을 결합하는데, 중간에 있는 " " 문자열은 하나의 공백(띄어쓰기)을 나타낸다. "Good"과 "Morning" 사이에 띄어쓰기 한 칸이 들어가게 된다.

```
[2] new_str = "Good" + " " + "Morning"
    new_str
```

```
'Good Morning'
```

뺄셈 연산자(-)를 사용한다. 2에서 3을 뺀 결과는 음수 -1이다.

```
[3] 2-3
```

```
-1
```

곱셈 연산자(*)를 이용한다. 3과 4의 곱셈 결과인 12가 출력된다.

```
[4] 3*4
```

```
12
```

문자열에 곱셈 연산자(*)를 적용할 수 있다. 문자열 "a"에 숫자 3을 곱하면 문자열을 3번 반복해서 결합한다. 따라서 문자열 "a"가 'aaa'와 같이 변환된다.

```
[5] "a" * 3
```
```
'aaa'
```

나눗셈 연산자(/)는 나눗셈의 결과값을 실수로 계산한다. 5를 3으로 나눈 1.666…이 출력된다.

```
[6] 5/3
```
```
1.6666666666666667
```

// 연산자는 나눗셈의 몫을 계산한다. 5를 3으로 나눈 몫은 1이다.

```
[7] 5//3
```
```
1
```

% 연산자는 나눗셈의 나머지를 계산한다. 5를 3으로 나눈 나머지는 2이다.

```
[8] 5%3
```
```
2
```

**연산자는 거듭제곱을 나타낸다. 다음의 예제는 3^2을 계산한다.

```
[9] 3**2
```
```
9
```

3-2 논리연산자

코드 셀에 참을 나타내는 True를 입력해 실행한다. 논리식이 True이므로 True를 반환한다.

〈소스〉 **2.8_operators_2.ipynb**

```
[1] True
```
```
True
```

not 연산자를 사용하여 True 값을 부정하면, 논리적으로 거짓을 나타내는 False가 된다.

```
[2] not True
```
```
False
```

False 값의 자료형을 type 함수로 확인하면, boolean의 약자인 bool로 표시된다.

```
[3] type(False)
```
```
bool
```

두 개의 명제를 논리곱 또는 논리합 연산을 할 경우 진리값을 나타내는 진리표는 다음과 같다.

명제 P	명제 Q	논리곱 (P ∧ Q) 또는 (P and Q)	논리합 (P ∨ Q) 또는 (P or Q)
True	True	True	True
True	False	False	True
False	True	False	True
False	False	False	False

[표 2-1] 진리표

두 개의 명제를 and 연산자(P 그리고 Q)로 결합하는 경우, 두 명제를 모두 만족하는 경우만 참이 된다. 두 명제 모두 True인 경우만 True로 판별된다. False가 어느 한쪽에 있으면 False이다.

```
[4] print(True and True)
    print(True and False)
    print(False and False)
```
```
True
False
False
```

두 개의 명제를 or 연산자(P 또는 Q)로 결합하는 경우, 두 명제 중 하나만 만족해도 참이다. 따라서 True가 하나라도 포함된 경우는 True, 모두 False인 경우는 False로 판별된다.

```
[5] print(True or True)
    print(True or False)
    print(False or False)
```
```
True
True
False
```

3-3 비교연산자

'==' 연산자는 '서로 같다'라는 뜻을 나타낸다. 다음의 예제에서 숫자 3은 당연히 3과 같기 때문에 True로 판별된다.

〈소스〉 2.9_operators_3.ipynb

```
[1] 3==3
True
```

'!=' 연산자는 '서로 다르다'라는 뜻이다. 같은 숫자가 다르다는 것은 거짓(False)으로 판별된다.

```
[2] 3!=3
False
```

다음의 예제는 동일한 문자열이 서로 같은지 비교하므로 True 값을 돌려준다.

```
[3] 'a'=='a'
True
```

같은 문자열이 다르다는 명제는 거짓이므로 False를 반환한다.

```
[4] 'a'!='a'
False
```

두 변수가 갖는 값을 비교할 수 있다. var1 변수와 var2 변수가 저장하고 있는 데이터는 "a" 문자열로 동일하기 때문에 두 변수가 같다는 명제는 True로 판별된다.

```
[5] var1='a'
    var2='a'
    var1==var2
True
```

숫자 값의 크기를 비교하는 부등식 연산도 가능하다. 부등식을 만족하면 True를 반환하고, 만족하지 않는 경우 False를 반환한다.

```
[6] print(4 < 5)
    print(4 <= 5)
    print(4 >= 5)
    print(4 > 5)
```

```
True
True
False
False
```

and 논리연산자(P 그리고 Q)를 적용할 때 앞 뒤 조건식에 비교연산자를 사용하는 경우이다. 앞 뒤 조건식 모두 True이기 때문에 and 연산자는 True를 반환한다.

```
[7] 4 < 5 and 4 <= 5
```

```
True
```

or 논리연산자(P 또는 Q)의 앞에 있는 조건식은 True이고, 뒤의 조건식은 False이다. or 연산자는 두 조건식 중에서 하나만 True이면 전체 논리식이 True가 된다.

```
[8] 4 < 5 or 4 > 5
```

```
True
```

'a'!='a'가 False이므로, False를 부정하면 전체 논리식은 True가 된다.

```
[9] not 'a'!='a'
```

```
True
```

04 제어문

프로그램의 일부가 어떤 조건을 만족하는 경우에만 실행되어야 하거나, 반복적으로 특정한 코드를 실행하고 싶을 때 제어문을 이용한다. 프로그램을 제어하는 조건문과 반복문을 알아보자.

4-1 조건문(if)

조건문은 조건식을 만족하는 경우와 그렇지 못한 경우를 구분하여 각각 다른 프로그래밍 코드를 실행한다. 일반적으로 비교연산자와 논리연산자를 조합해서 조건식을 만든다.

4-1-1 조건식을 만족할 경우에만 명령 실행(if~)

if 조건문이 하나만 있는 경우 조건식을 만족하면 해당 명령문을 실행하고, 그렇지 않은 경우에는 if 문을 종료하고 그 다음의 코드를 실행하게 된다.

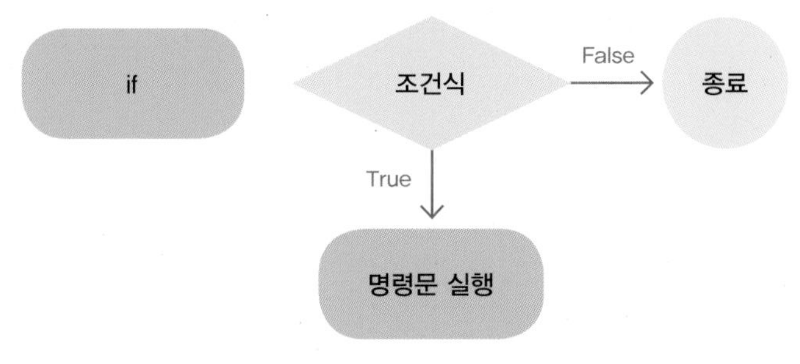

[그림 2-10] if 조건문

다음의 예제는 a 변수에 저장된 값이 짝수인지 확인한다. 짝수임을 판별하기 위해 2로 나눈 나머지가 0이라는 조건식(a % 2==0)을 사용한다. if 뒤에 조건식을 입력하고, 조건식 뒤에 콜론(:)을 붙인다. 이 조건식을 만족하면 'a는 짝수', 'a는 2의 배수'라는 문장을 출력한다.

〈소스〉 2.10_control_1.ipynb

```
[1] a = 4
    if a % 2==0:
        print("a는 짝수")
        print("a는 2의 배수")
```

```
a는 짝수
a는 2의 배수
```

Tip if 조건문을 만족할 때 실행되는 명령문 코드는 들여쓰기를 해준다. 일반적으로 4칸 들여쓰기를 한다. 들여쓰기 상태에서 여러 줄로 입력해도 된다.

다음의 if 조건식(if a % 2!=0:)은 "a를 2로 나눈 나머지가 0이 아니다"라는 명제이다. a 변수의 값은 4이고 2로 나눈 나머지는 0이므로 조건식은 거짓이다. 따라서 if 조건문에 속하는 명령문은 실행되지 않는다. 따라서 코드 셀의 아래 쪽에 아무 것도 출력되지 않는다.

```
[2] if a % 2!=0:
        print("a는 홀수")
```

4-1-2 조건을 만족하는 경우와 만족하지 않는 경우 구분(if~else)

if~else 문을 사용하면, 조건문을 만족하는 경우와 그렇지 않은 경우를 구분하여 프로그램을 제어할 수 있다.

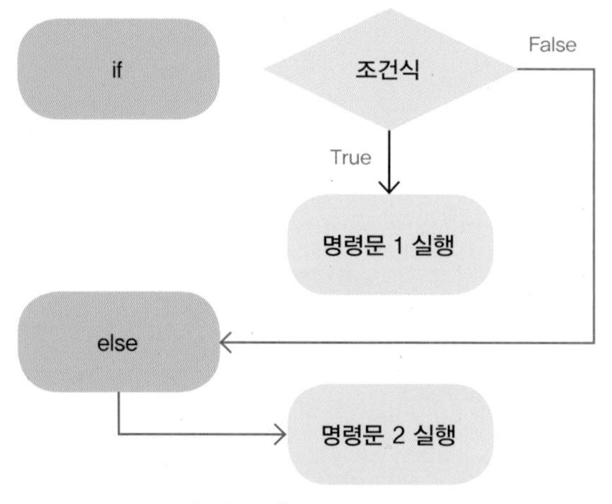

[그림 2-11] if~else 조건문

다음의 예제는 if 문의 조건식(a % 2==0)을 만족하면 "b는 짝수"라는 문자열을 출력(명령문 1)하고, 그렇지 않은 경우(else)에는 "b는 홀수"라고 출력(명령문 2)한다. 변수 b의 값은 7이므로 2로 나눈 나머지는 1이다. 따라서 if 다음의 명령문은 실행되지 않고, else 다음의 명령문이 실행된다.

```
[3] b = 7
    if b % 2==0:
        print("b는 짝수")
    else:
        print("b는 홀수")
```

```
b는 홀수
```

4-1-3 여러 조건을 중첩하여 적용(if~elif~else)

if 문과 함께 elif 문을 여러 개 사용하면, 서로 다른 조건식을 여러 개 중첩하여 적용할 수 있다. [그림 2-12]에서 조건식 1(if~)을 만족하면 명령문 1을 실행하고, 그렇지 않으면 조건식 2(elif~)를 비교한다. 이때 조건식이 참이면 명령문 2를 실행하고 그렇지 않으면 다음 조건식 3(else)을 진행한다. 즉, 앞의 조건식에 모두 해당하지 않는 경우에만 else 문의 명령문 3을 실행한다.

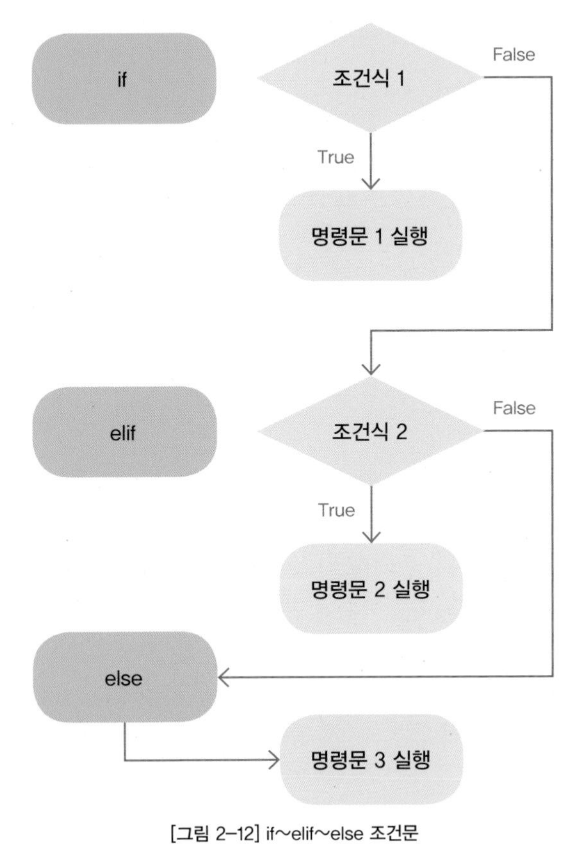

[그림 2-12] if~elif~else 조건문

다음의 예제에서 조건식 1(if c > 0:)을 만족하면 "c는 양수"라고 출력(명령문 1)하고, 조건식 2(elif c < 0:)를 만족하는 경우에는 "c는 음수"라고 출력(명령문 2)한다. 앞의 조건식에 모두 만족하지 않으면 조건식 3(else:)에 해당한다. 이때는 "c는 0"이라는 문자열을 출력(명령문 3)한다.

c의 값은 −1이므로 조건식 2(elif c < 0:)를 충족하기 때문에, 명령문 2가 실행되어 "c는 음수" 문자열을 출력한다. 이미 조건을 충족했기 때문에 조건식 3은 실행되지 않는다.

```
[4]  c = -1

     if c > 0:
         print("c는 양수")
     elif c < 0:
         print("c는 음수")
     else:
         print("c는 0")
```

```
c는 음수
```

Tip if~elif~elif~else와 같이 elif를 중첩하여 사용할 수 있다. 여러 개의 조건문 중에서 조건을 충족하는 하나의 명령문만 실행되고 나머지는 더 이상 실행되지 않는다.

4-2 for 반복문

반복문은 동일한 명령을 여러 번 반복적으로 처리하고 싶을 때 사용한다. for 반복문의 경우도 if 조건문과 같이 끝부분에 콜론(:)을 붙여 준다. 다음 줄에 들여쓰기 된 코드들이 반복 실행된다.

다음의 예제는 for 반복문을 사용하여 숫자 1, 2, 3을 순서대로 출력한다. 숫자 1, 2, 3이 원소인 리스트(num_list)를 만든다. for 반복문은 num_list의 원소를 하나씩 순서대로 들여쓰기 된 명령문에 대입한다. 따라서 num_list의 첫 번째 원소인 1이 num 변수에 할당되어 print 명령으로 실행된다. 그리고 두 번째 원소 2가 num 변수에 할당되어 출력되고, 마지막으로 원소인 3이 출력된다.

〈소스〉 2.11_control_2.ipynb

```
[1]  num_list = [1, 2, 3]
     for num in num_list:
         print(num)
```

```
1
2
3
```

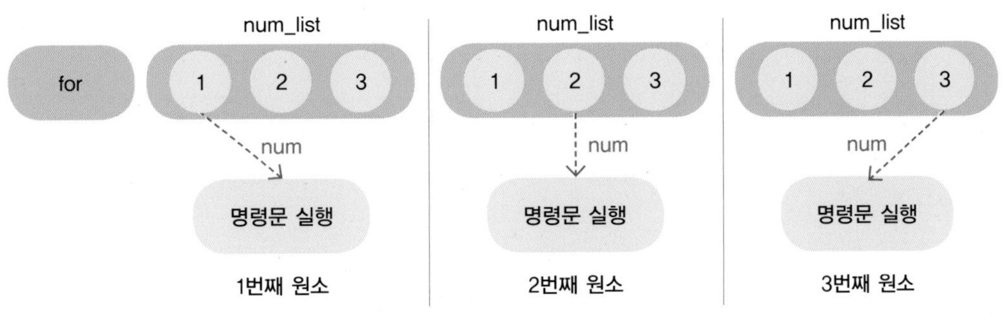

[그림 2-13] for 반복문

반복 실행되는 명령문을 들여쓰기 상태로 여러 줄에 입력하면 for 반복문에 의해 차례대로 처리된다. 다음의 예제는 리스트의 첫 번째 원소 1을 num에 할당하고, 첫 번째 print 함수로 그 값을 출력한다. 다음 줄의 print 함수는 num 값에 2를 곱한 값을 출력한다. "\n"은 줄바꿈 표시이고, print 함수에 사용하면 한 줄의 공백이 출력된다. 나머지 원소인 2와 3에 대해서도 같은 과정을 거친다.

```
[2] for num in [1, 2, 3]:
        print("기존:", num)
        print("2배:", num * 2)
        print("\n")
```

```
기존:1
2배:2

기존:2
2배:4

기존:3
2배:6
```

for 반복문과 리스트의 append 메소드를 이용하여 리스트에 원소를 추가하는 방법을 알아보자. 먼저 원소가 없는 빈 리스트([ ])를 만들고 double 변수에 할당한다. 숫자 1, 2, 3을 원소로 갖는 리스트로부터 숫자(num)를 하나씩 꺼내 2를 곱한 값(num * 2)을 리스트(double)에 추가한다.

```
[3] double = []
    for num in [1, 2, 3]:
        double.append(num * 2)

    print(double)
```

```
[2, 4, 6]
```

4-3 while 반복문

for 반복문의 반복 횟수는 반복할 객체의 원소 개수만큼 한정된다. 반면, while 반복문은 조건식을 만족하는 True인 경우에는 명령문을 실행하고 다시 조건식을 비교하는 과정을 무한 반복한다. 다만 조건식을 만족하지 못하는 False일 때는 반복문이 종료된다.

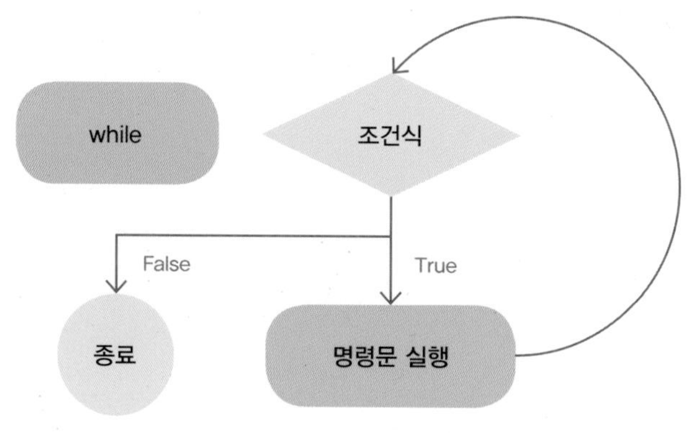

[그림 2-14] while 반복문

다음의 예제에서 num 변수의 초기값은 1이다. 1은 4보다 작기 때문에 while 문의 조건식(num < 4)이 True이고 들여쓰기 된 명령문들이 실행된다. 즉, num 변수의 값인 1을 출력하고 num 변수의 값에 1을 더한 값을 다시 저장한다. 따라서 num 변수에는 1을 더한 값인 2가 저장된다.
다시 while 반복문의 처음으로 와서 조건식을 판별한다. 2는 4보다 작기 때문에 2를 출력하고 num에 1을 더한다. 3에 대해서도 반복해서 진행한다. 3을 출력하고 num 변수에 4가 저장된다. 다시 조건식을 판별하면 num이 4보다 작다는 조건식이 False이므로 반복문을 종료한다.

〈소스〉 2.12_control_3.ipynb

```
[1] num = 1
    while num < 4:
        print(num)
        num = num + 1
```

```
1
2
3
```

앞의 코드를 변형하여 숫자 1부터 3에 대해 2를 곱한 배수를 함께 출력하는 코드를 만든다. num이 4보다 작은 경우에만 들여쓰기 된 명령문이 실행된다. 여기서, `num += 1`은 `num = num + 1`을 축약하여 표시한 것이다. 즉, num 변수의 값에 1을 더한 값을 저장하는 명령이다.

```
[2] num = 1
    while num < 4:
        print("기존:", num)
        print("2배:", num * 2)
        print("\n")
        num += 1
```

```
기존:1
2배:2

기존:2
2배:4

기존:3
2배:6
```

4-3-1 break 명령

while 반복문에서 조건식 위치에 True를 입력하면 조건식이 항상 참이므로 들여쓰기 된 명령문들은 무한 반복하며 실행된다. 이런 경우 반복문을 빠져나오기 위해 break 명령문을 사용한다.

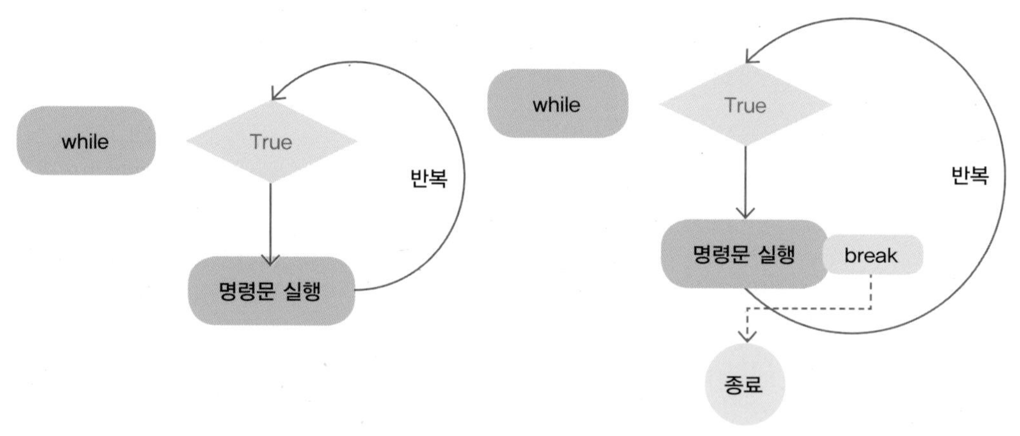

[그림 2-15] break 명령

다음의 예제는 while True 반복문으로 숫자 1, 2, 3의 2의 배수를 빈 리스트(double)에 담는다. if 조건문을 사용하여 double 리스트의 원소 개수가 3이 되면 break 문이 실행되도록 설정한다. 먼저 num 변수의 초기값은 1이므로, 2의 배수인 숫자 2가 빈 리스트인 double 변수에 추가된다. 리스트(double)의 원소 개수가 1이므로 if 조건식은 거짓이고 break 문은 실행되지 않는다. if 문을 벗어나서 while 반복문 안의 다음 코드(`num += 1`)가 실행되어 num 값은 2가 된다.

다시 while 반복문의 처음으로 돌아와서 실행된다. num 값인 2에 대하여 2를 곱한 4를 double 리스트에 추가한다. 리스트의 원소 개수는 2이므로 if 조건식은 거짓이다. 따라서 if 문을 빠져나와 코드(`num += 1`)가 실행되어 num 값은 3이 된다.

이번에는 num 값인 3에 2를 곱한 6을 double 리스트의 원소로 추가한다. 리스트의 원소 개수가 3이므로 if 조건식을 충족한다. break 명령이 실행되므로 반복문 안의 다음 코드(`num += 1`)가 실행되지 않고 바로 while 반복문을 빠져나온다. 따라서 while 문 다음의 print 함수를 처리한다.

```
[3] num = 1
    double = []

    while True:
        double.append(num * 2)
        if len(double) == 3:
            break
```

```
    num += 1

print(double)
```

```
[2, 4, 6]
```

Tip len 함수는 리스트 원소의 개수를 계산한다.

4-3-2 continue 명령

continue 명령은 while 반복문에서 continue 명령 뒤에 오는 나머지 코드를 실행하지 않고 조건식을 판별하는 while 문의 처음으로 돌아가게 한다. while 반복문을 종료하고 밖으로 나오는 break 명령과 구별해서 이해하자.

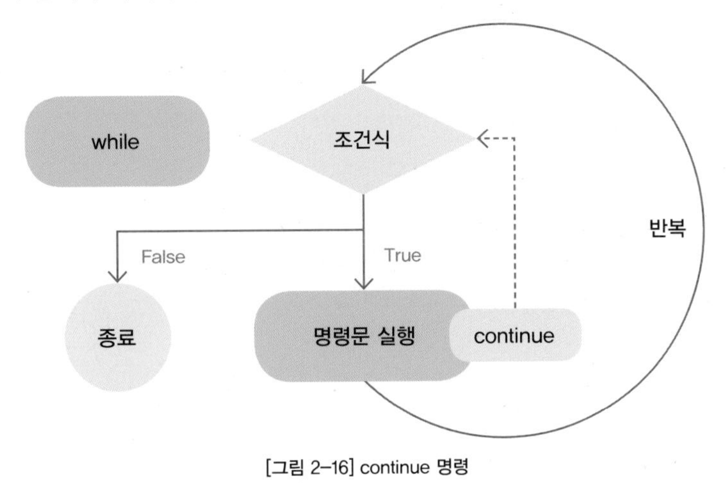

[그림 2-16] continue 명령

이번에는 1~45까지 숫자 중에서 로또 번호 6개를 추출하는 코드를 만들어 본다. range 함수는 범위를 지정하면 범위에 해당하는 정수의 배열을 생성한다. 1부터 시작하여 45까지 정수 배열을 만들려면 range(1, 46)과 같이 입력한다. 이때 범위의 끝은 포함하지 않는다. list 함수를 사용해서 range 객체를 리스트 객체로 변경하고, print 함수로 리스트 객체를 출력해 본다.

```
[4] num_range = range(1, 46)
    num_list = list(num_range)
    print(num_list)
```

```
[1, 2, 3, 4, 5, 6, 7, 8, 9, 10, 11, 12, 13, 14, 15, 16, 17, 18, 19, 20, 21, 22, 23, 24, 25, 26, 27,
28, 29, 30, 31, 32, 33, 34, 35, 36, 37, 38, 39, 40, 41, 42, 43, 44, 45]
```

다음은 오름차순으로 정렬되어 있는 45개의 숫자를 무작위(랜덤)하게 섞는다. 난수 발생을 지원하는 random 모듈을 이용한다. shuffle 함수는 입력받은 배열의 순서를 랜덤하게 섞는다.

```
[5] import random
    random.shuffle(num_list)
    print(num_list)

[6, 9, 32, 26, 39, 43, 16, 4, 7, 44, 37, 17, 11, 2, 13, 3, 5, 1, 41, 19, 24, 22, 12, 34, 27, 31, 33,
38, 42, 40, 15, 23, 30, 45, 14, 8, 36, 35, 18, 29, 10, 28, 21, 25, 20]
```

Tip random 모듈을 불러올 때 import 명령을 사용한다.

빈 리스트를 만들어 lotto 변수에 할당한다. while 반복문은 lotto 리스트에 들어 있는 원소 개수가 6보다 작으면 들여쓰기 된 명령문들을 계속 실행한다. random 모듈의 shuffle 함수로 배열을 섞어서 첫 번째 원소(num_list[0])를 추출한다. 추출한 숫자(num_selected)가 리스트(lotto)에 들어 있는지 if 조건문으로 확인한다. 리스트에 들어 있어서 조건식을 충족하면 continue 명령이 실행되어 while 반복문의 처음으로 돌아가서 다시 번호를 추출한다. 추출한 숫자가 lotto에 들어 있지 않으면, continue 명령을 수행하지 않고 append 함수가 실행되어 lotto에 새로운 원소로 추가된다. 따라서 중복 없이 6개의 서로 다른 번호가 추출된다.

```
[6] lotto = []
    while len(lotto) < 6:
        random.shuffle(num_list)
        num_selected = num_list[0]
        if num_selected in lotto:
            continue
        lotto.append(num_selected)
        print(num_selected)

    print(lotto)

35
18
25
43
45
11
[35, 18, 25, 43, 45, 11]
```

4-4 예외처리(try~except)

다음과 같이 딕셔너리를 정의한다. 딕셔너리의 키는 'name', 'age', 'grade'이다.

〈소스〉 2.13_control_4.ipynb

```
[1] data = {'name':'Jay', 'age':20, 'grade':[3.0, 4.0, 3.5, 4.2]}
    data
```

```
{'age':20, 'grade':[3.0, 4.0, 3.5, 4.2], 'name':'Jay'}
```

다음의 예제는 딕셔너리에 존재하지 않는 키('address')를 사용하면서 발생한 오류다. 실행 결과를 보면 'KeyError' 메시지를 확인할 수 있다.

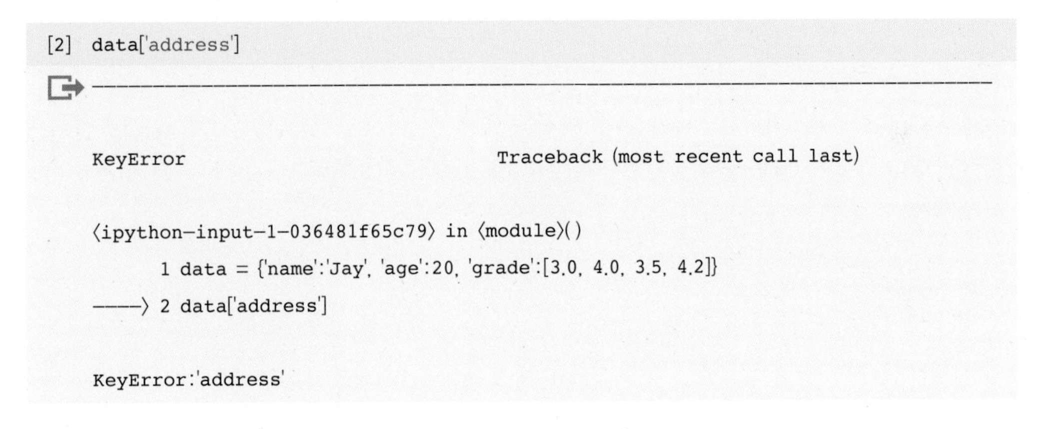

```
[2] data['address']
```

```
---------------------------------------------------------------------------

KeyError                                  Traceback (most recent call last)

<ipython-input-1-036481f65c79> in <module>()
      1 data = {'name':'Jay', 'age':20, 'grade':[3.0, 4.0, 3.5, 4.2]}
----> 2 data['address']

KeyError:'address'
```

이처럼 오류가 발생하면 프로그램이 정상적으로 실행되지 않기 때문에 예외처리 구문을 활용해서 부분적으로 오류가 발생하더라도 나머지 코드를 실행하도록 설계할 때가 있다.

try~except 구문은 어떤 코드를 실행(try)해 보고, 오류가 발생하면 예외적으로(except) 준비된 코드를 실행하는 방식으로 예외 처리를 한다. 따라서 try 부분 또는 except 부분 중에서 어느 하나만 실행된다. try 부분에 오류가 발생하면 except 부분이 무조건 실행된다.

다음의 예제는 딕셔너리에 'address'라는 키가 존재하면 매칭된 값을 출력하고(try~부분), 오류가 발생하면 "주소 정보가 없습니다"라는 메시지를 출력한다(except~부분).

```
[2] data = {'name':'Jay', 'age':20, 'grade':[3.0, 4.0, 3.5, 4.2]}
    try:
        print("주소:", data['address'])
    except:
        print("주소 정보가 없습니다")
```

```
주소 정보가 없습니다
```

오류 발생 여부와 관계없이 반드시 실행해야 하는 코드가 있을 때는 finally 구문을 추가한다. 따라서 try 부분과 finally 부분이 실행되거나 except 부분과 finally 부분이 실행된다.

다음의 예제에서는 'name' 키를 사용하여 데이터를 추출하는데 오류가 없기 때문에 try 부분이 실행되고 except 부분이 실행되지 않는다. 추가적으로 finally 부분이 실행된다.

```
[3] data = {'name':'Jay', 'age':20, 'grade':[3.0, 4.0, 3.5, 4.2]}
    try:
        print("이름:", data['name'])
    except:
        print("이름 정보가 없습니다")
    finally:
        print("모든 작업이 완료되었습니다")
```

```
이름:Jay
모든 작업이 완료되었습니다
```

05 함수

앞 부분에서 파이썬의 함수를 여러 번 사용한 바 있다. 수학시간에 배운 함수를 떠올리면 이해하기 쉽다. 어떤 입력값(x)을 받아서 변환 과정을 거쳐 출력값(y)을 돌려준다.

5-1 사용자 정의 함수

파이썬 함수는 예약어 def를 사용하여 정의한다. 예제에서 cal_modulo는 함수의 이름이고 괄호 ( ) 안의 a와 b는 입력값을 나타내는 매개변수가 된다. 콜론(:)을 끝부분에 입력한다. 콜론 다음 줄에 4칸 들여쓰기로 시작되는 코드 블록이 함수의 연산에 해당하는 부분이다. a를 b로 나눈 나머지를 temp에 저장하고, return 명령으로 반환하는 temp가 출력값(y)에 해당한다.

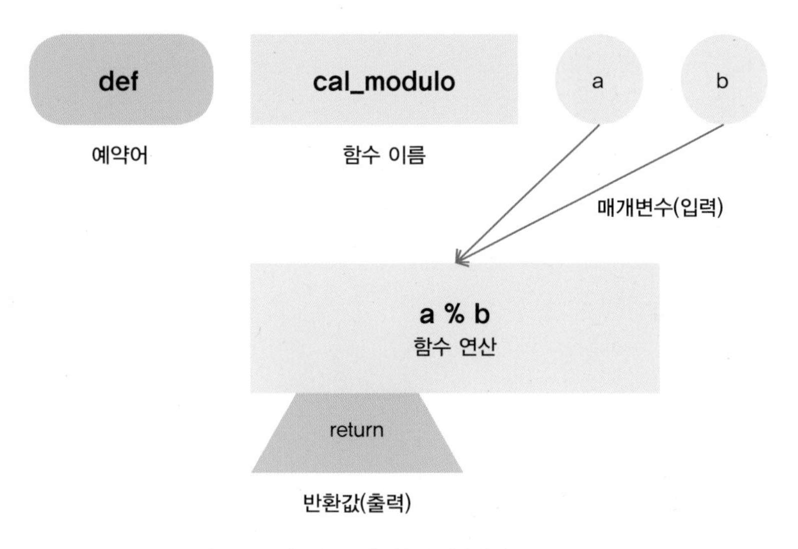

[그림 2-17] 사용자 정의 함수

이렇게 정의한 함수를 실행하려면 함수 이름을 입력하고 괄호 ( ) 안에 매개변수 위치에 입력값을 넣는다. `cal_modulo(5, 3)`에서 매개변수 순서대로 5는 a에 대입되고 3은 b에 대입된다. 함수는 5를 3으로 나눈 나머지를 계산하여 temp 변수에 저장하고 그 값인 2를 반환해 준다.

〈소스〉 2.14_function_1.ipynb

```
[1] def cal_modulo(a, b):
        temp = a % b
        return temp
    cal_modulo(5, 3)
```

```
2
```

다음과 같이 함수가 반환하는 출력값을 변수에 저장할 수 있다. `cal_modulo(10, 3)` 코드는 10을 3으로 나눈 나머지 1을 반환하는데 이 값을 modulo 변수에 할당한다. print 함수로 출력해 본다.

```
[2] modulo = cal_modulo(10, 3)
    print(modulo)
```

```
1
```

(a, b)와 같은 형태로 2개의 숫자를 원소로 갖는 투플을 사용하면, `cal_modulo` 함수의 매개변수인 a, b에 입력값으로 전달할 수 있다. 다음의 num_pairs 리스트는 3개의 투플을 원소로 갖는다. for 반복문을 이용하여 각 투플의 a, b 위치의 숫자를 `cal_modulo(a, b)` 함수의 입력값으로 전달하고 그 결과를 print 명령으로 출력한다. 5를 3으로 나눈 나머지 2를 시작으로, 2를 2로 나눈 나머지 0과 10을 3으로 나눈 나머지 1이 순서대로 출력된다.

```
[3] num_pairs = [(5, 3), (2, 2), (10, 3)]
    for a, b in num_pairs:
        modulo = cal_modulo(a, b)
        print(modulo)
```

```
2
0
1
```

다음은 2개의 숫자 쌍을 원소로 갖는 리스트(num_pairs)를 입력받아, 각 숫자 쌍에 대한 나머지 연산의 결과를 딕셔너리 형태로 정리하는 `cal_pairs_modulo` 함수이다. 이처럼 어떤 입력을 받아 필요한 연산을 해주고 결과값을 만드는 과정을 함수의 기능이라고 이해하자.

```
[4] def cal_pairs_modulo(num_pair_list):
        result = {}
        for a, b in num_pairs:
```

```
        modulo = a % b
        result[(a,b)] = modulo
    return result

mod_pairs = cal_pairs_modulo(num_pairs)
mod_pairs
```

```
{(2, 2):0, (5, 3):2, (10, 3):1}
```

함수의 연산을 처리하는 코드 블록에 다른 함수를 불러와 사용할 수 있다. 앞에서 정의한 cal_pairs_modulo 함수를 사용하여 함수의 결과값을 출력하는 print_mod_pairs 함수를 정의한다.

```
[5] def print_mod_pairs():
        print(cal_pairs_modulo(num_pairs))

    print_mod_pairs()
```

```
{(5, 3):2, (2, 2):0, (10, 3):1}
```

[4]번 코드 셀에서 return 명령에 의해 result 변수의 값을 함수의 출력값으로 정의하였다. result 변수의 값을 확인해 보기 위해 코드 셀에서 실행하면 다음과 같이 오류 메시지가 출력된다. result 변수는 `cal_pairs_modulo` 함수 안에서 정의된 지역변수(local variable)이므로 함수의 밖에서는 존재하지 않는 변수이다.

반면, 함수의 밖에서 정의한 num_pairs 변수는 [5]번 코드 셀과 같이 새로운 함수를 정의하면서 사용할 수 있다. 이처럼 파이썬 파일의 어느 부분에서도 존재하여 인식할 수 있는 변수를 전역변수(global variable)라고 부른다.

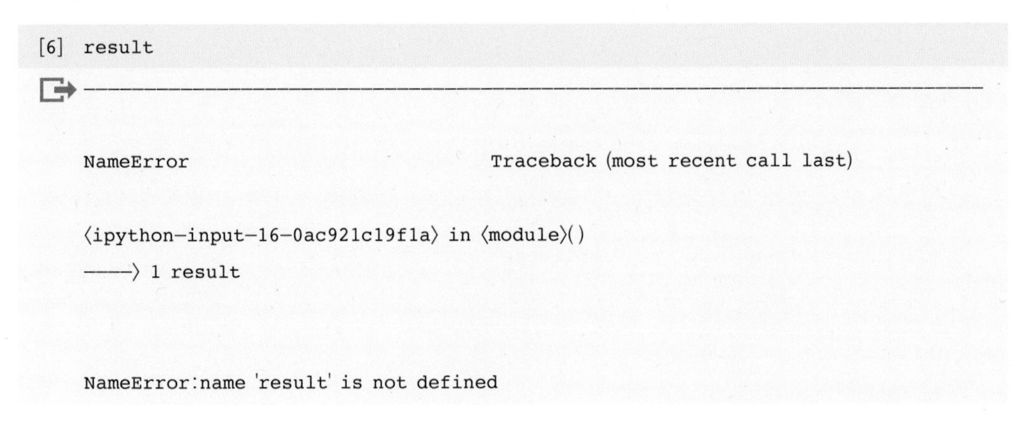

```
[6] result
```

```
---------------------------------------------------------------------------

NameError                                 Traceback (most recent call last)

<ipython-input-16-0ac921c19f1a> in <module>()
----> 1 result


NameError:name 'result' is not defined
```

5-2 람다(lambda) 함수

람다 함수를 설명하기에 앞서, 앞에서 배운 방식을 사용하여 숫자(num)를 입력받아 1을 더한 값을 출력값으로 반환하는 add_one 함수를 정의한다. 1을 입력하면 2가 출력된다.

〈소스〉 2.15_function_2.ipynb

```
[1] def add_one(num):
        return num + 1

    answer = add_one(1)
    print(answer)
```

```
2
```

for 반복문을 사용하여 3개의 숫자를 순서대로 add_one 함수에 입력하고, 각 숫자에 1을 더한 결과값(y)을 리스트(add_one_lis)의 원소로 추가한다. 2, 3, 4가 리스트의 원소로 추가된다.

```
[2] add_one_list = []
    for x in [1, 2, 3]:
        y = add_one(x)
        add_one_list.append(y)

    print(add_one_list)
```

```
[2, 3, 4]
```

람다 함수를 사용하는 이유는 함수를 간단한 표현으로 정의할 수 있기 때문이다. lambda 입력값(x):출력값(y) 형태로 정의한다. **lambda** x:add_one_lambda.append(x+1)는 x를 입력받아 숫자 1을 더하고 그 값을 리스트(add_one_lambda)에 추가하는 람다 함수이다. 이 함수를 add_func라는 이름으로 저장한다. add_func(x)와 같이 함수의 이름을 사용하면 람다 함수를 호출할 수 있다. 리스트 [1, 2, 3]의 원소를 하나씩 람다 함수에 입력하고 add_one_lambda 리스트를 출력한다.

```
[3] add_one_lambda = []
    add_func = lambda x:add_one_lambda.append(x+1)
    for x in [1, 2, 3]:
        add_func(x)

    print(add_one_lambda)
```

```
[2, 3, 4]
```

다음의 예제는 두 개의 입력값 x, y를 받아 덧셈을 하는 람다 함수를 정의한다. 함수 이름을 new_add_func라고 지정한다. 매개변수 x에 2가 입력되고, y는 3이 대입된다. 두 수를 더한 결과값인 5가 answer 변수에 저장된다. print 함수로 값을 확인할 수 있다.

```
[4] new_add_func = lambda x, y:x+y
    answer = new_add_func(2, 3)
    print(answer)
```

```
5
```

5-3 파이썬 내장 함수

파이썬에서 기본 제공하는 대표적인 내장 함수를 몇 가지 살펴보고 사용 방법을 배워보자.

5-3-1 sum 함수

원소들의 합계를 구한다. 1~10까지 숫자를 원소로 갖는 리스트(numbers)를 매개변수의 값으로 전달하면 리스트 원소들의 합계를 계산한다. 1부터 10까지 모두 더하면 55이다.

〈소스〉 2.16_function_3.ipynb

```
[1] numbers = [1, 2, 3, 4, 5, 6, 7, 8, 9, 10]
    sum(numbers)
```

```
55
```

5-3-2 max 함수

원소 중에서 최대값을 찾는다. numbers 리스트 원소 중에서 최대값인 10을 돌려준다.

```
[2] max(numbers)
```

```
10
```

5-3-3 min 함수

원소 중에서 최소값을 찾는다. numbers 리스트의 원소 중에서 최소값인 1을 돌려준다.

```
[3] min(numbers)
```

```
1
```

5-3-4 len 함수

원소의 개수 또는 문자열의 길이를 계산한다. 리스트 원소의 개수인 10이 출력된다.

```
[4] len(numbers)
```

```
10
```

5-3-5 enumerate 함수

리스트, 투플 등 원소값에 순서(인덱스)가 있는 자료형을 입력받아 개별 원소를 인덱스 숫자와 함께 반환해 준다. 다음의 예제와 같이 for 반복문에서 인덱스 위치와 원소값을 구분하여 처리할 수 있게 된다. i는 인덱스를 나타내고 num은 원소값을 나타낸다.

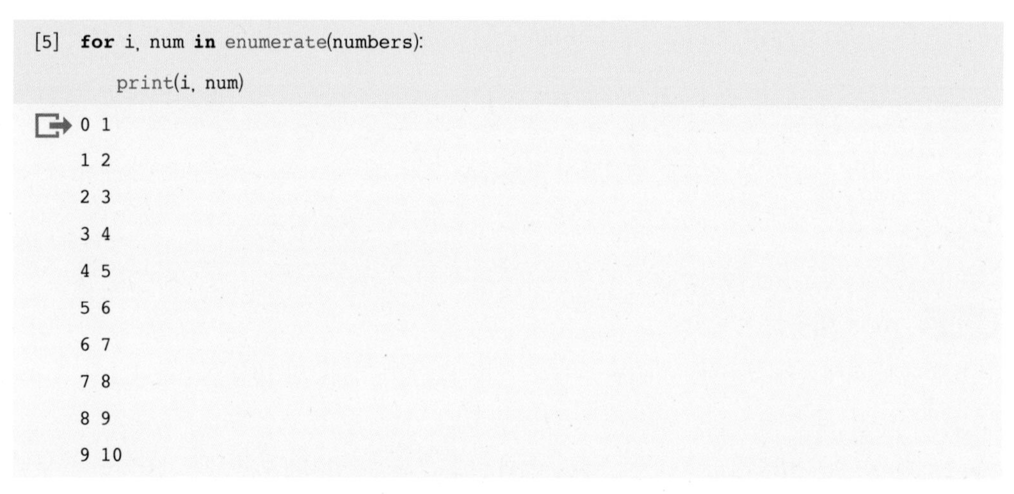

```
[5] for i, num in enumerate(numbers):
        print(i, num)
```

```
0 1
1 2
2 3
3 4
4 5
5 6
6 7
7 8
8 9
9 10
```

Tip for 반복문에서 i, num과 같은 변수 이름은 사용자가 자유롭게 지정할 수 있다. 예를 들어, i 대신 idx, num 대신에 n을 사용할 수 있다. if나 while 등 예약어를 사용할 수는 없다.

5-3-6 range 함수

입력값 범위에 해당하는 정수의 배열을 만든다. range(10)과 같이 숫자를 1개 입력하면 0부터 9까지 범위에 해당하는 range 객체를 만든다.

```
[6] range(10)
```
```
range(0, 10)
```

range 함수는 입력값으로 2개의 값을 전달하면 범위의 시작과 끝을 의미한다. range(1, 10)은 1부터 시작하고 9로 끝나는(범위의 끝 값인 10을 포함하지 않는) range 객체를 만든다.

```
[7] list(range(1, 10))
```
```
[1, 2, 3, 4, 5, 6, 7, 8, 9]
```

5-3-7 list 함수

입력받은 데이터를 리스트로 변환한다. range 배열을 리스트로 변환해 본다.

```
[8] print(list(range(10)))
```
```
[0, 1, 2, 3, 4, 5, 6, 7, 8, 9]
```

5-3-8 eval 함수

문자열을 입력받아 파이썬 코드로 변환하여 실행한다. 즉, `'print(numbers)'`를 매개변수에 전달하면 print 명령을 실행한다. numbers 변수의 값인 리스트가 출력된다.

```
[9] eval('print(numbers)')
```
```
[1, 2, 3, 4, 5, 6, 7, 8, 9, 10]
```

5-3-9 map 함수

여러 개의 원소를 갖는 자료형(리스트, 투플 등)과 이들 원소를 입력값으로 받는 함수를 매개변수로 갖는다. 다음의 예제에서 map 함수는 add_one 함수와 numbers(리스트)를 입력받는다. numbers 리스트의 원소들은 하나씩 add_one 함수에 입력되고 함수를 실행한 결과값(1을 더한 값)이 순서대로 반환된다. 리스트 객체로 변환해서 화면에 출력해 본다.

```
[10] add_one = lambda x:x+1
     results = map(add_one, numbers)

     print(list(results))
```
```
[2, 3, 4, 5, 6, 7, 8, 9, 10, 11]
```

5-3-10 filter 함수

map 함수와 비슷하게 반복 가능한 여러 원소를 갖는 자료형과 각 원소를 입력받을 수 있는 함수를 매개변수로 입력받는다. 다음의 예제에서 numbers 리스트의 숫자들은 하나씩 even_num 함수에 입력되고, even_num의 출력값이 True일 때만 filter 함수의 출력값에 포함된다. 따라서 2로 나눈 나머지가 0이 되는 수(짝수)들만 results 변수에 저장된다.

```
[11] even_num = lambda x:x%2==0
     results = filter(even_num, numbers)

     print(list(results))
```
```
[2, 4, 6, 8, 10]
```

5-3-11 int 함수

실수를 정수형으로 변환한다.

```
[12] int(3.14)
```
```
3
```

5-3-12 str 함수

입력값을 문자열 자료형으로 변환한다.

```
[13] str(3.14)
```
```
'3.14'
```

5-3-13 round 함수

숫자를 입력받아 반올림을 한다.

```
[14] round(3.14)
```

```
3
```

5-3-14 reversed 함수

원소들이 위치하는 순서를 정반대로 뒤집어 준다.

```
[15] numbers_reversed = reversed(numbers)
     print(list(numbers_reversed))
```

```
[10, 9, 8, 7, 6, 5, 4, 3, 2, 1]
```

5-3-15 sorted 함수

배열의 순서를 오름차순으로 정렬한다.

```
[16] sorted([3, 2, 1])
```

```
[1, 2, 3]
```

5-3-16 zip 함수

원소 개수가 같은 자료형들에 대하여 각 원소들을 인덱스 순서대로 매핑하여 짝을 짓는다. 다음의 예제에서 chars 변수의 첫 번째 원소인 'a'와 nums 변수의 첫 번째 원소인 1이 짝을 이루고, 자료형은 투플 형태를 갖는다. 같은 방식으로 두 번째 원소끼리 세 번째 원소끼리 짝을 이룬다. 서로 다른 데이터를 함께 묶어서 for 반복문에서 사용하는 반복 객체를 만들 때 주로 이용한다.

```
[17] chars = ['a', 'b', 'c']
     nums = [1, 2, 3]
     pairs = zip(chars, nums)

     print(list(pairs))
```

```
[('a', 1), ('b', 2), ('c', 3)]
```

06 클래스

클래스는 여러 개의 함수를 내부 메소드(method)로 지정할 수 있고, 다양한 자료형 데이터를 내부 속성으로 가질 수 있다. 다양한 속성과 함수 기능을 정의해 두면 동일한 속성과 기능을 갖는 클래스 객체를 여러 개 만들어 사용할 수 있다. 프로그램 코드가 간결해지는 장점이 있다.

먼저 숫자 2개를 입력받아 더한 값을 출력하는 add 함수를 만들어 본다. 1, 2를 입력값으로 넣어 주면 출력값으로 3을 반환한다.

〈소스〉 2.17_class_1.ipynb

```
[1] def add(num1, num2):
        return num1 + num2


    add(1, 2)
```

```
3
```

이번에는 숫자 두 개를 더하는 계산기 기능을 하는 클래스를 정의한다. 클래스를 정의하는 예약어로 class를 사용한다. 예제는 Calculator라는 이름을 사용하고 클래스 이름 뒤에 콜론(:)을 붙인다. 클래스 내부에는 들여쓰기 블록에 2개의 함수(__init__, add)를 정의한다. __init__ 함수는 클래스 객체가 생성될 때 자동 실행된다. add 함수는 외부에서 메소드로 호출될 때 실행된다.

```
[2] class Calculator:

        def __init__(self, num1, num2):
            self.num1 = num1
            self.num2 = num2
            self.result = 0

        def add(self):
            self.result = self.num1 + self.num2
            return self.result

    cal = Calculator(1, 2)
    print(cal.num1, cal.num2, cal.result)
```

```
1 2 0
```

앞에서 `Calculator(1, 2)`와 같이 클래스를 호출하면 __init__ 함수가 실행되고, num1 위치의 1이 self.num1 속성에 할당되고, num2 위치의 값인 2가 self.num2 속성에 할당된다. self는 클래스 객체 자신을 가리킨다. cal 클래스 객체의 num1 속성(cal.num1)은 1이고 num2 속성(cal.num2)은 2가 된다. result 속성(cal.result)은 __init__ 함수에서 self.result = 0과 같이 0으로 초기화되어 있다. print 명령으로 num1, num2, result 속성값을 확인하면 1, 2, 0이 출력된다.

Tip 파이썬에서 사용하는 변수, 함수, 클래스 이름을 붙이는 규칙이 있다. 일반적으로 알파벳으로 시작하고 숫자로 시작하지 않는다.

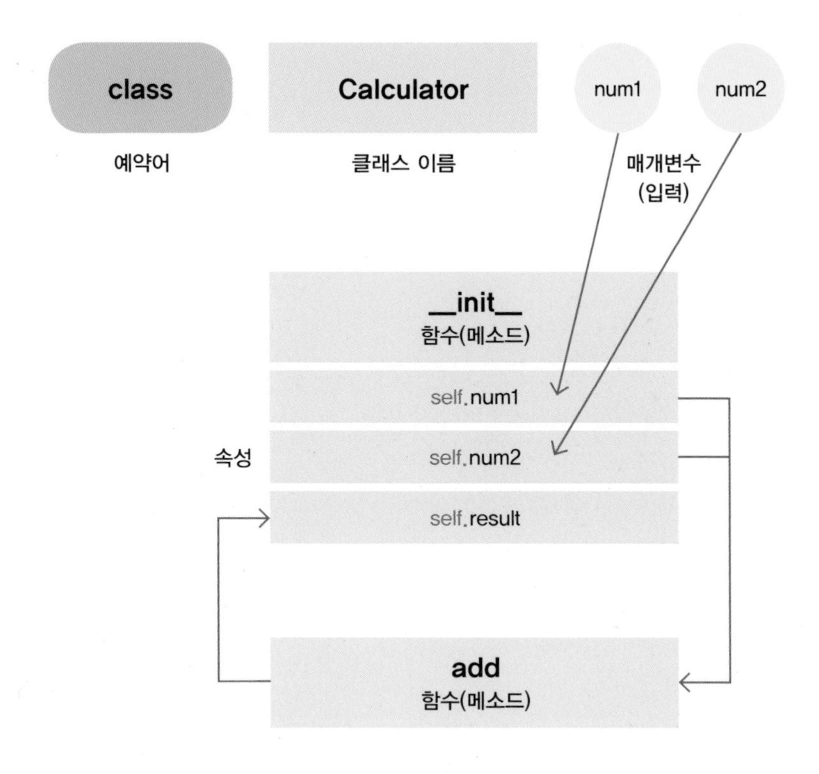

cal 클래스 객체의 add 함수(클래스 메소드)는 self.num1와 self.num2를 더한 결과를 self.result 변수에 저장하고, 그 값을 출력값으로 반환한다. 따라서 cal.add( )와 같이 add 메소드를 실행하면 1과 2를 더한 값인 3이 self.result 속성에 저장되고 이 값을 출력으로 반환한다.

```
[3] cal.add()
```

```
3
```

cal.result와 같이 cal 클래스 객체의 result 속성값을 확인한다. result 속성에 1과 2를 더한 3이 저장되어 있다.

```
[4] cal.result
```

```
3
```

Calculator 클래스 정의를 바꿔본다. 두 개의 숫자를 입력받아 사칙연산(덧셈, 뺄셈, 곱셈, 나눗셈)을 모두 처리할 수 있는 메소드를 각각 정의한다. 그리고 change 메소드는 클래스 객체가 가지고 있는 num1, num2 속성값을 변경하는 함수로 정의한다.

```
[5] class Calculator:

        def __init__(self, num1, num2):
            self.num1 = num1
            self.num2 = num2
            self.result = 0

        def add(self):
            self.result = self.num1 + self.num2
            return self.result

        def subtract(self):
            self.result = self.num1 - self.num2
            return self.result

        def multiply(self):
            self.result = self.num1 * self.num2
            return self.result

        def divide(self):
            self.result = self.num1 / self.num2
            return self.result

        def change(self, num1, num2):
            self.num1 = num1
            self.num2 = num2
            print("num1:", self.num1)
            print("num2:", self.num2)
```

```
cal2 = Calculator(1, 2)
print(cal2.num1, cal2.num2)
```

```
1 2
```

앞에서 Calculator(1, 2)와 같이 cal2 클래스 객체를 만들고, num1 속성과 num2 속성을 출력하면 1과 2라는 것이 확인된다.

이번에는 클래스 메소드를 실행해 본다. cal2 객체에 사칙연산 메소드를 각각 적용한다. 각 연산의 결과를 print 함수로 출력한다.

```
[6] print(cal2.add())
    print(cal2.subtract())
    print(cal2.multiply())
    print(cal2.divide())
```

```
3
-1
2
0.5
```

cal2 클래스 객체의 change 메소드를 적용한다. self.num1, self.num2 위치에 순서대로 3과 2를 입력한다. self.num1의 값이 3으로 변경되고, self.num2에는 2가 입력된다.

```
[7] cal2.change(3, 2)
```

```
num1:3
num2:2
```

변경된 num1, num2 속성값으로 add 메소드가 잘 실행되는지 확인한다. 3과 2를 더한 값인 5가 출력값으로 반환되는 것을 알 수 있다.

```
[8] cal2.add()
```

```
5
```

PART 03
머신러닝 입문

머신러닝(Machine Learning)을 하는데 필요한 기본 도구를 다루는 방법을 소개한다. 판다스(pandas)를 사용하여 데이터를 불러오고, 맷플롯립(matplotlib)과 시본(seaborn) 시각화 도구 사용법을 배운다. 사이킷런(scikit-learn) 패키지에서 지원하는 머신러닝의 다양한 기법을 회귀 문제와 분류 문제에 적용해 본다.

01 판다스 자료구조

머신러닝에서 데이터셋을 다룰 때 판다스(pandas) 라이브러리를 주로 사용한다. 판다스는 1차원 배열 형태의 시리즈(Series) 자료구조와 2차원 배열 형태의 데이터프레임(DataFrame) 자료구조를 지원한다. 특히 데이터프레임은 엑셀의 테이블(표)과 비슷하게 행과 열로 만들어진다.

시리즈는 데이터 값의 1차원 벡터(vector)다. 원소의 순서를 나타내는 인덱스로 각 원소를 식별한다. 데이터프레임은 여러 개의 시리즈(1차원 벡터)를 이어 붙인 형태로 2차원 구조를 갖는다. 각 열은 시리즈로 만들어지고 열 이름을 갖는다. 행 방향으로는 행 인덱스로 구분한다.

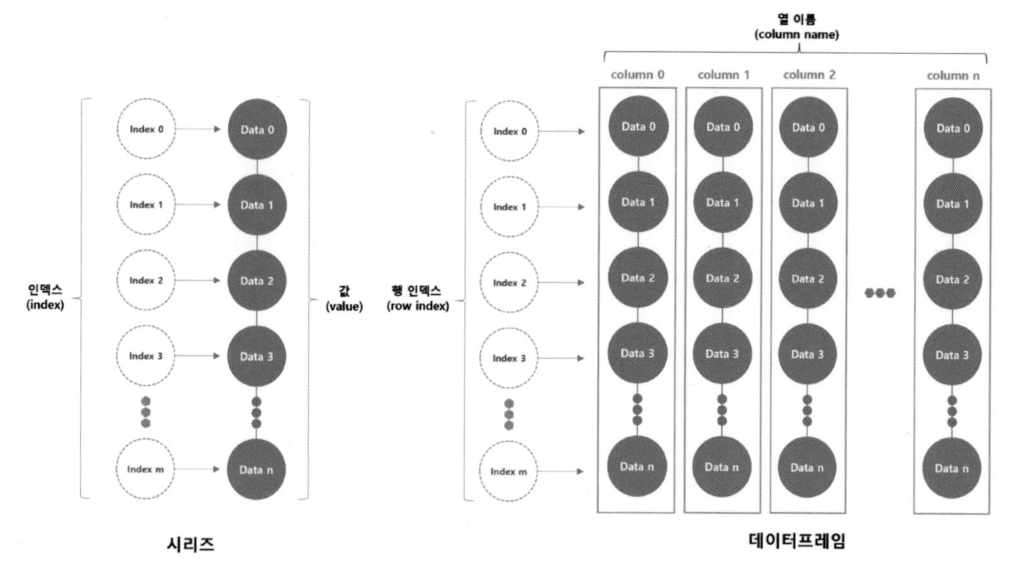

[그림 3-1] 판다스 자료구조(시리즈, 데이터프레임)

판다스 라이브러리를 사용하려면 import 명령으로 불러온다. as 명령을 사용하여 pd라는 약칭을 사용하기로 한다. __version__ 속성을 통해 판다스 패키지의 배포 버전을 확인할 수 있다.

〈소스〉 3.1_pandas_dataframe.ipynb

```
[1] import pandas as pd
    print(pd.__version__)
```

```
1.1.2
```

문자열을 원소로 갖는 1차원 구조의 리스트 객체를 만든다. type 명령으로 객체 타입을 확인한다.

```
[2] data1 = ['a', 'b', 'c', 'd', 'e']
    print(data1)
    print("자료형:", type(data1))
```

```
['a', 'b', 'c', 'd', 'e']
자료형:<class 'list'>
```

앞에서 만든 리스트 객체(data1)를 판다스 시리즈로 변환한다. Series 함수에 리스트 객체를 입력한다. type 함수를 사용하면 시리즈 클래스 객체라는 것을 확인할 수 있다.

```
[3] sr1 = pd.Series(data1)
    print("자료형:", type(sr1))
```

```
자료형:<class 'pandas.core.series.Series'>
```

변환된 시리즈 객체의 구조를 보면 문자열 데이터(a, b, c, d, e)가 숫자형 인덱스(0, 1, 2, 3, 4)와 짝을 이룬다. dtype은 데이터의 자료형을 나타내고 object는 문자열을 뜻한다.

```
[4] print(sr1)
```

```
0    a
1    b
2    c
3    d
4    e
dtype:object
```

시리즈 객체의 원소를 추출할 때는 loc 인덱서를 사용한다. 대괄호 안에 원소의 순서를 나타내는 인덱스 숫자를 입력한다. 첫 번째 순서를 나타내는 0을 입력하면 첫 번째 원소 'a'가 선택된다.

```
[5] sr1.loc[0]
```

```
'a'
```

인덱스 범위를 지정하여 슬라이싱 추출하는 방법도 가능하다. 인덱스 1부터 3까지 범위를 지정하면 각 인덱스 위치에 있는 원소가 함께 선택된다. 이때 범위의 마지막 인덱스에 해당하는 원소도 포함되어 추출되는 점에 유의한다. 이 점은 리스트 슬라이싱 방법과 차이가 있다.

```
[6] sr1.loc[1:3]
```

```
1    b
2    c
3    d
dtype:object
```

숫자 데이터로 구성된 투플 형태의 1차원 벡터를 시리즈로 변환해 본다. 자료형을 나타내는 dtype이 float64로 확인된다. 실수형 64비트로 저장되어 있다는 뜻이다.

```
[7] data2 = (1, 2, 3.14, 100, -10)
    sr2 = pd.Series(data2)
    print(sr2)
```

```
0      1.00
1      2.00
2      3.14
3    100.00
4    -10.00
dtype:float64
```

Tip 정수형 데이터의 dtype은 int64가 된다.

1차원 구조의 시리즈를 여러 개 결합하면 데이터프레임을 만들 수 있다. 시리즈 2개를 원소로 갖는 딕셔너리(dict_data)를 정의하고, DataFrame 함수에 입력한다. 딕셔너리의 key에 해당하는 값이 각 열의 이름이 되고, 딕셔너리의 value에 해당하는 시리즈가 열의 데이터로 변환된다.

```
[8] dict_data = {'c0':sr1, 'c1':sr2}
    df1 = pd.DataFrame(dict_data)
    df1
```

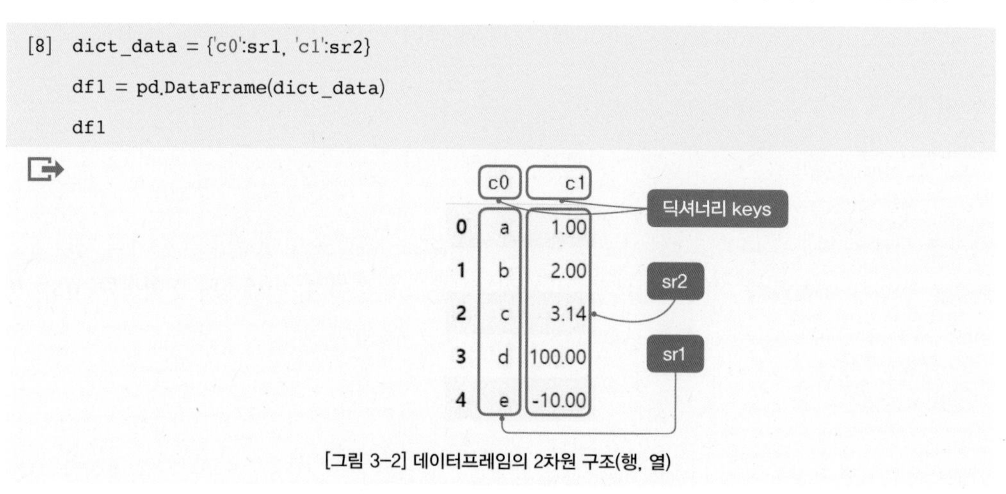

[그림 3-2] 데이터프레임의 2차원 구조(행, 열)

데이터프레임(df1)의 자료형을 확인해 본다. type 함수를 이용한다.

```
[9] type(df1)
```

```
pandas.core.frame.DataFrame
```

데이터프레임의 열 이름은 columns 속성으로 추출한다. 딕셔너리 키(key)인 'c0'과 'c1'이 데이터프레임의 열 이름으로 변환된 것을 알 수 있다.

```
[10] df1.columns
Index(['c0', 'c1'], dtype='object')
```

columns 속성에 새로운 열 이름의 배열을 지정하는 방식으로 열 이름을 변경할 수 있다. 열 이름이 위치하는 순서대로 'c0'이 'string'으로 바뀌고 'c1'이 'number'로 변경된다.

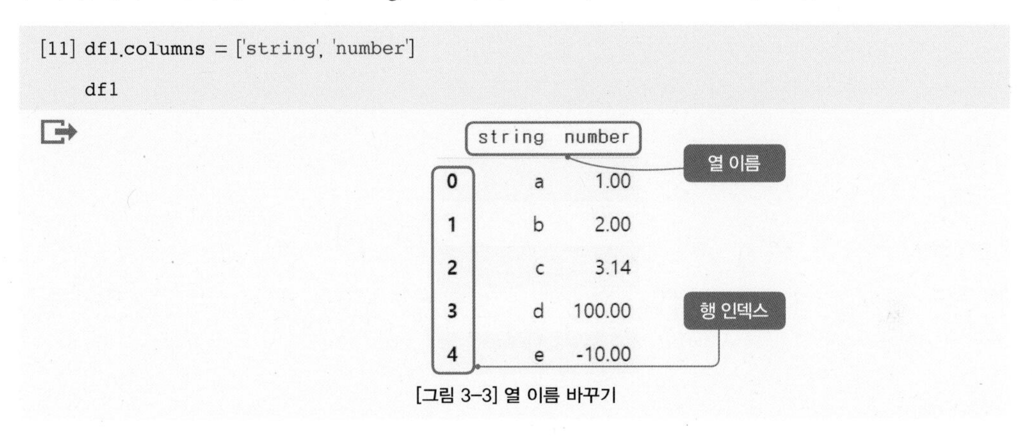

[그림 3-3] 열 이름 바꾸기

행 인덱스는 정수 0부터 4까지 오름차순으로 자동 지정된다. index 속성으로 추출한다.

index 속성에 새로운 행 인덱스의 배열을 지정하여 다음과 같이 행 인덱스를 변경한다. 0~4 범위의 정수 값들이 새로운 문자열 값으로 바뀌는 것을 볼 수 있다.

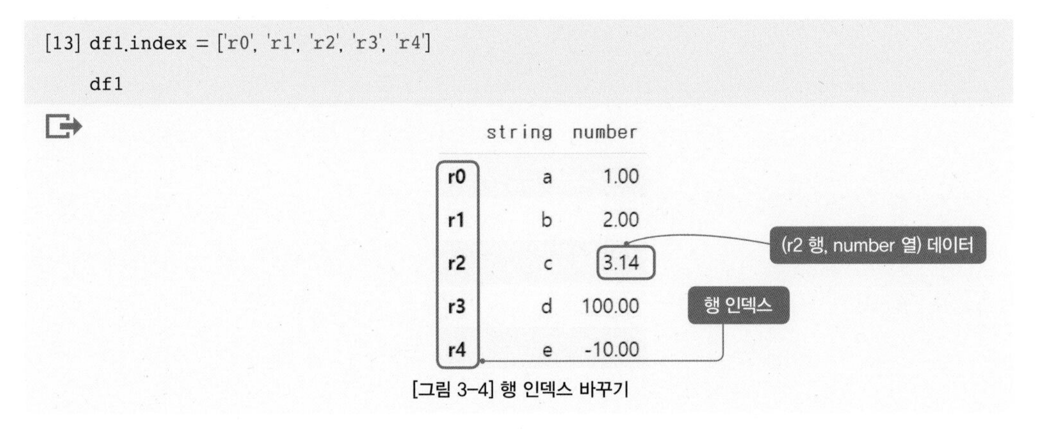

[그림 3-4] 행 인덱스 바꾸기

데이터프레임의 일부분을 추출할 때 loc 인덱서를 사용한다. loc[행 인덱스, 열 이름] 형태로 입력하면 해당 위치의 원소를 추출한다. 다음과 같이 입력하면 'r2' 인덱스의 'number' 열에 해당하는 데이터인 3.14가 추출된다.

```
[14] df1.loc['r2', 'number']
3.14
```

이번에는 loc 인덱서에 범위를 지정하는 방법이다. 행 인덱스 옵션에 'r2':'r3' 범위를 지정하고, 열 이름 옵션에 'string':'number' 범위를 지정한다. 'r2'부터 'r3' 행이 선택되고, 'string'부터 'number' 열까지 선택된다. 다음과 같이 행 2개, 열 2개인 데이터프레임이 추출된다.

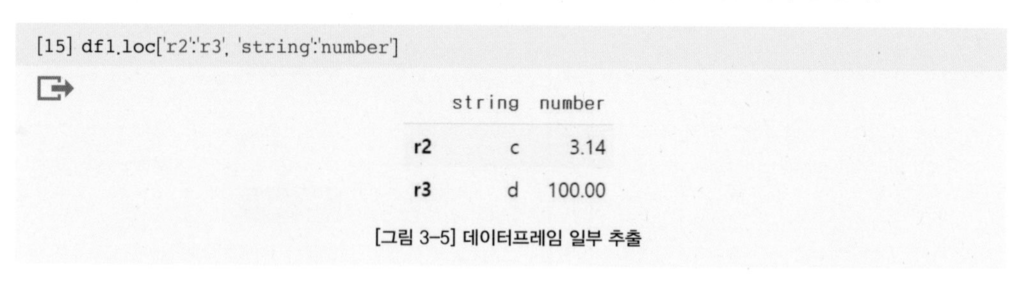

```
[15] df1.loc['r2':'r3', 'string':'number']
```

	string	number
r2	c	3.14
r3	d	100.00

[그림 3-5] 데이터프레임 일부 추출

loc 인덱서의 행 인덱스 옵션에 'r2':'r3' 범위를 지정하고, 열 이름 옵션에 'number' 열을 지정한다. 'r2'부터 'r3' 행이 선택되고, 'number' 열이 선택된다. 이 경우에는 하나의 열이 추출되기 때문에 원소 2개를 갖는 시리즈 객체가 된다.

```
[16] df1.loc['r2':'r3', 'number']
r2      3.14
r3    100.00
Name:number, dtype:float64
```

loc 인덱서의 행 인덱스 옵션에 'r2'를 지정하고, 열 이름 옵션에 'string':'number' 범위를 지정한다. 'string' 열부터 'number' 열까지 선택되고, 'r2' 행이 선택된다. 시리즈 객체가 추출된다.

```
[17] df1.loc['r2', 'string':'number']
string       c
number    3.14
Name:r2, dtype:object
```

loc 인덱서의 행 인덱스 옵션에 모든(:) 행을 지정하고, 열 이름 옵션에 'string' 열을 지정한다. 'string' 열의 데이터가 모두 선택된다. 시리즈 객체가 추출된다.

```
[18] df1.loc[:, 'string']

r0    a
r1    b
r2    c
r3    d
r4    e
Name:string, dtype:object
```

loc 인덱서의 행 인덱스 옵션에 'r2':'r3' 범위를 지정하고, 열 이름 옵션에 모든(:) 열을 지정한다. 'r2'부터 'r3' 행에 대하여 모든 열이 선택된다. 행 2개, 열 2개인 데이터프레임이 추출된다.

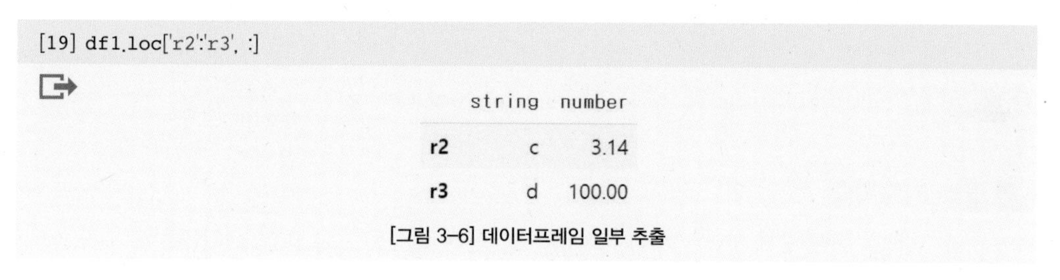

```
[19] df1.loc['r2':'r3', :]
```

	string	number
r2	c	3.14
r3	d	100.00

[그림 3-6] 데이터프레임 일부 추출

02 머신러닝

머신러닝(machine learning)은 레이블(label, 정답)이 있는 입력(input) 데이터를 모델에 투입하면 머신러닝 모델이 입력 데이터와 정답 사이의 관계를 찾는다. 따라서 새로운 데이터를 입력했을 때 모델이 파악한 관계식을 적용하여 결과를 예측할 수 있다. 정답이 주어지지 않는 경우 데이터 속에 숨어 있는 패턴이나 규칙을 알아내는 것도 가능하다. 이처럼 사람이 어떤 규칙을 정하는 것이 아니라, 컴퓨터가 스스로 데이터를 학습하여 문제를 해결하는 과정을 말한다.

2-1 지도학습 vs. 비지도학습

머신러닝은 학습할 때 정답 레이블을 알고 있는지 여부에 따라 크게 두 가지 유형으로 분류된다. 지도학습(supervised learning)과 비지도학습(unsupervised learning)이 그것이다.

2-1-1 지도학습

지도학습은 학습 과정에서 정답 Y가 주어진다. 즉, 입력 데이터 X와 출력 데이터 Y를 모두 알고 있는 상태에서, Y=aX+b와 같이 X와 Y 사이의 관계식을 알아내는 머신러닝 알고리즘을 말한다. 학생들이 시험에 대비하기 위하여 문제집을 풀 때, 문제집 뒷부분의 정답지를 이용하여 오답을 체크하면서 공부하는 과정과 비슷하다고 이해할 수 있다. 이때 예측 목표가 되는 Y 변수를 목표 변수(target : 타깃)라고 하고, 목표 변수를 예측하는데 사용되는 X 변수를 설명 변수(feature : 피처)라고 부르기도 한다. 예측할 새로운 X 데이터가 주어졌을 때 모델 학습을 통해 찾아낸 관계식에 X를 대입하면 목표 변수인 Y를 예측할 수 있다.

2-1-2 비지도학습

비지도학습은 모델 학습 단계에서 정답 Y가 주어지지 않고, X 데이터만 제공되는 머신러닝 유형이다. 따라서 정답 Y를 예측하는 것이 목표가 되는 것이 아니라, X 데이터 사이에 존재하는 패턴 또는 규칙을 찾는 것이 목표가 된다. 대표적으로 서로 비슷한 데이터끼리 묶어서 그룹을 나누는 군집(clustering) 분석을 예로 들 수 있다.

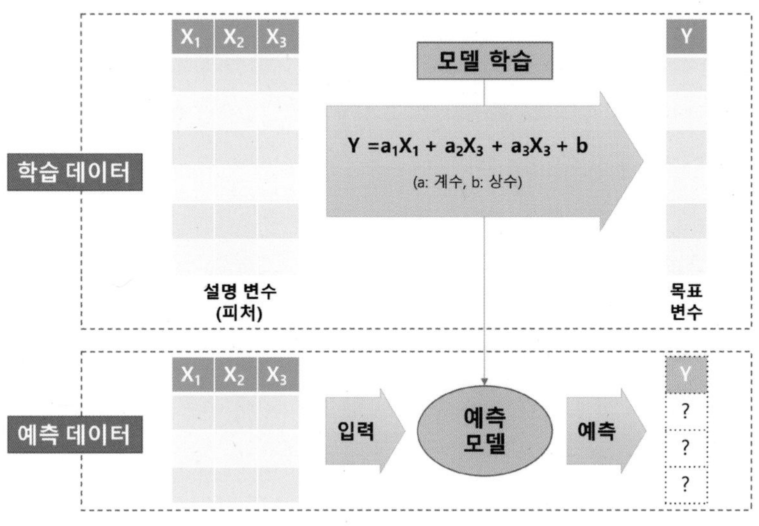

[그림 3-7] 지도학습

2-2 회귀 vs. 분류

이 책에서는 캐글, 데이콘 등 국내외 경진 대회에서 주로 출제되는 지도학습을 중심으로 다룬다. 먼저 지도학습의 유형 중에서 회귀(regression)와 분류(classification) 문제를 구분한다.

회귀 문제는 설명 변수(X)와 목표 변수(Y) 사이의 회귀관계식을 찾는다. 목표 변수는 연속적인 값을 갖는 숫자형 데이터이다. 과거의 주가 데이터를 가지고 미래 주가를 예측하거나, 자동차 배기량이나 연식 등 중고차 정보를 이용하여 가격을 예측하는 문제를 예로 들 수 있다.

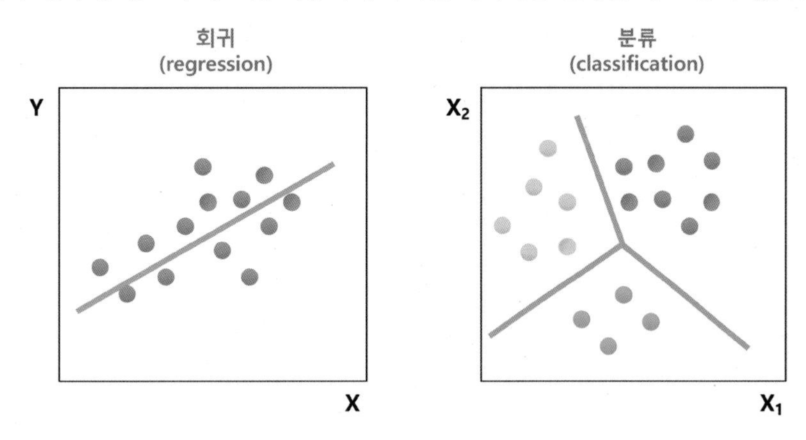

[그림 3-8] 회귀 vs. 분류

분류 문제는 설명 변수(X)와 목표 변수(Y) 사이의 관계를 찾지만, 예측하려는 목표 레이블이 연속적이지 않고 0, 1, 2와 같이 이산적인 값을 갖는 경우를 말한다. 클래스 0 또는 1 중에서 선택하는 이진 분류(binary classification) 문제가 대표적이다. 또는 3개 이상의 클래스 중에서 하나를 선택하는 다중 분류(multi classification) 문제를 포함한다.

예를 들어, 개 또는 고양이를 찍은 사진을 읽어서 개(클래스 0)인지 고양이(클래스 1)인지 분류하는 문제는 이진 분류에 속한다. 0~9 중에 하나의 숫자를 기록한 숫자 카드를 읽어서 어떤 숫자인지 판독하는 문제는 다중 분류에 속한다. 이 경우 분류의 목표가 되는 레이블이 10가지 종류인 다중 클래스(0, 1, 2, 3, 4, 5, 6, 7, 8, 9) 문제가 된다.

회귀가 데이터의 분포를 가장 잘 설명할 수 있는 X, Y 사이의 함수식을 찾는 것이라면, 분류는 섞여 있는 데이터들 중에서 목표 레이블을 가장 잘 구분할 수 있는 경계를 나타내는 함수식을 찾는 것이라고 볼 수 있다.

2-3 머신러닝 프로세스

경진 대회에 처음 참가하는 상황을 가정하고, 데이터를 불러오는 것부터 시작해서 가공 및 모델 학습을 거쳐 결과물을 제출하는 과정을 단계적으로 설명한다. 일반적으로 경진 대회뿐만 아니라 데이터 분석은 다음과 같은 과정을 거쳐 진행한다.

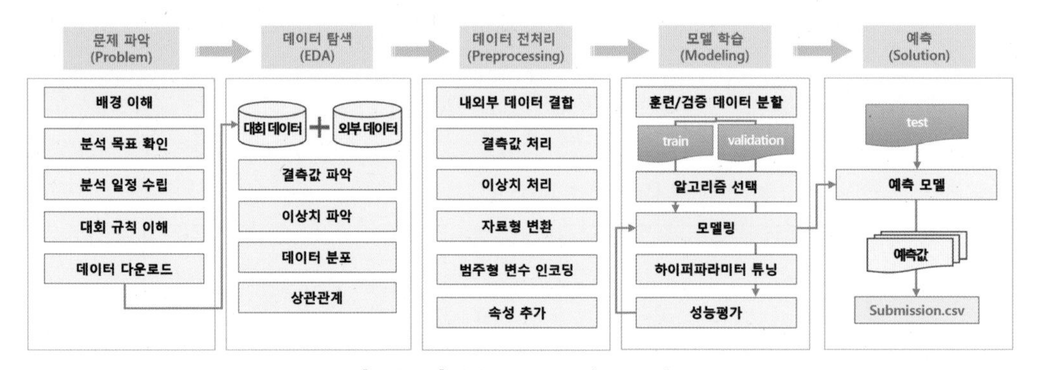

[그림 3-9] 머신러닝 프로세스(경진 대회)

❶ **문제 파악:** 경진 대회에서 주어지는 문제를 파악한다. 해당 분야의 도메인 지식을 습득하는 것이 좋다. 데이터 분석의 목표를 설정하고, 분석 방법과 일정을 수립한다. 대회 규칙을 자세히 읽고 반드시 지켜야 한다. 입상 순위에 들었더라도 규칙 위반으로 실격 처리될 수 있기 때문이다.

❷ **데이터 탐색:** 대회에서 제공하는 데이터를 내부 데이터라고 한다면, 외부 데이터는 공공데이터포털 등 외부에서 수집하는 데이터를 말한다. 각 대회마다 외부 데이터 활용 여부에 대한 가이드라인을 제시하고 있다. 대회에서 허용하는 범위에서 외부 데이터를 적극적으로 활용한다. 데이터를 읽어 들이고 데이터의 이상 유무를 확인한다. 데이터가 누락된 결측값(missing value)이나 정상 범위를 벗어난 이상치(outlier)가 있는지 확인한다. 그리고 데이터 구조 및 특성을 파악하고 데이터의 분포와 상관관계를 탐색한다.

❸ **데이터 전처리:** 데이터 탐색이 끝나면 모델 학습이 가능한 형태로 데이터를 정리하는 단계가 필요하다. 내부 데이터와 외부 데이터를 병합하고, 데이터 탐색 단계에서 확인한 결측값과 이상치를 처리한다. 필요한 경우 자료형을 변환한다. 특히 머신러닝 및 딥러닝 모델은 숫자형 데이터를 입력으로 받기 때문에 문자열(범주형) 데이터나 이미지 데이터를 숫자형으로 변환하는 작업이 필요하다. 새로운 속성을 추가하거나 불필요한 속성을 제거하기도 한다.

❹ **모델 학습:** 모델 학습에 필요한 훈련 데이터(train data)와 모델 성능을 평가하기 위한 검증 데이터(validation data)를 구분한다. 예측 알고리즘을 선택하고 모델을 설계한다. 훈련 데이터를 입력하여 모델을 학습시키고 검증 데이터를 입력하여 학습을 마친 모델의 성능을 평가한다. 모델 성능을 높일 수 있도록 하이퍼파라미터(hyperparameter)를 튜닝하고 최종 모델을 선택한다.

❺ **예측:** 예측해야 하는 테스트 데이터(test data)를 모델에 입력하고, 모델이 예측한 값을 제출용(submission) 파일의 형식에 맞게 정리한다. 파일을 제출하면 주최 측에서 산출해 주는 평가 점수를 리더보드에서 확인할 수 있다. 로컬 환경에서 산출한 모델 성능 점수와 리더보드 점수를 비교하여 모델의 일반화 성능을 확인한다. 리더보드 점수를 올릴 수 있는 방향으로 모델을 수정하고, 다시 제출하는 과정을 반복한다. 그리고 최종 파일을 선택해서 제출한다.

03 일차함수 관계식 찾기

가장 간단한 형태의 머신러닝 프로젝트를 만들어 보자.

3-1 문제 파악

다음의 예제에서 리스트 x, y는 각각 10개의 숫자를 원소로 갖는다. 자세히 보면 x 변수와 y 변수 사이에는 일차함수 관계가 성립한다. x 값에 1을 더한 값이 y가 된다. 즉, y = x + 1 관계이다.

〈소스〉 3.2_linear.ipynb

```
[1] x = [-3,  31,  -11,  4,  0,  22, -2, -5, -25, -14]
    y = [ -2,   32,   -10,   5,  1,   23,  -1,  -4, -24,  -13]
    print(x)
    print(y)
```

```
[-3, 31, -11, 4, 0, 22, -2, -5, -25, -14]
[-2, 32, -10, 5, 1, 23, -1, -4, -24, -13]
```

3-2 데이터 탐색

x, y 변수 사이의 관계식을 그래프로 그려본다. 맷플롯립(matplolib) 패키지를 활용한다. pyplot 모듈을 import 명령으로 불러오고, as 명령을 사용하여 약칭을 plt라고 정의한다. 이렇게 하면 matplotlib.pyplot 모듈을 plt라는 이름으로 사용할 수 있게 된다.

plt.plot(x, y)는 pyplot 모듈의 plot 함수를 실행하고, 입력값으로 x 변수와 y 변수의 데이터를 전달한다는 뜻이다. x를 가로축에 놓고, y를 세로축으로 하는 선 그래프를 화면에 표시한다.

```
[2] import matplotlib.pyplot as plt
    plt.plot(x, y)
    plt.show()
```

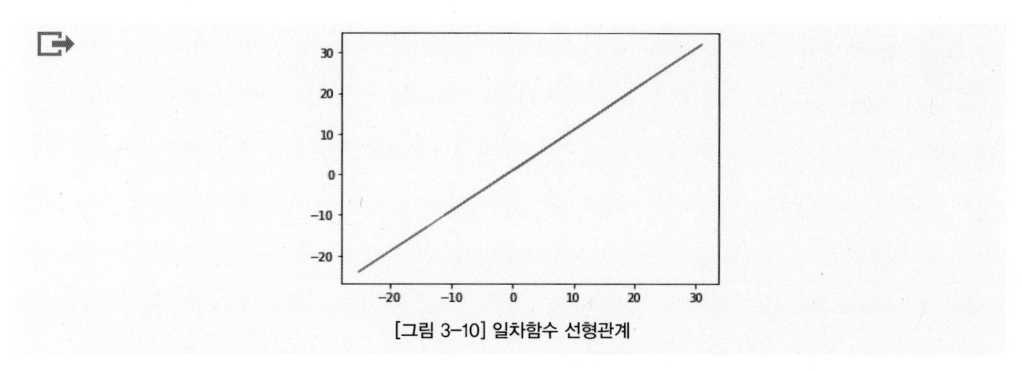

[그림 3-10] 일차함수 선형관계

Tip 데이터의 형태를 살펴보면서 데이터 특성을 파악하는 과정을 탐색적 데이터 분석(EDA, Exploratory Data Analysis)이라고 부른다.

3-3 데이터 전처리

머신러닝 모델에 입력할 데이터를 정리하기 위해 판다스를 주로 사용한다. 판다스 DataFrame 함수에 딕셔너리 형태로 입력하면 데이터프레임이 만들어진다. 이때 x 리스트는 'X' 열의 데이터가 되고, y 리스트는 'Y' 열의 데이터로 변환된다. 데이터프레임의 shape 속성으로 보면 (10행, 2열) 구조라는 것을 알 수 있다.

```
[3] import pandas as pd
    df = pd.DataFrame({'X':x, 'Y':y})
    df.shape
```

```
(10, 2)
```

head 메소드는 데이터프레임의 첫 5개의 행(인덱스 0~4)을 추출해서 표시한다. 추출된 부분도 데이터프레임의 자료구조를 갖는다.

```
[4] df.head()
```

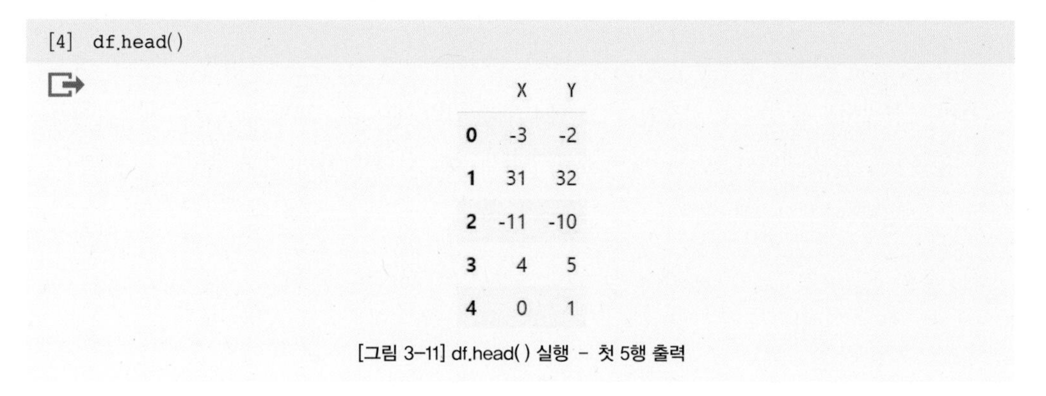

	X	Y
0	-3	-2
1	31	32
2	-11	-10
3	4	5
4	0	1

[그림 3-11] df.head( ) 실행 – 첫 5행 출력

tail 메소드는 데이터프레임의 뒤에서부터 5개의 행을 보여준다.

```
[5] df.tail()
```

	X	Y
5	22	23
6	-2	-1
7	-5	-4
8	-25	-24
9	-14	-13

[그림 3-12] df.tail( ) 실행 - 마지막 5행 출력

모델 학습에 사용할 설명 변수(X)에 해당하는 입력 데이터를 만든다. 'X' 열의 데이터를 선택하여 X_train에 저장한다. 목표 변수(Y)에 해당하는 레이블은 'Y' 열을 선택하여 y_train에 저장한다.

```
[6] train_features = ['X']
    target_cols = ['Y']
    X_train = df.loc[:, train_features]
    y_train = df.loc[:, target_cols]
    print(X_train.shape, y_train.shape)
```

```
(10, 1) (10, 1)
```

3-4 모델 학습

머신러닝 알고리즘을 적용하여 선형회귀 관계식을 찾아본다. 사이킷런(sklearn) 패키지의 linear_model 모듈에서(from~) LinearRegression 클래스 함수를 불러(import~)온다.

LinearRegression 클래스 함수는 선형회귀 모델을 구현해 놓은 코드라고 보면 된다. 모델 인스턴스 객체를 생성하고 lr 변수에 저장한다. fit 메소드는 입력 데이터를 모델에 전달하여 학습시키는 함수 명령이다. 입력 데이터(X_train)와 목표 레이블(y_train)을 전달하면 선형 관계식을 찾는다.

```
[7] from sklearn.linear_model import LinearRegression
    lr = LinearRegression()
    lr.fit(X_train, y_train)
```

```
LinearRegression(copy_X=True, fit_intercept=True, n_jobs=None, normalize=False)
```

학습을 끝낸 lr 모델 인스턴스 객체의 coef_ 속성으로부터 X 변수의 회귀계수(기울기)를 얻을 수 있다. intercept_ 속성은 상수항(y 절편)을 나타낸다.

```
[8] lr.coef_, lr.intercept_
```

```
(array([[1.]]), array([1.]))
```

X 변수의 회귀계수가 1이고 상수항이 1이므로, lr 모델은 Y = X + 1의 관계식을 갖는다.

```
[9] print ("기울기:", lr.coef_[0][0])
    print ("y절편:", lr.intercept_[0])
```

```
기울기:0.9999999999999999
y절편:0.9999999999999999
```

Tip 입력 데이터가 2차원 구조이므로 회귀계수도 2차원 구조로 반환된다. 따라서 lr.coef_[0][0]와 같이 인덱싱을 두 번 반복하여 추출한다.

3-5 예측

학습을 마친 모델에 predict 메소드를 적용하면 새로운 입력 데이터 X에 대한 Y 레이블을 예측할 수 있다. X 값으로 숫자 11을 입력해서 Y 값을 예측해 본다.

학습에 사용한 X_train이 2차원 구조이므로, predict 메소드의 입력값은 2차원 구조를 가져야 한다. 넘파이(numpy) 라이브러리의 array 함수로 숫자 11을 배열로 변환하고, reshape 메소드를 적용하여 (1행, 1열) 형태의 2차원 구조로 변형한다. 예측값 12가 출력된다.

```
[10] import numpy as np
     X_new = np.array(11).reshape(1, 1)
     lr.predict(X_new)
```

```
array([[12.]])
```

이번에는 predict 메소드의 입력 데이터로 여러 개의 숫자를 사용한다. 넘파이 모듈의 arrange 함수를 사용한다. np.arange(11, 16, 1)은 11부터 15까지(16 제외) 정수를 1의 간격을 두고 1차원 배열을 만든다. 여기에 reshape(−1, 1) 메소드를 적용하면 (n행, 1열) 형태의 2차원 구조로 변환된다. 여기서 −1은 크기가 정해지지 않았다는 뜻이다. 모두 5개의 원소가 있으므로 열을 1개로 고정한 상태에서 5개의 행이 필요하다. 따라서 (5행, 1열) 형태의 2차원 배열로 결정된다. 즉, −1 위치에 5가 들어가게 된다.

```
[11] X_test = np.arange(11, 16, 1).reshape(-1, 1)
     X_test
```

```
array([[11], [12], [13], [14], [15]])
```

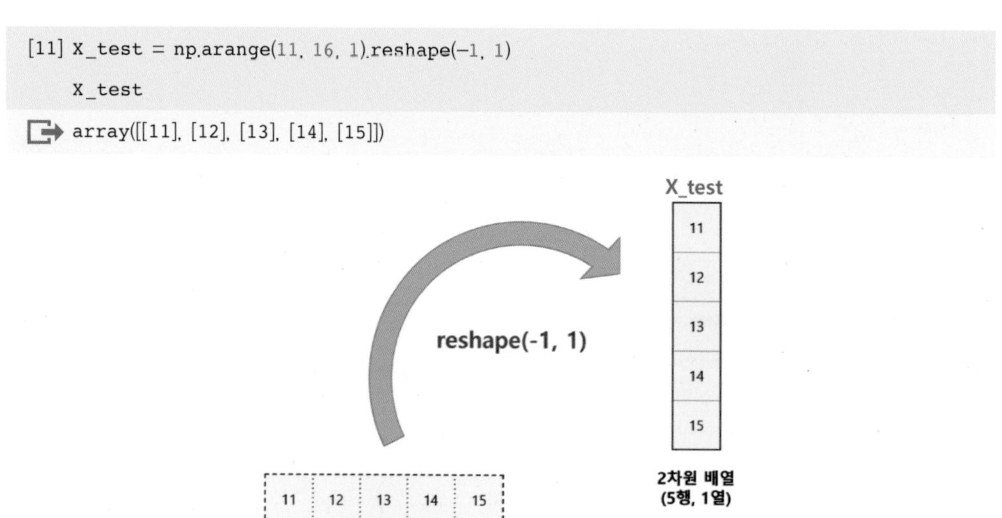

[그림 3-13] 넘파이(numpy) 배열의 형태 변환 – reshape 메소드 활용

predict 메소드 함수에 X_test 배열을 입력해서 y_pred 값을 예측한다. Y = X + 1의 관계식을 갖는 모델이므로 11~15까지의 값에 1을 더한 결과인 12~16의 숫자 배열이 반환된다.

```
[12] y_pred = lr.predict(X_test)
     y_pred
```

```
array([[12.],
       [13.],
       [14.],
       [15.],
       [16.]])
```

04 분류(Classification) - 붓꽃의 품종 판별

지도학습 유형 중에서 분류 문제를 살펴본다. 붓꽃(아리리스, iris) 데이터셋*을 학습하여 품종을 판별하는 모델을 만든다. 분류 모델의 구조화, 모델 학습 및 성능 개선 프로세스를 이해하자.

[표 3-1] 붓꽃(iris) 품종(세 가지 범주 : 클래스) 출처 : https://en.wikipedia.org/wiki/Iris-flower-data-set

4-1 데이터 로딩

기본 라이브러리인 판다스와 넘파이를 불러 온다.

〈소스〉 3.3_iris_classification.ipynb

```
[1] # 라이브러리 환경
    import pandas as pd
    import numpy as np
```

Tip #으로 시작하는 라인은 주석(comment) 처리된 부분이다. 주석은 프로그램의 내용을 설명하거나 기록이 필요할 때 사용하고, 프로그램을 실행할 때 주석 부분은 실행되지 않는다.

사이킷런(sklearn) 패키지는 붓꽃 데이터셋을 내장하고 있다. load_iris( ) 함수로 붓꽃 데이터를 불러온다. 딕셔너리 형태로 제공되므로 keys( ) 메소드로 키 값을 추출할 수 있다.

* Dua, D. and Graff, C. (2019). UCI Machine Learning Repository[http://archive.ics.uci.edu/ml]. Irvine, CA : University of California, School of Information and Computer Science.

```
[2] # skleran 데이터셋에서 iris 데이터셋 로딩
    from sklearn import datasets
    iris = datasets.load_iris()

    # iris 데이터셋은 딕셔너리 형태이므로, key 값 확인
    iris.keys()
```

```
dict_keys(['data', 'target', 'target_names', 'DESCR', 'feature_names', 'filename'])
```

데이터셋에 대한 설명은 'DESCR' 키를 사용하여 추출한다. 150개 붓꽃 샘플의 데이터가 정리되어 있다. 4개의 피처(설명 변수)에는 꽃받침(sepal)과 꽃잎(petal)에 대한 각각의 가로 길이, 세로 길이 값이 들어 있다. 분류 대상이 되는 목표 레이블은 3가지 범주(클래스)에 속하는 붓꽃 품종을 나타낸다. 3가지 품종 중에서 하나를 선택하는 다중 분류(multi classification) 문제이다.

```
[3] # DESCR 키를 이용하여 데이터셋 설명(Description) 출력
    print(iris['DESCR'])
```

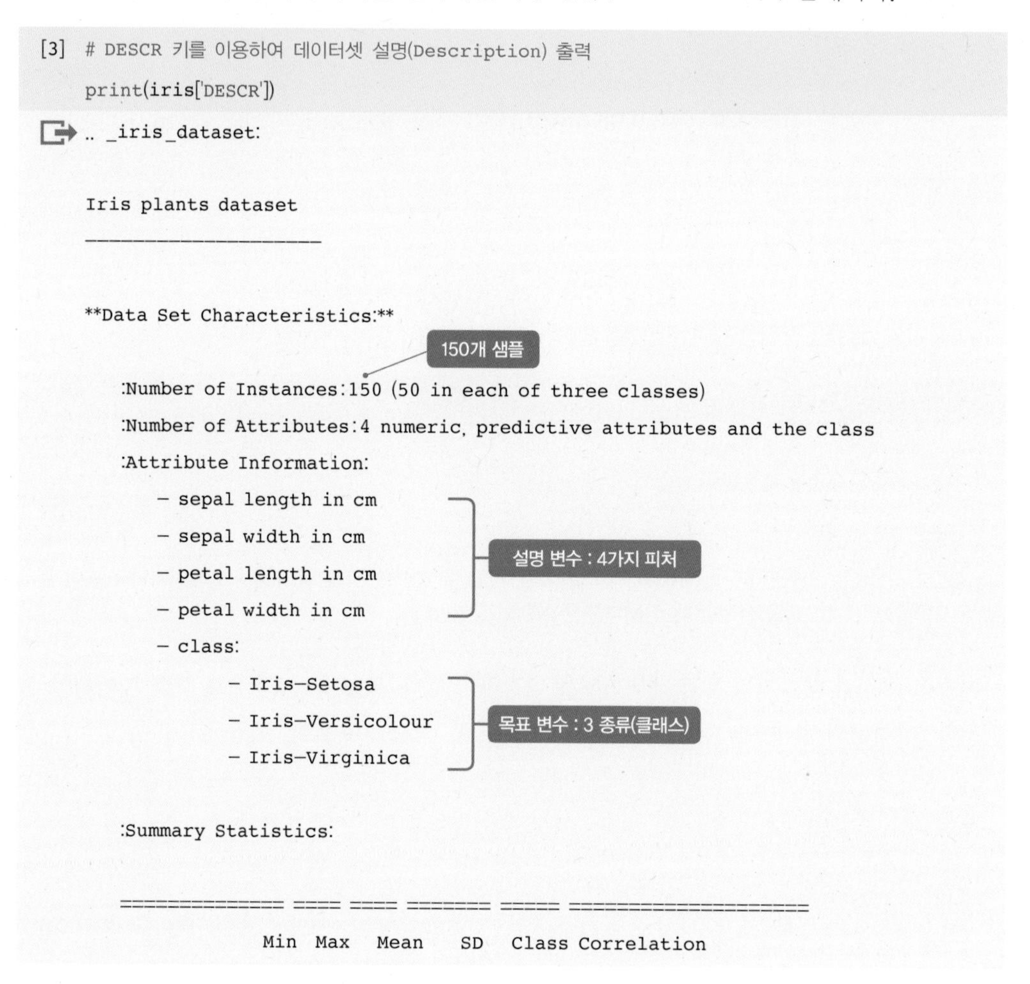


```
.. _iris_dataset:

Iris plants dataset
--------------------

**Data Set Characteristics:**

    :Number of Instances: 150 (50 in each of three classes)
    :Number of Attributes: 4 numeric, predictive attributes and the class
    :Attribute Information:
        - sepal length in cm
        - sepal width in cm
        - petal length in cm
        - petal width in cm
        - class:
                - Iris-Setosa
                - Iris-Versicolour
                - Iris-Virginica

    :Summary Statistics:

    ============== ==== ==== ======= ===== ====================
                    Min  Max   Mean    SD   Class Correlation
```

```
============== ==== ==== ======= ===== ====================
sepal length: 4.3  7.9   5.84   0.83    0.7826
sepal width:  2.0  4.4   3.05   0.43   -0.4194
petal length: 1.0  6.9   3.76   1.76    0.9490  (high!)
petal width:  0.1  2.5   1.20   0.76    0.9565  (high!)
============== ==== ==== ======= ===== ====================

:Missing Attribute Values:None
:Class Distribution:33.3% for each of 3 classes.
:Creator:R.A. Fisher
:Donor:Michael Marshall (MARSHALL%PLU@io.arc.nasa.gov)
:Date:July, 1988

The famous Iris database, first used by Sir R.A. Fisher. The dataset is taken
from Fisher's paper. Note that it's the same as in R, but not as in the UCI
Machine Learning Repository, which has two wrong data points.
(이하 생략)...
```

4-1-1 target 속성

'target' 키를 이용하여 목표 변수의 데이터를 확인한다. 150개의 샘플 데이터에 대한 레이블 값이 1차원 배열에 들어 있다. 클래스 0, 1, 2 각각 50개씩 들어 있다.

```
[4] # target 속성의 데이터셋 크기
    print("데이터셋 크기:", iris['target'].shape)

    # target 속성의 데이터셋 내용
    print("데이터셋 내용:\n", iris['target'])
```

```
데이터셋 크기:(150,)
데이터셋 내용:
 [0 0 0 0 0 0 0 0 0 0 0 0 0 0 0 0 0 0 0 0 0 0 0 0 0 0 0 0 0 0 0 0 0 0 0 0 0
 0 0 0 0 0 0 0 0 0 0 0 0 0 1 1 1 1 1 1 1 1 1 1 1 1 1 1 1 1 1 1 1 1 1 1 1 1
 1 1 1 1 1 1 1 1 1 1 1 1 1 1 1 1 1 1 1 1 1 1 1 1 1 1 2 2 2 2 2 2 2 2 2 2 2
 2 2 2 2 2 2 2 2 2 2 2 2 2 2 2 2 2 2 2 2 2 2 2 2 2 2 2 2 2 2 2 2 2 2 2 2 2
 2 2]
```

4-1-2 data 속성

'data' 키를 사용하여 추출한다. shape 속성으로 확인하면 150개의 행(붓꽃 샘플)과 4개의 열(피처)로 구성된 2차원 배열이다. 각 행은 수집된 개별 꽃 샘플 데이터를 나타내고, 각 열은 수집된 데이터의 구분 기준(속성)을 나타낸다. 150개 붓꽃 개체에 대한 꽃받침의 길이와 폭, 꽃잎의 길이와 폭을 측정하여 정리한 데이터셋이다.

추출된 배열의 첫 7개 행을 출력하여 내용을 확인한다. 넘파이 배열에 [:7, :]와 같이 [행, 열] 인덱스 범위를 지정하면 된다.

```
[5] # data 속성의 데이터셋 크기
    print("데이터셋 크기:", iris['data'].shape)

    # data 속성의 데이터셋 내용(첫 7개 행 추출)
    print("데이터셋 내용:\n", iris['data'][:7, :])
```

```
데이터셋 크기:(150, 4)
데이터셋 내용:
 [[5.1 3.5 1.4 0.2]
 [4.9 3.  1.4 0.2]
 [4.7 3.2 1.3 0.2]
 [4.6 3.1 1.5 0.2]
 [5.  3.6 1.4 0.2]
 [5.4 3.9 1.7 0.4]
 [4.6 3.4 1.4 0.3]]
```

4-1-3 데이터프레임 변환

4가지 속성 데이터가 정리되어 있는 2차원 배열(iris['data'])을 판다스 데이터프레임으로 변환한다. 열 이름(columns) 옵션에는 붓꽃 데이터셋의 feature_names 데이터를 지정해 준다. feature_names에 들어 있는 문자열들이 순서대로 4개 열의 이름이 된다.

```
[6] # data 속성을 판다스 데이터프레임으로 변환
    df = pd.DataFrame(iris['data'], columns=iris['feature_names'])
    print("데이터프레임의 형태:", df.shape)
    df.head()
```

```
data 속성의 배열 크기:(150, 4)
```

	sepal length (cm)	sepal width (cm)	petal length (cm)	petal width (cm)
0	5.1	3.5	1.4	0.2
1	4.9	3.0	1.4	0.2
2	4.7	3.2	1.3	0.2
3	4.6	3.1	1.5	0.2
4	5.0	3.6	1.4	0.2

[그림 3-14] df.head( ) 실행

데이터프레임의 열 이름을 간결하게 바꾼다. columns 속성에 새로운 열 이름을 리스트 형태로 지정한다. 그리고 head 함수에 숫자를 입력하면 입력된 숫자만큼의 행을 추출한다.

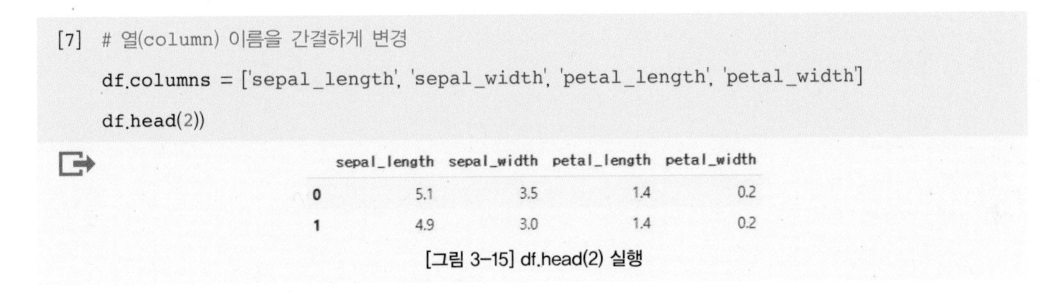

```
[7]  # 열(column) 이름을 간결하게 변경
     df.columns = ['sepal_length', 'sepal_width', 'petal_length', 'petal_width']
     df.head(2))
```

	sepal_length	sepal_width	petal_length	petal_width
0	5.1	3.5	1.4	0.2
1	4.9	3.0	1.4	0.2

[그림 3-15] df.head(2) 실행

타깃 레이블(Target) 열을 새로 만들어 추가해 준다. iris 데이터셋의 'target' 속성에 들어 있는 데이터를 입력하면 데이터프레임의 가장 오른쪽 열로 새롭게 추가된다.

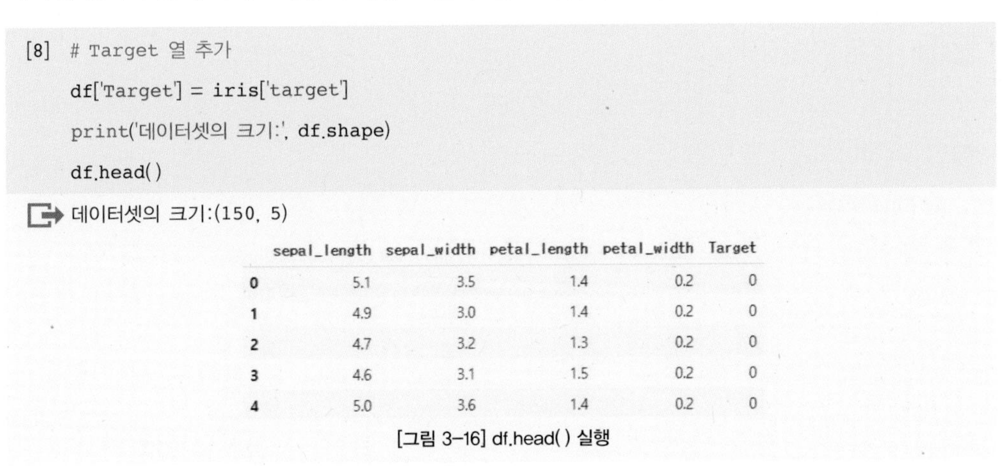

```
[8]  # Target 열 추가
     df['Target'] = iris['target']
     print('데이터셋의 크기:', df.shape)
     df.head()
```

```
데이터셋의 크기:(150, 5)
```

	sepal_length	sepal_width	petal_length	petal_width	Target
0	5.1	3.5	1.4	0.2	0
1	4.9	3.0	1.4	0.2	0
2	4.7	3.2	1.3	0.2	0
3	4.6	3.1	1.5	0.2	0
4	5.0	3.6	1.4	0.2	0

[그림 3-16] df.head( ) 실행

4-2 데이터 탐색

4-2-1 데이터셋의 기본 정보

info 메소드는 데이터프레임의 기본 정보를 보여준다. 모든 열에 150개의 유효(non-null : 결측값이 아닌) 데이터가 있고, 64비트 실수형(float64)과 정수형(int64)으로 구성되어 있다.

```
[9] # 데이터프레임의 기본 정보
    df.info()
```

```
<class 'pandas.core.frame.DataFrame'>
RangeIndex:150 entries, 0 to 149
Data columns (total 5 columns):
 #   Column         Non-Null Count   Dtype
---  ------         --------------   -----
 0   sepal_length   150 non-null     float64
 1   sepal_width    150 non-null     float64
 2   petal_length   150 non-null     float64
 3   petal_width    150 non-null     float64
 4   Target         150 non-null     int64
dtypes:float64(4), int64(1)
memory usage:6.0 KB
```

4-2-2 통계 정보 요약

describe 메소드는 150개 샘플의 평균값, 표준편차, 최소값, 최대값 등 통계 정보를 요약해 준다.

```
[10] # 통계 정보 요약
     df.describe()
```

	sepal_length	sepal_width	petal_length	petal_width	Target
count	150.000000	150.000000	150.000000	150.000000	150.000000
mean	5.843333	3.057333	3.758000	1.199333	1.000000
std	0.828066	0.435866	1.765298	0.762238	0.819232
min	4.300000	2.000000	1.000000	0.100000	0.000000
25%	5.100000	2.800000	1.600000	0.300000	0.000000
50%	5.800000	3.000000	4.350000	1.300000	1.000000
75%	6.400000	3.300000	5.100000	1.800000	2.000000
max	7.900000	4.400000	6.900000	2.500000	2.000000

[그림 3-17] df.describe( ) 실행

4-2-3 결측값 확인

데이터프레임에 isnull 메소드를 적용하면 각 원소가 결측값(missing value)인지 여부를 체크한다. 결측값이면 True, 정상 데이터이면 False이다. 여기에 sum 메소드를 적용해 주면, 각 열의 결측값의 개수를 계산해 준다. 결측값을 나타내는 True가 숫자 1로 인식되기 때문에 각 열의 숫자를 모두 더해주는 sum 함수의 출력값이 각 열의 결측값 개수가 된다. 실행 결과를 보면 데이터프레임의 5개 열 모두 결측값이 없는 것을 알 수 있다.

```
[11] # 결측값 확인
     df.isnull().sum()
```

```
sepal_length    0
sepal_width     0
petal_length    0
petal_width     0
Target          0
dtype:int64
```

Tip 결측값은 자료를 수집하는데 실패했거나 정리하는 과정에서 누락되어 유효한 데이터가 없는 경우이다. 대부분의 머신러닝 알고리즘은 결측값이 있으면 오류가 발생하므로, 입력하기 전에 다른 유효한 값으로 대체하거나 결측값을 삭제하는 별도의 전처리가 필요하다.

4-2-4 중복 데이터 확인

데이터프레임에 duplicated 메소드를 적용하면 동일한 샘플이 중복되어 존재하는지 체크한다. 0행부터 시작해서 각 행의 샘플 데이터가 이전 행의 데이터와 중복되면 True로 판별하고, 그렇지 않으면 False로 판별한다. 여기에 sum 메소드를 적용해 주면 중복 데이터로 판별된 샘플 행의 개수가 계산된다. 1개의 행이 그 전에 있는 행과 중복된 상태라는 것을 알 수 있다.

```
[12] # 중복 데이터 확인
     df.duplicated().sum()
```

```
1
```

실제 어느 행의 샘플 데이터가 중복인지 확인해 본다. loc 인덱서의 행 위치에 중복 데이터인지 여부를 표시하는 부울(bool) 값을 입력한다. 중복인 행은 True에 해당하므로 구분할 수 있다.

```
[13] # 중복 데이터 출력
     df.loc[df.duplicated(), :]
```

	sepal_length	sepal_width	petal_length	petal_width	Target
142	5.8	2.7	5.1	1.9	2

[그림 3-18] 중복 데이터 출력

142번 샘플은 이전 행에 있는 다른 샘플과 데이터가 중복된다. sepal_length 값이 5.8이고 petal_width 값이 1.9인 샘플을 따로 추출하면, 101번 샘플과 중복되는 것을 알 수 있다.

```
[14] # 중복 데이터 모두 출력
     df.loc[(df.sepal_length==5.8)&(df.petal_width==1.9), :]
```

	sepal_length	sepal_width	petal_length	petal_width	Target
101	5.8	2.7	5.1	1.9	2
142	5.8	2.7	5.1	1.9	2

[그림 3-19] 중복 데이터 모두 출력

중복 데이터를 제거할 때는 drop_duplicates 메소드를 이용한다. 중복 데이터를 모두 출력해 보면, 중복으로 체크되었던 142번 행의 데이터가 제거되고 101번 행의 데이터만 남는다.

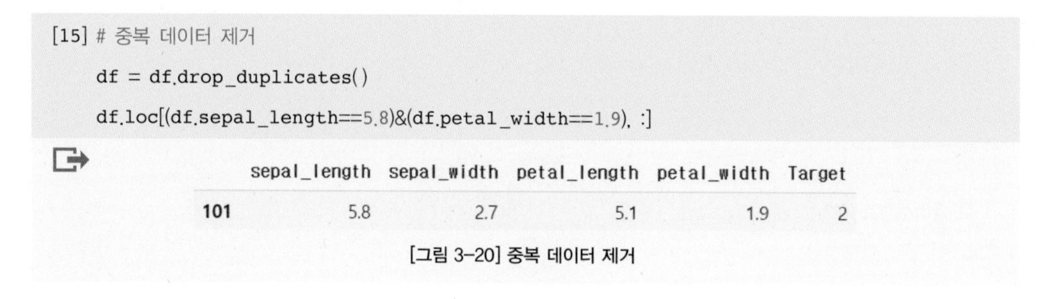

```
[15] # 중복 데이터 제거
     df = df.drop_duplicates()
     df.loc[(df.sepal_length==5.8)&(df.petal_width==1.9), :]
```

	sepal_length	sepal_width	petal_length	petal_width	Target
101	5.8	2.7	5.1	1.9	2

[그림 3-20] 중복 데이터 제거

4-2-5 상관 관계 분석

corr 메소드는 변수 간의 상관 계수 행렬을 출력한다. 목표 레이블(Target)은 상관 계수가 −0.42인 꽃받침 폭(sepal_width)을 제외한 나머지 피처들과 상관 관계가 높다(상관 계수: 0.78, 0.94, 0.95).

```
[16] # 변수 간의 상관 관계 분석
     df.corr()
```

	sepal_length	sepal_width	petal_length	petal_width	Target
sepal_length	1.000000	-0.117570	0.871754	0.817941	0.782561
sepal_width	-0.117570	1.000000	-0.428440	-0.366126	-0.426658
petal_length	0.871754	-0.428440	1.000000	0.962865	0.949035
petal_width	0.817941	-0.366126	0.962865	1.000000	0.956547
Target	0.782561	-0.426658	0.949035	0.956547	1.000000

[그림 3-21] 상관 계수 행렬

4-2-6 데이터 시각화

시각화 패키지인 맷플롯립(matplolib)과 시본(seaborn)을 약칭을 사용하여 불러온다. 시본은 sns라고 부르기로 한다. 시본의 글씨 크기 배율을 1.2배로 설정한다.

```
[17] # 시각화 라이브러리 설정
     import matplotlib.pyplot as plt
     import seaborn as sns
     sns.set(font_scale=1.2)
```

시본 heatmap 함수를 이용하여 상관 계수 행렬을 히트맵(heatmap)으로 나타낸다. 각 변수 간의 상관 계수를 다른 색으로 표현한다. annot 옵션은 상관 계수 숫자를 표시할지 여부를 지정한다.

```
[18] # 상관 계수 히트맵
     sns.heatmap(data=df.corr(), square=True, annot=True, cbar=True)
     plt.show()
```

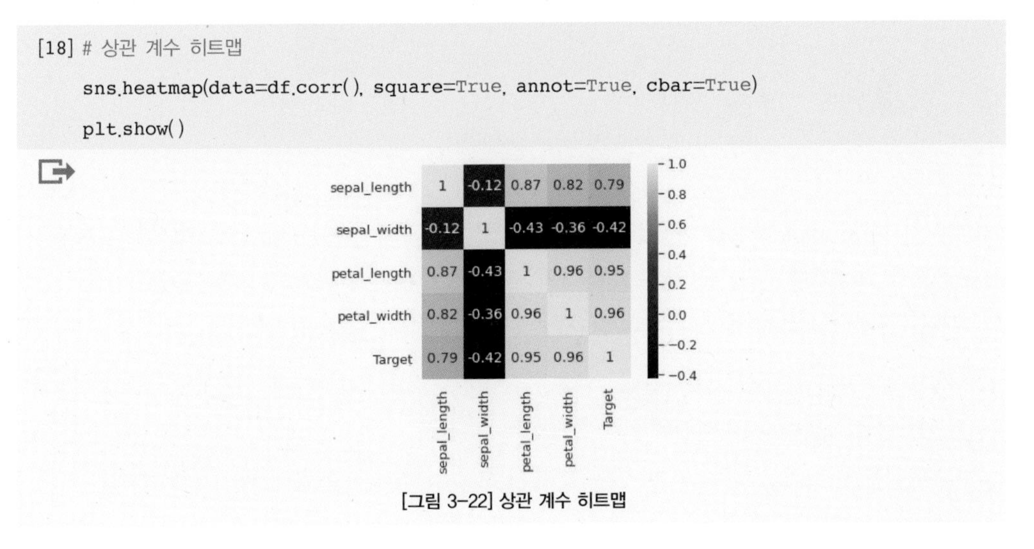

[그림 3-22] 상관 계수 히트맵

목표 레이블의 클래스별 분포를 확인한다. 시리즈 객체에 value_counts 메소드를 적용하면 데이터 종류별 샘플 개수를 출력한다. Target 열에는 각 클래스별로 50개씩 들어 있다.

```
[19] # Target 값의 분포 - value_counts 함수
     df['Target'].value_counts()
```

```
2    50
1    50
0    50
Name:Target, dtype:int64
```

맷플롯립 hist 함수를 이용하여 sepal_length열의 데이터를 히스토그램으로 그린다. data 옵션에 그래프를 그릴 데이터프레임을 지정하고, x 옵션에 피처(열 이름)를 입력한다.

```
[20] # sepal_length 값의 분포 - hist 함수
     plt.hist(x='sepal_length', data=df)
     plt.show()
```

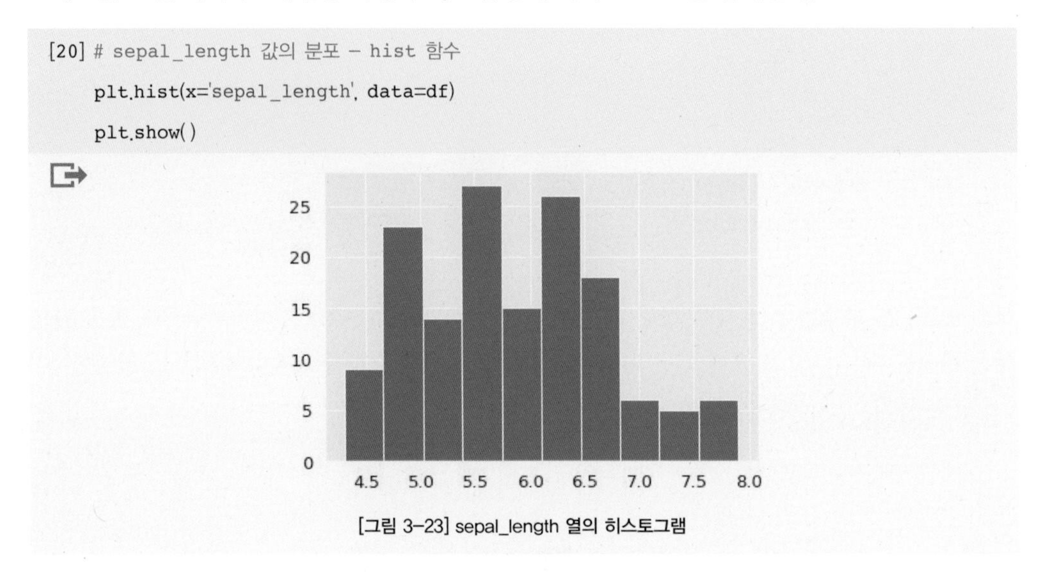

[그림 3-23] sepal_length 열의 히스토그램

이번에는 시본 displot 함수를 이용하여 sepal_width 데이터의 분포를 히스토그램으로 표현한다. data 옵션에 그래프를 그릴 데이터프레임을 지정하고, x 옵션에 피처(열 이름)를 입력한다. 그래프 종류를 지정하는 kind 옵션에 히스토그램을 나타내는 'hist' 값을 입력한다.

```
[21] # sepal_widgth 값의 분포 - displot 함수(histogram)
     sns.displot(x='sepal_width', kind='hist', data=df)
     plt.show()
```

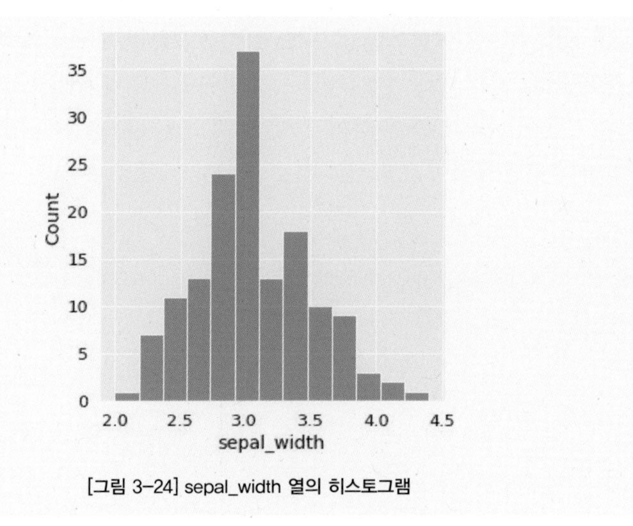

[그림 3-24] sepal_width 열의 히스토그램

시본 displot 함수를 이용하여, 히스토그램이 아닌 KDE 밀도함수 그래프를 그릴 수 있다. petal_length 데이터의 분포를 그려본다. kind 옵션에 'kde'라고 입력한다. 두 개의 봉우리 형태로 분포된 것으로 보아 서로 다른 이질적인 데이터가 섞여 있다고 추정해 볼 수 있다.

```
[22] # petal_length 값의 분포 - displot 함수(kde 밀도 함수 그래프)
     sns.displot(x='petal_width', kind='kde', data=df)
     plt.show()
```

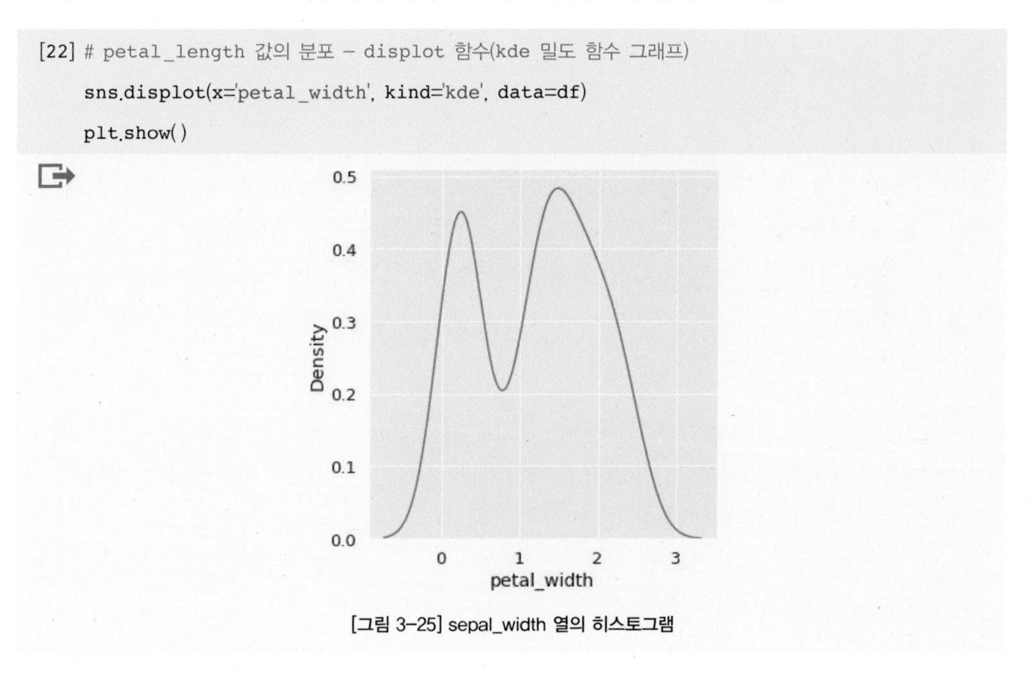

[그림 3-25] sepal_width 열의 히스토그램

품종별 sepal_length 데이터의 분포를 그려본다. 시본 displot에 hue 옵션을 적용한다. 목표 변수인 'Target' 열의 품종(클래스)별로 데이터를 구분하여 KDE 밀도함수 그래프를 그린다. 목표 변수의 클래스(0, 1, 2)에 따라 분포에 차이가 있다. 특히 Setosa 품종(클래스 0)의 꽃받침 길이가 짧은 편이다. 따라서 모델 학습에 고려해야 하는 유의한 피처로 보인다.

```
[23] # 품종별 sepal_length 값의 분포 비교
     sns.displot( x='sepal_length', hue='Target', kind='kde', data=df)
     plt.show()
```

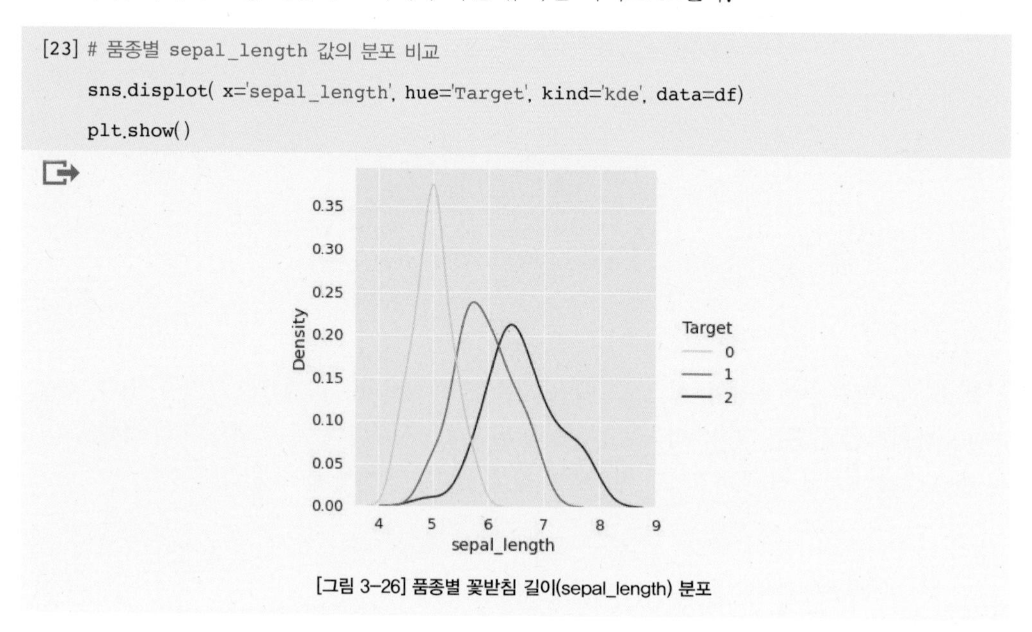

[그림 3-26] 품종별 꽃받침 길이(sepal_length) 분포

나머지 3개 피처에 대해서도 품종별 분포를 시각화해 본다. '꽃받침 너비(sepal_width)'의 분포를 그린다. Setosa 품종(클래스 0)의 분포가 다른 두 품종의 분포에 비해 오른쪽으로 중심이 이동되어 있다. 즉, 너비 방향으로 폭이 넓은 편이다. 또한 꽃잎 길이(petal_length)와 너비(petal_width) 데이터의 경우에도 분포에 차이가 있다. 품종별로 분포의 중심 위치가 다르고, 데이터가 퍼져 있는 정도(분산)에도 차이가 있다.

```
[24] # 나머지 3개 피처 데이터를 한번에 그래프로 출력
     for col in ['sepal_width', 'petal_length', 'petal_width']:
         sns.displot(x=col, hue='Target', kind='kde', data=df)
     plt.show()
```

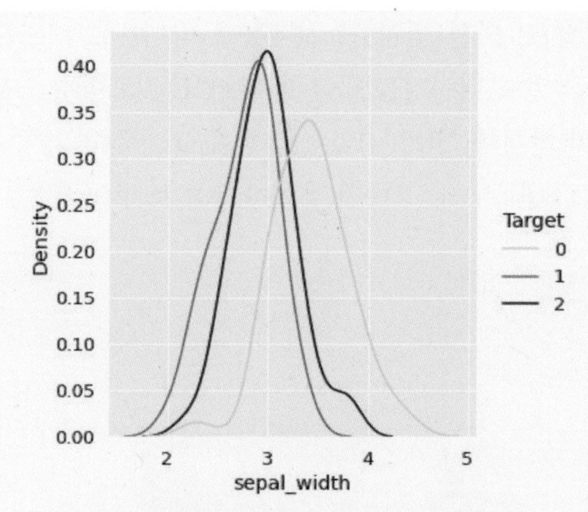

[그림 3-27] 품종별 꽃받침 너비(sepal_width) 분포

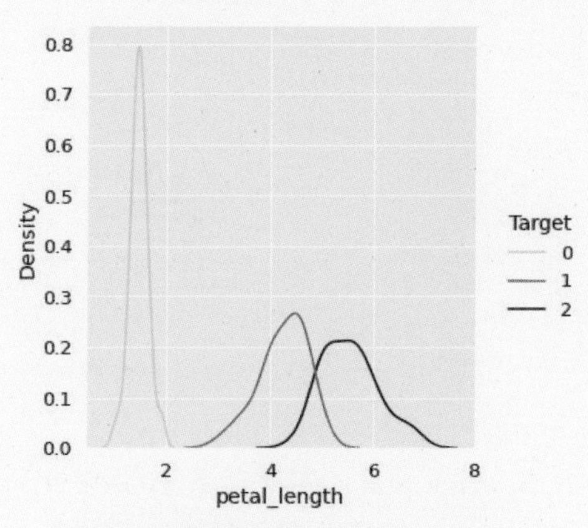

[그림 3-28] 품종별 꽃잎 길이(petal_length) 분포

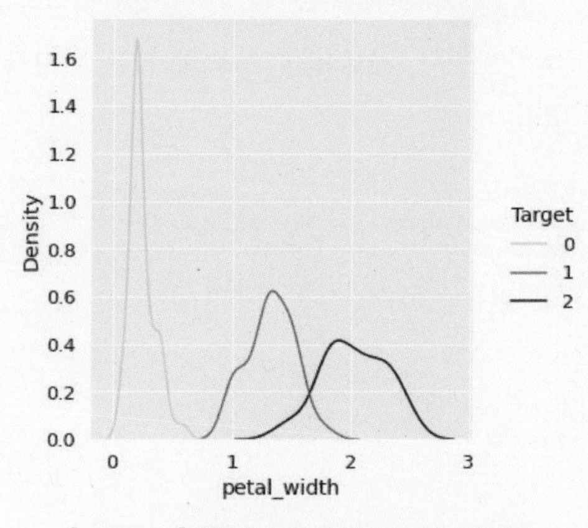

[그림 3-29] 품종별 꽃잎 너비(petal_width) 분포

시본 pariplot을 이용하면 서로 다른 피처 간 관계를 나타내는 그래프를 한번에 그릴 수 있다. hue 옵션에 Target 열을 지정하여 목표 클래스별로 구분하여 표시한다. 또한 'kde'를 지정하여 대각 방향에는 밀도함수로 나타낸다. 만약 이 옵션을 'hist'로 지정하면 히스토그램으로 표시한다. 두 피처를 각각 X, Y축에 나타내는데, 상대적인 데이터 분포가 품종별로 확연히 구분된다.

```
[25] sns.pairplot(df, hue = 'Target', size = 2.5, diag_kind = 'kde')
     plt.show()
```

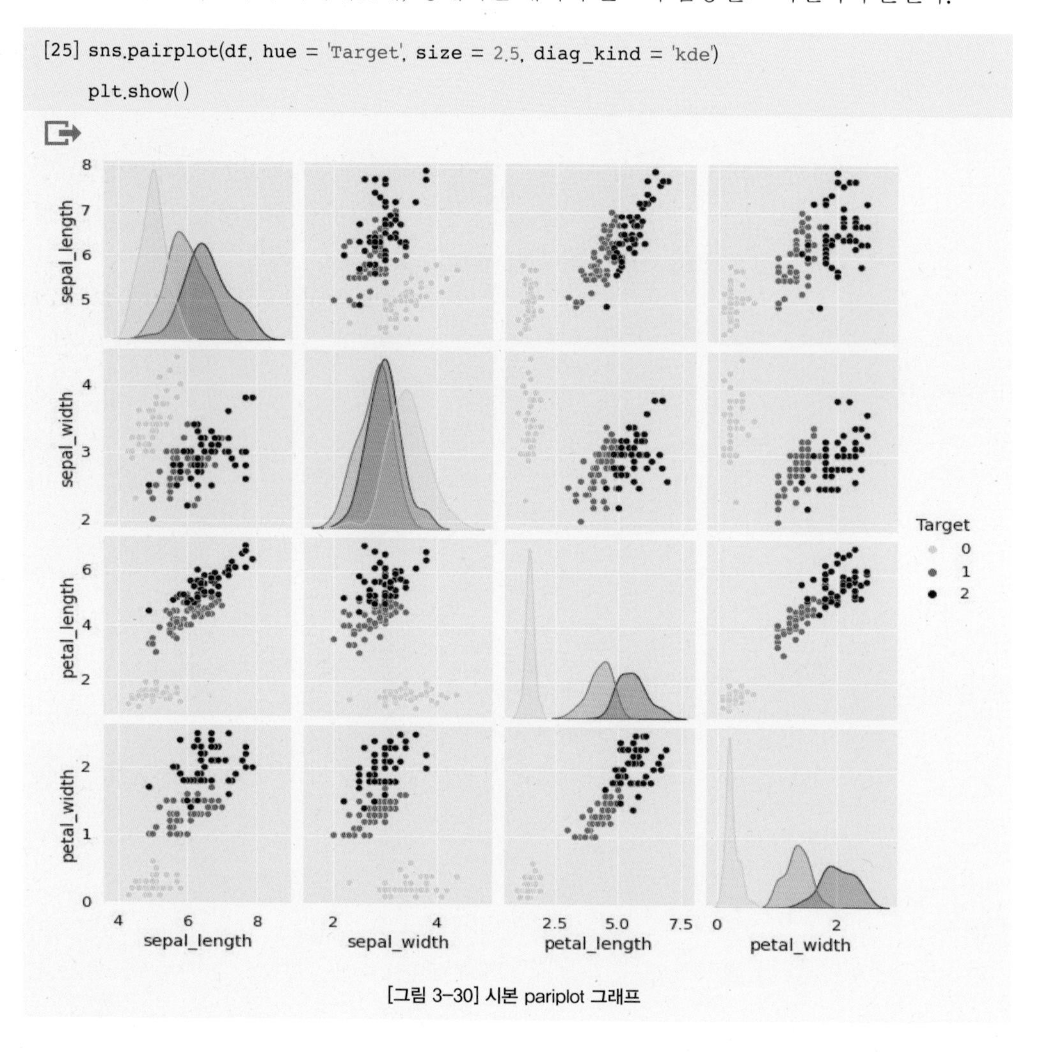

[그림 3-30] 시본 pariplot 그래프

4-3 Train-Test 데이터셋 분할

모델 학습에 사용할 훈련(Train) 데이터와 모델 성능을 평가하는데 사용할 테스트 데이터(Test)를 분할한다. 사이킷런 train_test_split 함수를 사용하면 편리하게 나눌 수 있다. 모델 학습에 사용할 피처로 4개 열을 선택하고 입력 데이터(X_data)에 할당한다. 목표 레이블(y_data)에 Target 열을 지정한다. X_data와 y_data를 train_test_split 함수에 입력한다.

test_size 옵션 값(0.2)에 따라 전체 데이터 중 20%를 테스트용으로 분할하고, 나머지 80%를 훈련용으로 분할한다. 따라서 전체 149개 샘플 중에서 80%인 119개는 훈련 데이터(X_train, y_train), 20%인 30개 샘플은 테스트 데이터(X_test, y_test)로 분할된다. shuffle 옵션을 True로 지정하면 데이터를 무작위로 섞어서 추출하게 된다. random_state 옵션을 지정해 두면 무작위 추출할 때 항상 일정한 기준으로 분할한다. 따라서 코드를 다시 실행해도 같은 결과를 얻는다.

```
[26] from sklearn.model_selection import train_test_split

     X_data = df.loc[:, 'sepal_length':'petal_width']
     y_data = df.loc[:, 'Target']

     X_train, X_test, y_train, y_test = train_test_split(X_data, y_data,
                                                         test_size=0.2,
                                                         shuffle=True,
                                                         random_state=20)

     print(X_train.shape, y_train.shape)
     print(X_test.shape, y_test.shape)
```

```
(119, 4) (119,)
(30, 4) (30,)
```

Tip 전처리 과정에서 중복 샘플을 1개 제거했기 때문에 샘플 데이터는 149개이다.

4-4 분류 알고리즘 ① - KNN

KNN(K-Nearest-Neighbors) 분류 알고리즘은 예측하려는 데이터 X가 주어지면, 기존 데이터 중 속성이 비슷한 K개의 이웃을 먼저 찾는다. 다시 말해 데이터 X를 둘러싼 K개의 가장 가까운 이웃을 찾고, 이웃 데이터가 가장 많이 속해 있는 목표 클래스를 예측값으로 결정한다.

[그림 3-31]에서 가까운 이웃을 3(K=3)으로 설정할 때는 클래스 ●에 속하는 데이터가 2개로 가장 많다. 한편, K=7로 설정할 때는 클래스 ▲에 속하는 데이터가 3개로 가장 많다. 이처럼 K 값에 따라 KNN 모델이 예측하는 클래스가 달라질 수 있다.

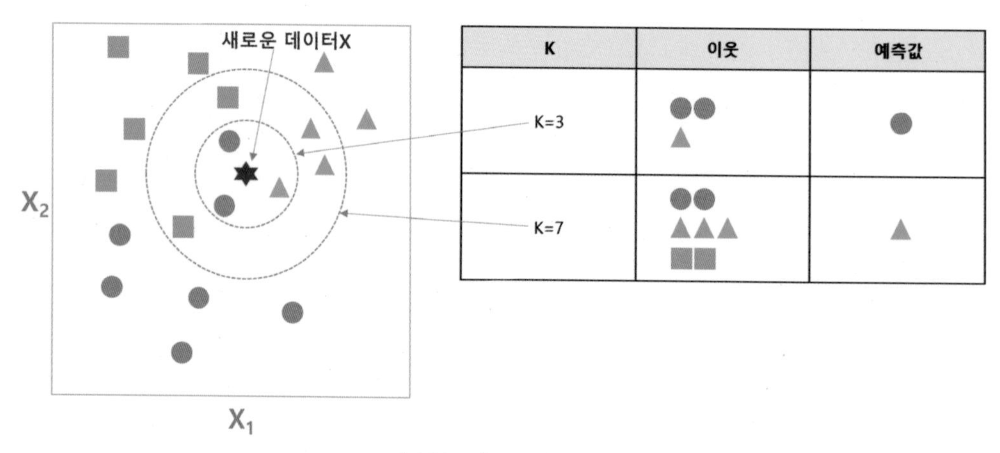

[그림 3-31] KNN 알고리즘

K 값에 따라 모델의 예측력이 달라지므로 적정한 K 값을 설정해야 한다. 다음의 예제는 K 값을 7로 하는 KNN 모델을 정의한다. fit 메소드에 훈련 데이터를 입력하여 모델 학습을 시킨다.

```
[27] # 모델 학습
     from sklearn.neighbors import KNeighborsClassifier
     knn = KNeighborsClassifier(n_neighbors=7)
     knn.fit(X_train, y_train)
```

```
KNeighborsClassifier(algorithm='auto', leaf_size=30, metric='minkowski',
                     metric_params=None, n_jobs=None, n_neighbors=7, p=2,
                     weights='uniform')
```

Tip 앞의 실행 결과에서 머신러닝 모델의 속성을 확인할 수 있다. K 값을 설정하는 n_neighbors와 같은 모델의 속성을 하이퍼라마미터(hyperparameter)라고 부른다. n_neighbors에 7이 아닌 다른 값으로 설정하여 모델의 성능을 개선할 수 있다. 이처럼 하이퍼파라미터의 값을 바꿔가면서 모델 성능을 개선하는 과정을 하이퍼파라미터 튜닝이라고 한다.

테스트 데이터(X_test)를 predict 메소드에 입력하여 모델의 예측값을 산출한다. X_test 데이터가 30개이므로 예측값도 30개가 되는데, 그 중에서 처음 5개의 예측값을 출력해 본다.

```
[28] # 예측
     y_knn_pred = knn.predict(X_test)
     print("예측값:", y_knn_pred[:5])
```

```
예측값:[0 1 1 2 1]
```

모델의 성능을 평가하기 위해 사이킷런 metrics 모듈에서 accuracy_score 함수를 불러온다. 테스트 데이터 X_test의 정답 레이블인 y_test를 모델의 예측값인 y_knn_pred와 함께 입력하면, 예측값과 정답을 비교하여 모델 예측의 정확도(accuracy)를 산출한다. 정확도는 목표 클래스를 정확히 맞춘 비율을 의미한다. 즉, 붓꽃 품종을 정확히 분류한 비율을 말한다. K=7일 때 KNN 모델은 약 93.33%의 정확도를 보인다. 각자 K 값을 바꿔 모델 성능을 평가해 보자.

```
[29] # 성능 평가
     from sklearn.metrics import accuracy_score
     knn_acc = accuracy_score(y_test, y_knn_pred)
     print("Accuracy:%.4f" % knn_acc)
```

```
Accuracy:0.9667
```

Tip print 함수의 문자열 출력 방법 중에서 '%s'를 사용하여 문자열을 중간에 끼워 넣는 방법을 다룬 적이 있다. 여기서는 '%s' 대신 '%.4f'를 사용했는데, f는 실수형(float)을 나타낸다. 소수점 4째 자리(.4f)를 갖는 실수 값을 해당 위치에 삽입한다는 뜻이다.

4-5 분류 알고리즘 ② - SVM

SVM(Support Vector Machine)은 데이터셋의 각 피처(열) 벡터(vector)들이 고유의 축을 갖는 벡터 공간을 이룬다고 가정한다. 모든 데이터를 벡터 공간 내의 좌표에 점으로 표시하고, 각 데이터가 속하는 목표 클래스별로 군집을 이룬다고 생각한다.

이때 각 군집까지의 거리(margin)를 최대한 멀리 유지하는 경계면을 찾는다. 이렇게 하면 각 군집을 서로 확연하게 구분할 수 있다. [그림 3-32]에서 경계면 P1의 margin 1이 경계면 P2의 margin 2보다 크기 때문에 최적의 경계면이 된다. 이렇게 각 군집을 구분하는 경계면을 찾으면 새로운 데이터가 주어졌을 때 벡터 공간의 좌표에서 어느 군집에 속하는지 분류할 수 있다.

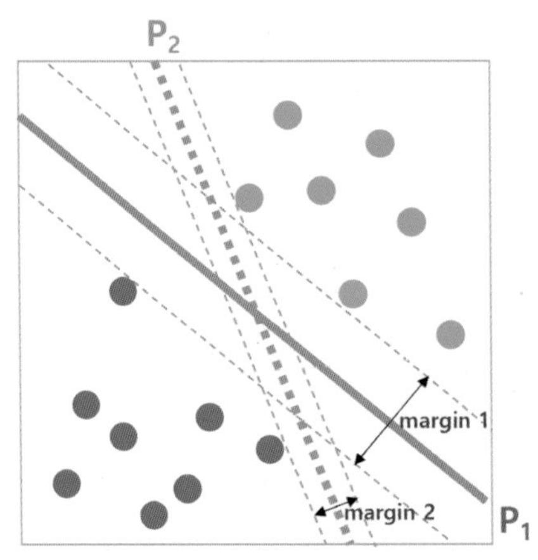

[그림 3-32] SVM 알고리즘

SVM 알고리즘이 구현된 사이킷런 svm 모듈에서 분류 모델인 SVC 인스턴스 객체를 생성하고 모델을 학습시킨다. 커널(kernel)은 데이터를 벡터 공간으로 매핑하는 함수를 말하며, 'rbf'는 Radial Basis Function을 뜻한다. 커널 함수에 대한 수학적 설명은 생략한다.

```
[30] # 모델 학습
     from sklearn.svm import SVC
     svc = SVC(kernel='rbf')
     svc.fit(X_train, y_train)
```

```
SVC(C=1.0, break_ties=False, cache_size=200, class_weight=None, coef0=0.0,
    decision_function_shape='ovr', degree=3, gamma='scale', kernel='rbf',
    max_iter=-1, probability=False, random_state=None, shrinking=True,
    tol=0.001, verbose=False)
```

predict 메소드로 모델의 예측값을 산출한다. accuracy_score 함수로 예측의 정확도(accuracy)를 산출한다. SVM 모델은 검증 데이터(X_test)에 대하여 100%의 정확도를 보인다.

```
[31] # 예측
     y_svc_pred = svc.predict(X_test)
     print("예측값:", y_svc_pred[:5])
     # 성능 평가
     svc_acc = accuracy_score(y_test, y_svc_pred)
     print("Accuracy:%.4f" % svc_acc)
```

```
예측값:[0 1 1 2 1]
Accuracy:1.0000
```

4-6 분류 알고리즘 ③ - 로지스틱 회귀

로지스틱 회귀(Logistic Regression)는 회귀라는 이름을 사용하지만, 실제로는 분류 알고리즘이다. [그림 3-33]에 있는 시그모이드 함수의 출력값(0~1 사이의 실수)을 각 분류 클래스에 속하게 될 확률값으로 사용한다. 따라서 붓꽃 데이터셋을 학습하여 각 품종에 속하는 확률을 0~1 사이의 값으로 계산하고, 1에 가까우면 해당 클래스로 분류하고, 0에 가까우면 아니라고 분류한다.

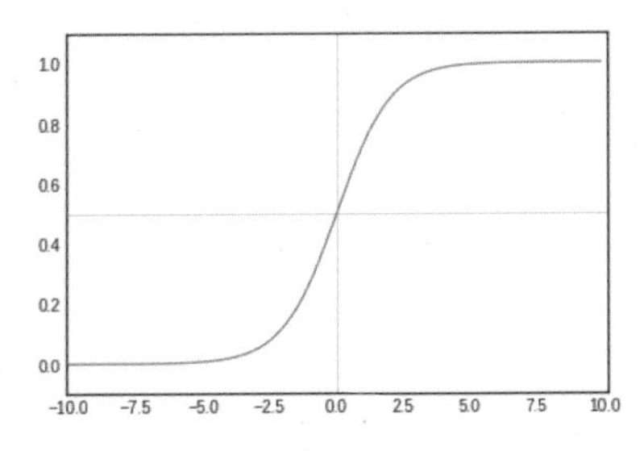

[그림 3-33] 시그모이드(Sigmoid) 함수

사이킷런 linear_model 모듈에서 LogisticRegression 클래스를 불러온다. 모델 인스턴스 객체를 생성하고 fit 메소드에 훈련 데이터(X_train, y_train)를 입력하면 학습을 진행한다.

```
[32] # 모델 학습
     from sklearn.linear_model import LogisticRegression
     lrc = LogisticRegression()
     lrc.fit(X_train, y_train)
```

```
LogisticRegression(C=1.0, class_weight=None, dual=False, fit_intercept=True,
                   intercept_scaling=1, l1_ratio=None, max_iter=100,
                   multi_class='auto', n_jobs=None, penalty='l2',
                   random_state=None, solver='lbfgs', tol=0.0001, verbose=0,
                   warm_start=False)
```

Tip 하이퍼파라미터 중에서 penalty는 규제(Regularization) 유형을 설정한다. 'l2'는 L2 규제를 뜻하고, 'l1'을 입력하면 L1 규제를 사용하게 된다. 모델이 훈련 데이터만 과도하게 학습하는 경우 훈련 데이터와 특성이 다른 새로운 데이터에 대해서는 예측력이 떨어지는 현상이 발생한다. 모델이 훈련 데이터에 과대적합(overfitting)되었다고 말한다. 이처럼 모델이 과대적합하는 것을 막기 위해 사용하는 방법을 규제라고 부른다.

predict 메소드에 입력하여 예측한 결과, 로지스틱 회귀 모델의 경우 SVM 모델과 마찬가지로 테스트 데이터(X_test)에 대하여 100%의 정확도를 보인다.

```
[33] # 예측
     y_lrc_pred = lrc.predict(X_test)
```

```
print("예측값:", y_lrc_pred[:5])
# 성능 평가
lrc_acc = accuracy_score(y_test, y_lrc_pred)
print("Accuracy:%.4f" % lrc_acc)
```

```
예측값:[0 1 1 2 1]
Accuracy:1.0000
```

predict_proba 메소드를 사용하면 각 클래스에 속할 확률값을 예측한다. 다음 실행 결과에서 3개의 열과 30개의 행으로 구성된 넘파이 배열이 반환된다. 첫 번째 열은 클래스 0의 예측 확률, 두 번째 열은 클래스 1의 예측 확률, 세 번째 열은 클래스 2의 예측 확률이다. 첫 번째 행에서 0번째 열의 확률이 0.98로 가장 크기 때문에 첫 번째 샘플은 클래스 0으로 분류된다.

```
[34] # 확률값 예측
     y_lrc_prob = lrc.predict_proba(X_test)
     y_lrc_prob
```

```
array([[9.83094486e-01, 1.69054561e-02, 5.76311710e-08],
       [4.60693069e-03, 8.41461542e-01, 1.53931527e-01],
       [1.03676263e-02, 9.20150923e-01, 6.94814504e-02],
       [2.57653286e-05, 5.16405458e-02, 9.48333689e-01],
       [2.39285321e-02, 9.52024719e-01, 2.40467487e-02],
             … (중략)…
       [9.69641517e-01, 3.03583562e-02, 1.26800439e-07],
       [9.36207343e-06, 2.61222313e-02, 9.73868407e-01],
       [2.17698957e-06, 3.15960733e-02, 9.68401750e-01]])
```

4-7 분류 알고리즘 ④ - 의사결정나무

의사결정나무(Decision Tree) 모델은 트리(tree) 알고리즘을 사용한다. 트리의 각 분기점(node)에는 데이터셋의 피처(설명 변수)를 하나씩 위치시킨다. 각 분기점에서 해당 피처에 관한 임의의 조건식을 가지고 계속 2개 이상의 줄기로 가지를 나누면서 데이터를 구분한다. 이때 각 분기점에서 분류가 가장 잘 되는 최적의 기준을 찾는 과정이 중요하다.

이 과정을 반복하면 모든 데이터는 [그림 3-34]에서 노란색으로 표시되는 잎 노드(leaf node) 중 하나에 반드시 속하게 된다. 각 잎 노드에 속하는 데이터들의 목표 클래스 값을 확인하여 가장 빈도가 높은 클래스를 최종 예측값으로 분류한다.

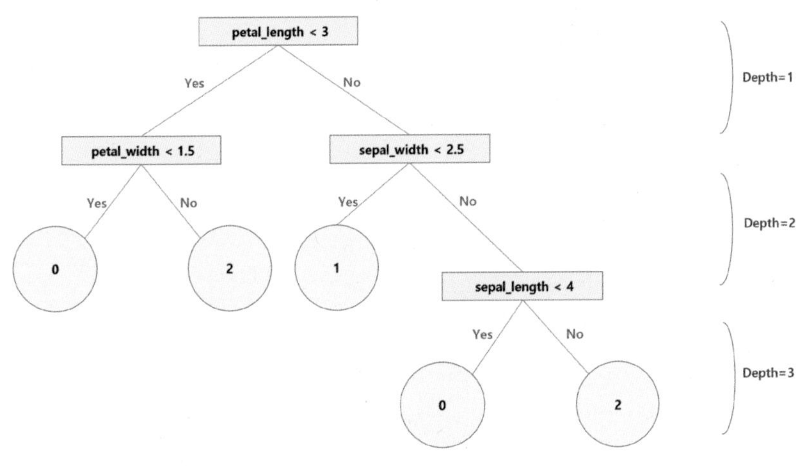

[그림 3-34] 의사결정나무

사이킷런 tree 모듈에서 DecisionTreeClassifier을 가져와 트리의 최대 깊이(max_depth)를 3으로 설정한다. 트리 깊이를 제한하는 이유는 모델이 지나치게 복잡한 구조를 갖게 되면 훈련 데이터에 과대적합되기 때문이다. fit 메소드에 훈련 데이터를 입력하여 모델을 학습시킨다.

```
[35] # 모델 학습
     from sklearn.tree import DecisionTreeClassifier
     dtc = DecisionTreeClassifier(max_depth=3, random_state=20)
     dtc.fit(X_train, y_train)
```

```
DecisionTreeClassifier(ccp_alpha=0.0, class_weight=None, criterion='gini',
                       max_depth=3, max_features=None, max_leaf_nodes=None,
                       min_impurity_decrease=0.0, min_impurity_split=None,
                       min_samples_leaf=1, min_samples_split=2,
                       min_weight_fraction_leaf=0.0, presort='deprecated',
                       random_state=20, splitter='best')
```

테스트 데이터를 predict 메소드에 입력하여 예측하면 약 93.33%의 정확도를 보인다.

```
[36] # 예측
     y_dtc_pred = dtc.predict(X_test)
     print("예측값:", y_dtc_pred[:5])
     # 성능 평가
     dtc_acc = accuracy_score(y_test, y_dtc_pred)
     print("Accuracy:%.4f" % dtc_acc)
```

```
예측값:[0 1 1 2 1]
Accuracy:0.9333
```

4-8 앙상블 모델 ① - 보팅

앙상블 모델은 여러 모델을 결합하여 성능을 높이는 방법이다. 하나의 모델 예측에 의존하는 것보다 여러 모델의 예측을 종합하면 모델의 예측력은 일반적으로 좋은 편이다. 먼저 여러 개의 모델이 예측한 값을 결합하여 최종 예측값을 결정하는 방법 중에서 보팅(Voting)을 살펴본다.

다음의 예제에서 VotingClassifier는 서로 다른 알고리즘을 사용하는 3개의 분류 모델을 사용한다. 모두 같은 데이터를 사용하여 학습하는 점에 유의한다. voting 옵션에 'hard'를 설정하면 3개 모델이 예측한 값 중에서 다수결로 최종 분류 클래스를 정한다.
테스트 데이터에 대해서는 100%의 정확도를 나타낸다. 개별 모델의 정확도(KNN 0.9667, SVM 1.0000, 의사결정나무 0.9333)에 비하면 정확도가 개선되는 것을 볼 수 있다. 단, 앙상블 학습을 하게 되면 개별 모델에 비하여 학습 시간이 오래 걸린다는 단점이 있다.

```
[37] # Hard Voting 모델 학습 및 예측
     from sklearn.ensemble import VotingClassifier
     hvc = VotingClassifier(estimators=[('KNN', knn), ('SVM', svc), ('DT', dtc)],
                            voting='hard')
     hvc.fit(X_train, y_train)
     # 예측
     y_hvc_pred = hvc.predict(X_test)
     print("예측값:", y_hvc_pred[:5])
     # 성능 평가
     hvc_acc = accuracy_score(y_test, y_hvc_pred)
     print("Accuracy:%.4f" % hvc_acc)

     예측값:[0 1 1 2 1]
     Accuracy:1.0000
```

Tip voting에 'soft' 옵션을 사용하면 3개 모델의 각 분류 클래스별 예측 확률(0~1 사이)을 평균하여 최종 분류 클래스를 결정한다. 3개 중에서 가장 큰 확률을 갖는 클래스를 선택한다.

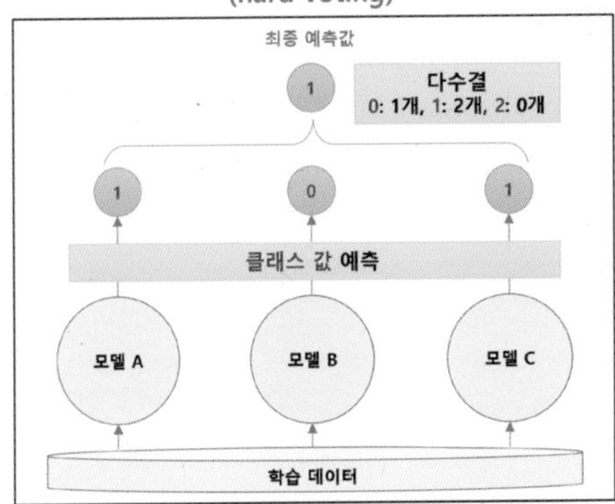

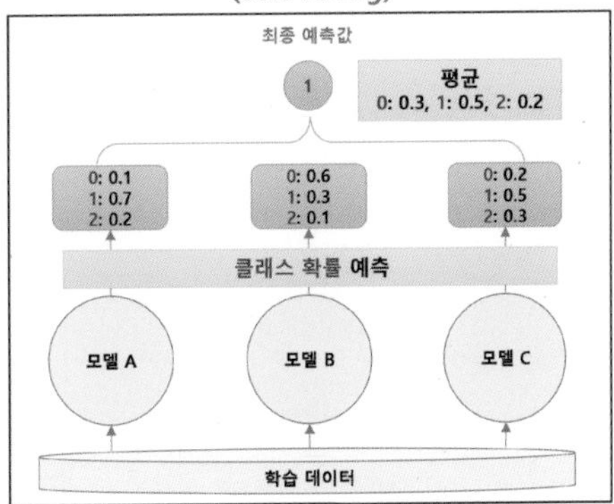

[그림 3-35] 보팅 유형

4-9 앙상블 모델 ② - 배깅

앞에서 살펴본 Decision Tree는 한 개의 트리를 사용한다. 반면 랜덤 포레스트는 트리 모델을 여러 개 사용하여 각 모델의 개별 예측값을 보팅을 통해 결정한다. 이처럼 같은 종류의 알고리즘 모델을 여러 개 결합하여 예측하는 방법을 배깅(bagging)이라고 한다. 이때 각 트리는 전체 학습 데이터 중에서 서로 다른 데이터를 샘플링하여 학습하는 점에서 보팅과 차이가 있다.

다음의 예제에서 n_estimators는 랜덤 포레스트에서 사용하는 트리 모델의 개수이다. 즉, 50개의 트리 모델이 예측한 분류 클래스를 종합하여 결과를 예측한다. 개별 트리의 깊이(max_depth)는 최대 3으로 제한한다. 랜덤 포레스트의 예측 정확도는 약 96.67%이다. 앞에서 의사결정나무 1개를 사용한 경우보다는 예측력이 개선된 것으로 볼 수 있다.

```
[38] # 모델 학습 및 검증
     from sklearn.ensemble import RandomForestClassifier
     rfc = RandomForestClassifier(n_estimators=50, max_depth=3, random_state=20)
     rfc.fit(X_train, y_train)
     # 예측
     y_rfc_pred = rfc.predict(X_test)
     print("예측값:", y_rfc_pred[:5])
     # 모델 성능 평가
     rfc_acc = accuracy_score(y_test, y_rfc_pred)
     print("Accuracy:%.4f" % rfc_acc)
```

```
예측값:[0 1 1 2 1]
Accuracy:0.9667
```

4-10 앙상블 모델 ③ - 부스팅

앙상블 기법 중에서 부스팅(Boosting) 방법은 여러 개의 약한 학습기(가벼운 모델)를 순차적으로 학습한다. 잘못 예측한 데이터에 대한 예측 오차를 줄일 수 있는 방향으로 모델을 계속 업데이트한다. 여러 모델을 동시에 학습하지 않고 순서대로 학습하는 점에서 배깅과 다르다.

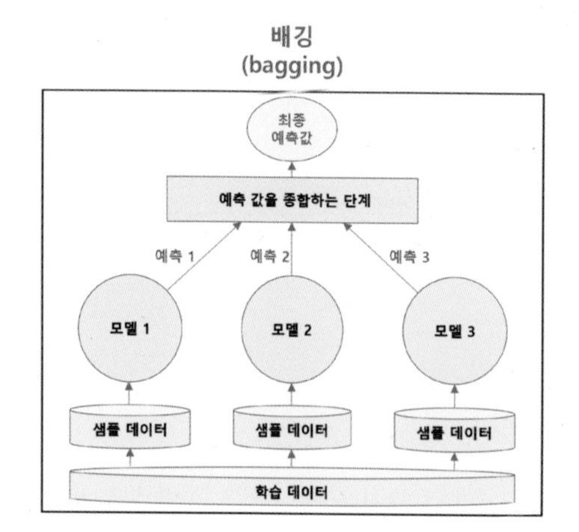

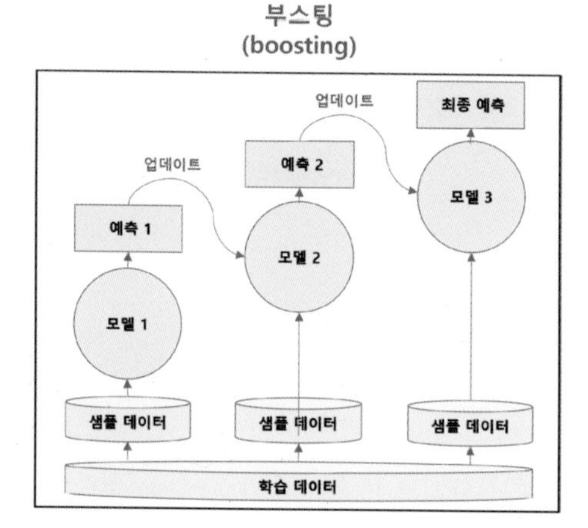

[그림 3-36] 배깅 vs. 부스팅

XGBoost 모델은 캐글, 데이콘 등 경진 대회에서 가장 많이 사용되는 알고리즘의 하나이다. 부스팅 앙상블 유형에 속하고, 모델 학습 속도가 빠르고 예측력이 상당히 좋은 편으로 알려져 있다. xgboost 라이브러리에서 XGBClassifier 모델을 불러온다. 개별 트리의 개수(n_estimators)는 50개, 트리의 최대 높이(max_depth)는 3으로 지정한다. XGBoost 모델의 정확도는 약 96.67%이다.

```
[39] # 모델 학습 및 예측
     from xgboost import XGBClassifier
     xgbc = XGBClassifier(n_estimators=50, max_depth=3, random_state=20)
     xgbc.fit(X_train, y_train)
     # 예측
     y_xgbc_pred = xgbc.predict(X_test)
     print("예측값:", y_xgbc_pred[:5])
     # 모델 성능 평가
     xgbc_acc = accuracy_score(y_test, y_xgbc_pred)
     print("Accuracy:%.4f" % xgbc_acc)
```

```
예측값:[0 1 1 2 1]
Accuracy:0.9667
```

4-11 교차 검증 ① - Hold-out

학습(training) 데이터 일부를 검증(validation) 데이터로 사용하는 방법을 홀드아웃(Hold-out) 교차 검증이라고 부른다. 검증 데이터는 모델 학습에 사용되지 않은 데이터이므로 모델의 일반화 성능을 평가하는데 사용한다. 결과적으로 테스트 데이터에 대한 예측력을 높일 수 있다.

사이킷런의 train_test_split 메소드를 사용하여 기존 학습 데이터 중에서 30%를 검증 데이터(X_val, y_val)로 분리하고, 나머지 70%를 훈련용 데이터(X_tr, y_tr)로 분할한다. 119개의 학습 데이터가 83개의 훈련 데이터와 36개의 검증 데이터로 분할된다.

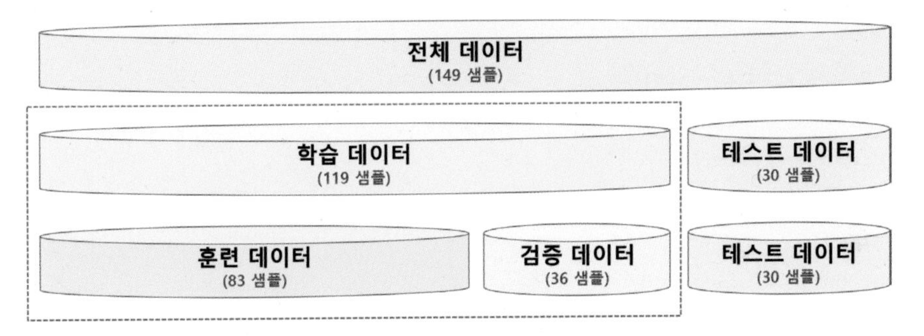

[그림 3-37] 홀드아웃 교차 검증

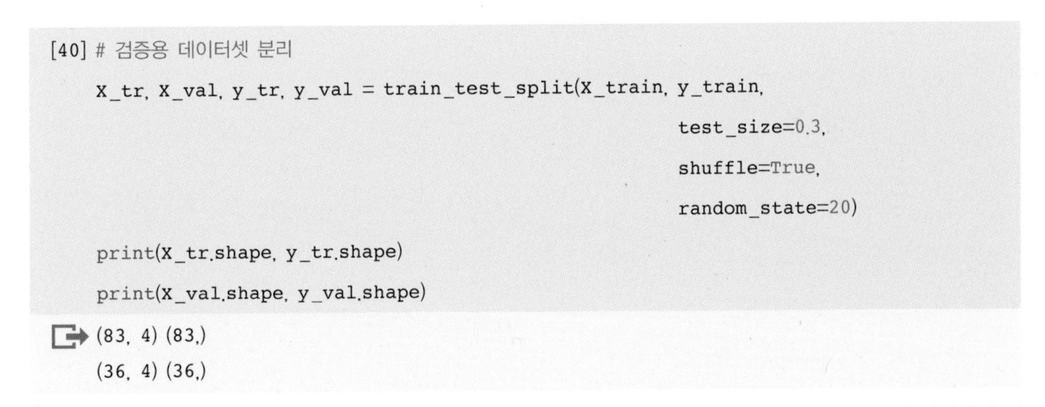

```
[40] # 검증용 데이터셋 분리
     X_tr, X_val, y_tr, y_val = train_test_split(X_train, y_train,
                                                 test_size=0.3,
                                                 shuffle=True,
                                                 random_state=20)

     print(X_tr.shape, y_tr.shape)
     print(X_val.shape, y_val.shape)
```

```
(83, 4) (83,)
(36, 4) (36,)
```

Tip shuffle 옵션을 True로 설정하면 데이터를 랜덤하게 섞은 다음 분리 추출하게 된다. 예측 모델이 데이터 순서와 무관하게 일반화된 성능을 갖는지 확인할 수 있다.

랜덤 포레스트 모델에 훈련 데이터(X_tr, y_tr)를 입력하여 학습하고, 검증 데이터(X_val, y_val)를 사용하여 모델의 성능을 평가한다. 검증 정확도가 훈련 정확도보다 상당히 낮기 때문에 훈련 데이터에 과대적합이 발생되었다고 볼 수 있다. 즉, 새로운 데이터에 대한 성능이 떨어진다.

```
[41] # 학습
     rfc = RandomForestClassifier(max_depth=3, random_state=20)
     rfc.fit(X_tr, y_tr)
     # 예측
     y_tr_pred = rfc.predict(X_tr)
     y_val_pred = rfc.predict(X_val)
     # 검증
     tr_acc = accuracy_score(y_tr, y_tr_pred)
     val_acc = accuracy_score(y_val, y_val_pred)
     print("Train Accuracy:%.4f" % tr_acc)
     print("Validation Accuracy:%.4f" % val_acc)
```

```
Train Accuracy:0.9880
Validation Accuracy:0.9167
```

테스트 데이터(X_test)를 predict 메소드에 입력하여 예측한다. 테스트 정확도가 0.9000으로 검증 정확도보다 낮은 수준이다. 검증 데이터에 대한 홀드아웃 검증 결과에서 파악했듯이 훈련 데이터에 과대적합하여 새로운 데이터에 대한 예측력 또한 낮은 편이다.

```
[42] # 테스트 데이터 예측 및 평가
     y_test_pred = rfc.predict(X_test)
     test_acc = accuracy_score(y_test, y_test_pred)
     print("Test Accuracy:%.4f" % test_acc)
```

```
Test Accuracy:0.9000
```

4-12 교차 검증 ② - K-fold

홀드아웃 검증에서는 학습 데이터를 훈련용과 검증용으로 한번 분할하여 모델 성능을 검증한다. K-fold 교차 검증은 이와 같은 홀드아웃 방법을 여러 번 반복하는 방법이다.

전체 데이터를 k개의 부분 집합으로 나누고, 그 중에서 첫 번째 부분 집합(Fold 1)을 검증용으로 사용하고 나머지 k-1개의 집합을 모델 훈련에 사용한다(검증 1). 그 다음 두 번째 부분 집합(Fold 2)을 검증용으로 사용하여 모델 성능을 평가한다(검증 2). 마지막 k 번째 부분 집합(Fold k)을 검증용으로 사용하여 모델을 학습한다(검증 k). 데이터를 서로 겹치지 않게 분할하여 모두 k번 검증하므로 모델의 일반화 성능을 평가하는데 있어서 홀드아웃 방법보다 적합하다.

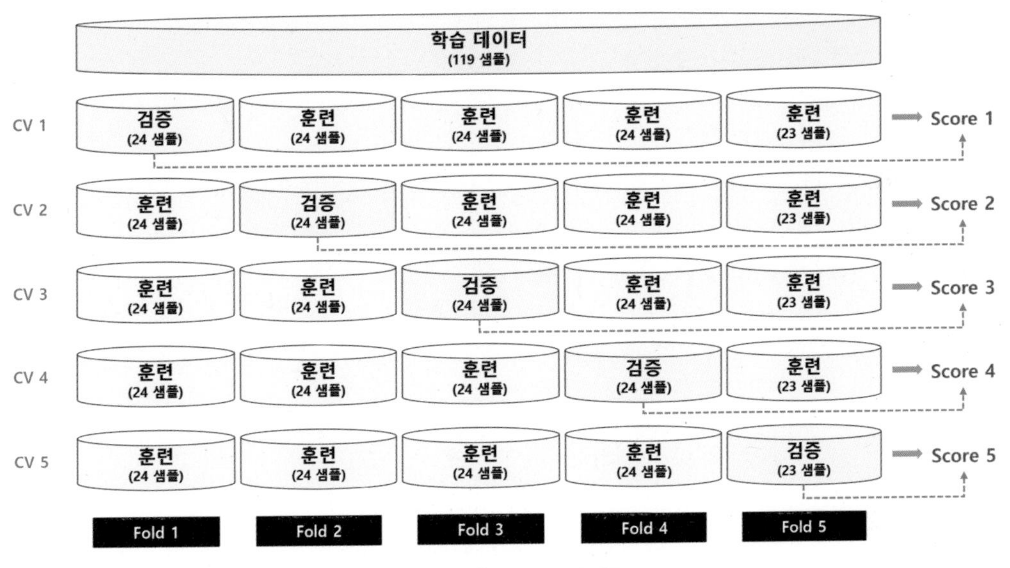

[그림 3-38] K-fold 교차 검증

사이킷런 KFold 클래스 객체를 만들고 5개의 폴드(n_split=5)를 지정한다. split 메소드를 이용하면 훈련 데이터와 검증 데이터에 분배될 데이터프레임의 행 인덱스를 얻을 수 있다. for 반복문을 사용하여 5개의 폴드 각각에 대한 훈련용 데이터의 행 인덱스 배열(tr_idx)과 검증용 데이터의 행 인덱스 배열(val_idx)을 구분하여 출력한다. 검증용 데이터의 행 인덱스를 보면 5개의 폴드에 제각각 다른 인덱스가 중복되지 않은 상태로 나눠지는 것을 알 수 있다.

```
[43] # 데이터셋을 5개의 Fold로 분할하는 KFold 클래스 객체 생성
     from sklearn.model_selection import KFold
     kfold = KFold(n_splits=5, shuffle=True, random_state=20)
     # 훈련용 데이터와 검증용 데이터의 행 인덱스를 각 Fold별로 구분하여 생성
     num_fold = 1
     for tr_idx, val_idx in kfold.split(X_train):
         print("%s Fold----------------------------------------" % num_fold)
         print("훈련:", len(tr_idx), tr_idx[:10])
         print("검증:", len(val_idx), val_idx[:10])
         num_fold = num_fold + 1
```

```
1 Fold----------------------------------------
훈련:95 [ 0  3  4  6  7  8  9 10 11 12]
검증:24 [ 1  2  5 35 37 39 47 48 51 53]
2 Fold----------------------------------------
훈련:95 [ 1  2  3  4  5  6  7  8  9 10]
검증:24 [ 0 12 19 21 23 31 36 38 44 46]
3 Fold----------------------------------------
훈련:95 [ 0  1  2  3  5  6  7  9 10 12]
검증:24 [ 4  8 11 14 24 27 29 30 33 41]
4 Fold----------------------------------------
훈련:95 [ 0  1  2  4  5  6  7  8  9 11]
검증:24 [ 3 10 13 17 18 25 32 43 57 58]
5 Fold----------------------------------------
훈련:96 [ 0  1  2  3  4  5  8 10 11 12]
검증:23 [ 6  7  9 15 16 20 22 26 28 34]
```

Tip K-fold 검증은 모델 학습을 K번 반복하는데 시간이 오래 걸리는 단점이 있다.

랜덤 포레스트 모델을 K-fold 교차 검증으로 평가한다. 각 폴드의 모델 성능을 평가한 결과를 보면 1번 폴드의 정확도가 낮은 편이다.

```
[44] # 훈련용 데이터와 검증용 데이터의 행 인덱스를 각 Fold별로 구분하여 생성
     val_scores = []
     num_fold = 1
     for tr_idx, val_idx in kfold.split(X_train, y_train):
         # 훈련용 데이터와 검증용 데이터를 행 인덱스 기준으로 추출
         X_tr, X_val = X_train.iloc[tr_idx, :], X_train.iloc[val_idx, :]
         y_tr, y_val = y_train.iloc[tr_idx], y_train.iloc[val_idx]
         # 학습
         rfc = RandomForestClassifier(max_depth=5, random_state=20)
         rfc.fit(X_tr, y_tr)
         # 검증
         y_val_pred = rfc.predict(X_val)
         val_acc = accuracy_score(y_val, y_val_pred)
         print("%d Fold Accuracy:%.4f" % (num_fold, val_acc))
         val_scores.append(val_acc)
         num_fold += 1

     1 Fold Accuracy:0.8750
     2 Fold Accuracy:1.0000
     3 Fold Accuracy:0.9167
     4 Fold Accuracy:0.9583
     5 Fold Accuracy:0.9565
```

5개 폴드의 검증 정확도를 평균한다. 넘파이 round 함수로 소수점 넷째 자리로 반올림한다.

```
[45] # 평균 Accuracy 계산
     import numpy as np
     mean_score = np.mean(val_scores)
     print("평균 검증 Accuraccy:", np.round(mean_score, 4))

     평균 검증 Accuraccy:0.9413
```

05 회귀(Regression) - 보스턴 주택 가격 예측

지도학습의 다른 유형인 회귀 모델을 만들어 보자. 보스턴 지역의 주택 가격을 예측하는 모델이다.

5-1 데이터 로딩

보스턴 주택 데이터셋은 14개의 변수(열:column)로 구성된다. 각 열은 주택의 속성을 나타내는 피처(feature)를 말하고, 각 행은 개별 주택에 대한 데이터의 집합(레코드)을 나타낸다. 하나의 행이 하나의 샘플(주택)을 나타내고, 각 열에 맞춰 해당하는 데이터가 입력되어 있다.

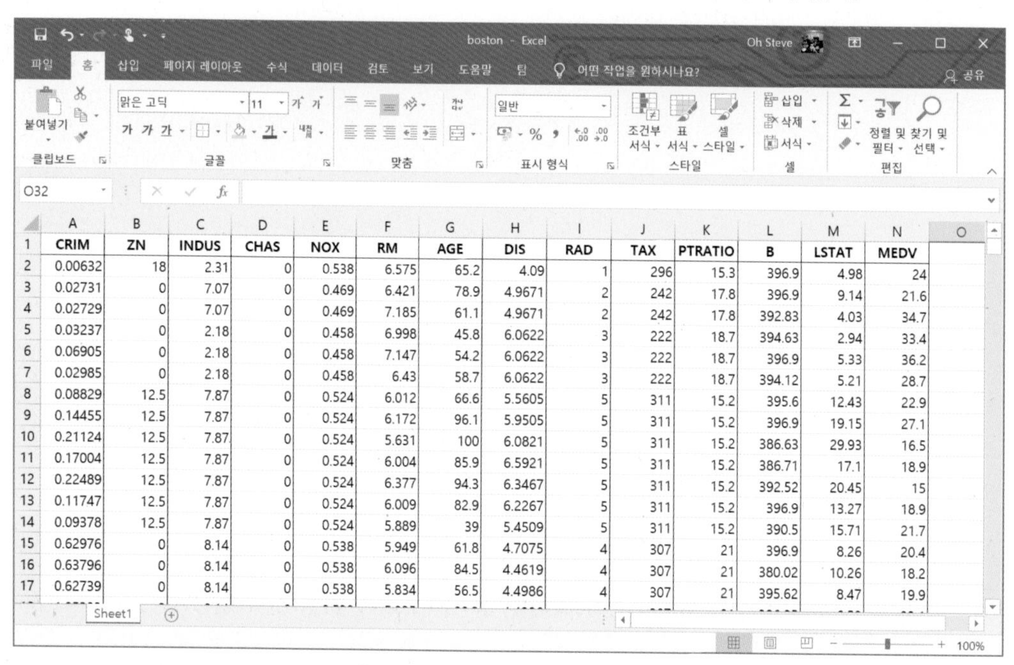

CRIM	ZN	INDUS	CHAS	NOX	RM	AGE	DIS	RAD	TAX	PTRATIO	B	LSTAT	MEDV
0.00632	18	2.31	0	0.538	6.575	65.2	4.09	1	296	15.3	396.9	4.98	24
0.02731	0	7.07	0	0.469	6.421	78.9	4.9671	2	242	17.8	396.9	9.14	21.6
0.02729	0	7.07	0	0.469	7.185	61.1	4.9671	2	242	17.8	392.83	4.03	34.7
0.03237	0	2.18	0	0.458	6.998	45.8	6.0622	3	222	18.7	394.63	2.94	33.4
0.06905	0	2.18	0	0.458	7.147	54.2	6.0622	3	222	18.7	396.9	5.33	36.2
0.02985	0	2.18	0	0.458	6.43	58.7	6.0622	3	222	18.7	394.12	5.21	28.7
0.08829	12.5	7.87	0	0.524	6.012	66.6	5.5605	5	311	15.2	395.6	12.43	22.9
0.14455	12.5	7.87	0	0.524	6.172	96.1	5.9505	5	311	15.2	396.9	19.15	27.1
0.21124	12.5	7.87	0	0.524	5.631	100	6.0821	5	311	15.2	386.63	29.93	16.5
0.17004	12.5	7.87	0	0.524	6.004	85.9	6.5921	5	311	15.2	386.71	17.1	18.9
0.22489	12.5	7.87	0	0.524	6.377	94.3	6.3467	5	311	15.2	392.52	20.45	15
0.11747	12.5	7.87	0	0.524	6.009	82.9	6.2267	5	311	15.2	396.9	13.27	18.9
0.09378	12.5	7.87	0	0.524	5.889	39	5.4509	5	311	15.2	390.5	15.71	21.7
0.62976	0	8.14	0	0.538	5.949	61.8	4.7075	4	307	21	396.9	8.26	20.4
0.63796	0	8.14	0	0.538	6.096	84.5	4.4619	4	307	21	380.02	10.26	18.2
0.62739	0	8.14	0	0.538	5.834	56.5	4.4986	4	307	21	395.62	8.47	19.9

[그림 3-39] 보스턴 데이터셋 살펴보기

14개의 변수는 다음과 같은 속성을 나타낸다. 마지막 MEDV 속성이 주택 가격을 나타내며 회귀 모델을 설계할 때 최종 예측 대상인 목표 변수가 된다.

변수	설명
CRIM	해당 지역의 1인당 범죄 발생률
ZN	면적 25,000평방피트를 넘는 주택용 토지의 비율
INDUS	해당 지역의 비소매 상업 지역 비율
CHAS	해당 부지의 찰스강 인접 여부(인접한 경우 1, 그렇지 않은 경우 0)
NOX	일산화질소 농도
RM	(거주 목적의)방의 개수
AGE	1940년 이전에 건축된 자가 주택의 비율
DIS	보스턴의 5대 고용 지역까지의 거리
RAD	고속도로 접근성
TAX	재산세
PTRATIO	교사-학생 비율
B	흑인 거주비율
LSTAT	저소득층 비율
MEDV	소유주 거주 주택의 주택 가격(중간값)

[표 3-2] 보스턴 주택 가격 데이터셋

코랩 노트북을 실행하고 기본 라이브러리를 불러온다. 보스턴 주택 데이터셋은 사이킷런이 제공하는 데이터셋(datasets)에 포함되어 있다. load_boston( ) 함수를 이용하여 보스턴 데이터셋을 불러와 housing 변수에 저장한다. 데이터셋은 딕셔너리 형태로 제공되고, keys( ) 메소드로 딕셔너리의 키 값을 추출할 수 있다.

〈소스〉 3.4_boston_regression.ipynb

```
[1] # 기본 라이브러리
    import pandas as pd
    import numpy as np
    import matplotlib.pyplot as plt
    import seaborn as sns

    # skleran 데이터셋에서 보스턴 주택 데이터셋 로딩
    from sklearn import datasets
    housing = datasets.load_boston()

    # 딕셔너리 형태이므로 key 값 확인
    housing.keys()
```

```
dict_keys(['data', 'target', 'feature_names', 'DESCR', 'filename'])
```

housing 데이터의 'data' 키를 이용하여 피처(설명 변수) 데이터를 가져와 데이터프레임으로 변환한다. 피처 이름이 들어 있는 배열을 데이터프레임의 열 이름(columns)으로 지정한다. 13가지 피처 데이터가 들어 있는 2차원 구조(506행, 13열)가 된다. 즉, 506개 주택에 대한 데이터가 13가지 속성으로 구분되어 입력되어 있다. 그리고 housing 데이터의 'target' 키를 사용하여 목표 변수(MEDV) 데이터를 데이터프레임으로 변환하고 열 이름을 'Target'으로 설정한다.

```
[2] # 판다스 데이터프레임으로 변환
    data = pd.DataFrame(housing['data'], columns=housing['feature_names'])
    target = pd.DataFrame(housing['target'], columns=['Target'])
    # 데이터셋 크기
    print(data.shape)
    print(target.shape)
```

```
(506, 13)
(506, 1)
```

13개 설명 변수가 담긴 data 데이터프레임과 목표 변수 데이터를 갖는 target 데이터프레임을 결합한다. concat 함수에 axis=1 옵션을 사용하여 좌우 방향으로 연결하듯 붙인다.

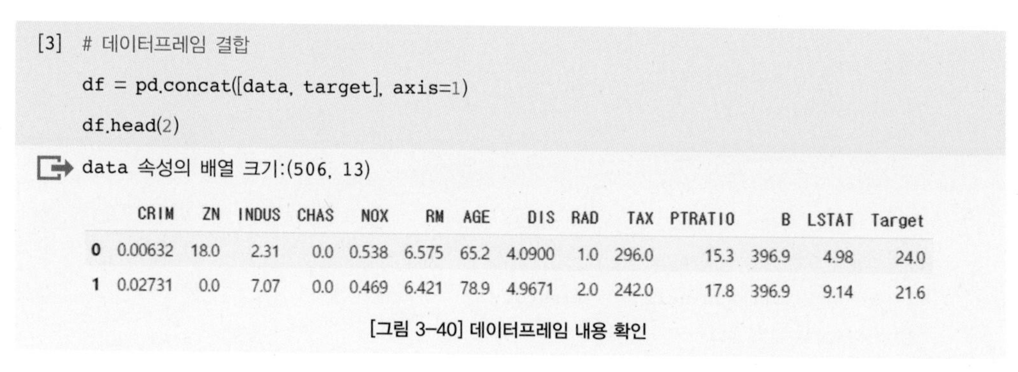

```
[3] # 데이터프레임 결합
    df = pd.concat([data, target], axis=1)
    df.head(2)
```

data 속성의 배열 크기:(506, 13)

	CRIM	ZN	INDUS	CHAS	NOX	RM	AGE	DIS	RAD	TAX	PTRATIO	B	LSTAT	Target
0	0.00632	18.0	2.31	0.0	0.538	6.575	65.2	4.0900	1.0	296.0	15.3	396.9	4.98	24.0
1	0.02731	0.0	7.07	0.0	0.469	6.421	78.9	4.9671	2.0	242.0	17.8	396.9	9.14	21.6

[그림 3-40] 데이터프레임 내용 확인

5-2 데이터 탐색

5-2-1 기본 정보

info 함수를 사용하여 데이터프레임의 기본 정보를 확인한다. 모든 열이 506개의 유효(non-null : 결측값이 아닌) 데이터를 가지고 있고, 자료형은 64비트 실수형(float64)임을 알 수 있다. 모든 데이터 값이 숫자로만 구성되었으므로 머신러닝 알고리즘에 바로 입력하여 계산이 가능하다.

```
[4] # 데이터프레임의 기본 정보
    df.info()
```

```
<class 'pandas.core.frame.DataFrame'>
RangeIndex:506 entries, 0 to 505
Data columns (total 14 columns):
 #   Column   Non-Null Count  Dtype
---  ------   --------------  -----
 0   CRIM     506 non-null    float64
 1   ZN       506 non-null    float64
 2   INDUS    506 non-null    float64
 3   CHAS     506 non-null    float64
 4   NOX      506 non-null    float64
 5   RM       506 non-null    float64
 6   AGE      506 non-null    float64
 7   DIS      506 non-null    float64
 8   RAD      506 non-null    float64
 9   TAX      506 non-null    float64
 10  PTRATIO  506 non-null    float64
 11  B        506 non-null    float64
 12  LSTAT    506 non-null    float64
 13  Target   506 non-null    float64
dtypes:float64(14)
memory usage:55.5 KB
```

5-2-2 결측값 확인

데이터프레임 각 열의 결측값(missing value) 개수를 확인한다. 14개 열 모두 결측값이 없다.

```
[5] # 결측값 확인
    df.isnull().sum()

    CRIM       0
    ZN         0
    INDUS      0
    CHAS       0
    NOX        0
    RM         0
    AGE        0
    DIS        0
    RAD        0
    TAX        0
    PTRATIO    0
    B          0
    LSTAT      0
    Target     0
    dtype:int64
```

5-2-3 상관 관계 분석

판다스 데이터프레임에 corr 메소드를 적용하면 숫자 데이터를 갖는 변수 간의 상관 계수를 계산한다. 시본의 heatmap 함수를 사용하면 상관 계수 테이블을 시각화할 수 있다. 이미지 크기를 (10, 10)으로 지정하고, 폰트 스케일을 0.8로 설정한다. 목표 변수인 Target 열은 RM 변수와 상관 계수가 0.69이고, LSTAT 변수와 −0.73으로 높은 편이다.

```
[6] # 상관 관계 행렬
    df_corr = df.corr()

    # 히트맵 그리기
    plt.figure(figsize=(10, 10))
    sns.set(font_scale=0.8)
    sns.heatmap(df_corr, annot=True, cbar=False);
    plt.show()
```

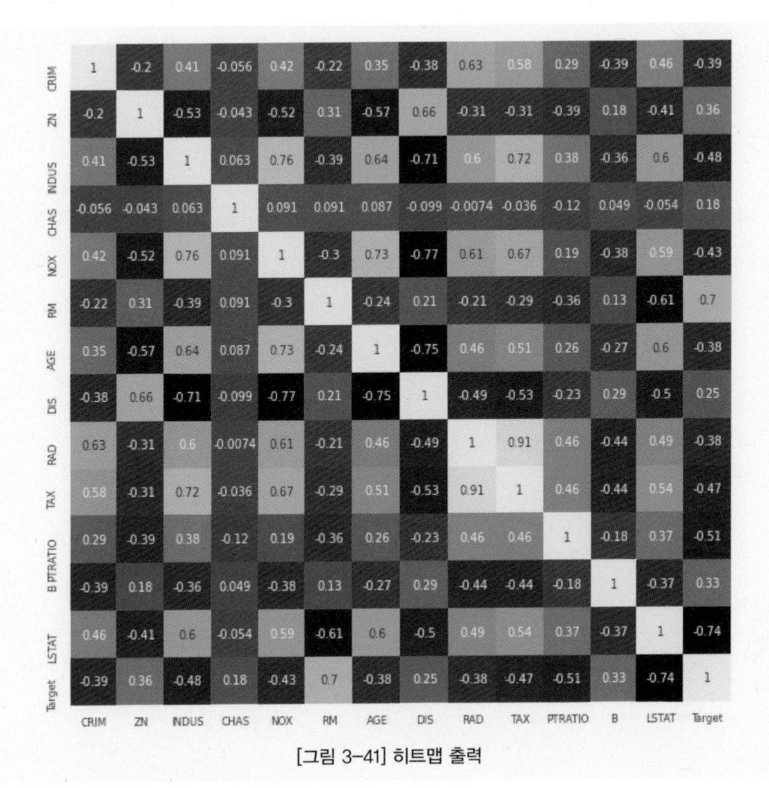

[그림 3-41] 히트맵 출력

Tip cbar 옵션을 True로 바꾸고 실행해 보면 색상표가 오른쪽에 표시된다.

목표 변수인 Target 열과 상관 계수가 높은 순서대로 열 이름과 상관 계수를 출력한다. 행 기준으로는 Target을 제외한 나머지 변수를 모두 선택하고, 열 기준으로는 Target을 선택한다. abs 메소드로 상관 계수 값을 모두 양의 값으로 바꾼다. sort_values 메소드에 ascending=False 옵션을 설정하면 상관 계수 값을 기준으로 내림차순 정렬하게 된다.

```
[7]  # 변수 간의 상관 관계 분석 - Target 변수와 상관 관계가 높은 순서대로 정리
     corr_order = df.corr().loc[:'LSTAT', 'Target'].abs().sort_values(ascending=False)
     corr_order
```

```
LSTAT      0.737663
RM         0.695360
PTRATIO    0.507787
INDUS      0.483725
TAX        0.468536
NOX        0.427321
CRIM       0.388305
RAD        0.381626
AGE        0.376955
ZN         0.360445
```

```
B          0.333461
DIS        0.249929
CHAS       0.175260
Name:Target, dtype:float64
```

데이터 분포를 파악하는 좋은 방법은 그래프를 그려보는 것이다. Target 변수와 함께 상관 계수가 높은 순서대로 4개 피처(LSTAT, RM, PTRATIO, INDUS)를 추출한다. 추출된 데이터프레임을 plot_df 변수에 저장한다. head 명령으로 확인하면 5개 열이 추출된 것을 알 수 있다.

```
[8] # 시각화로 분석할 피처 선택 추출 - Target 변수와 상관 관계가 높은 4개 변수
    plot_cols = ['Target', 'LSTAT', 'RM', 'PTRATIO', 'INDUS']
    plot_df = df.loc[:, plot_cols]
    plot_df.head()
```

	Target	LSTAT	RM	PTRATIO	INDUS
0	24.0	4.98	6.575	15.3	2.31
1	21.6	9.14	6.421	17.8	7.07
2	34.7	4.03	7.185	17.8	7.07
3	33.4	2.94	6.998	18.7	2.18
4	36.2	5.33	7.147	18.7	2.18

[그림 3-42] plot_df

데이터프레임의 특정 부분을 추출할 때 loc 인덱서를 사용하는데, loc[행 인덱스, 열 이름]과 같이 입력한다. 행 인덱스 옵션에 전체 행(:)을 지정하고 열 이름 옵션에 plot_cols 리스트를 지정한다. 행과 열의 위치에 필터 기준을 입력한다고 이해하면 쉽다. 따라서 5개 열의 데이터를 기준으로 모든 행을 선택한다.

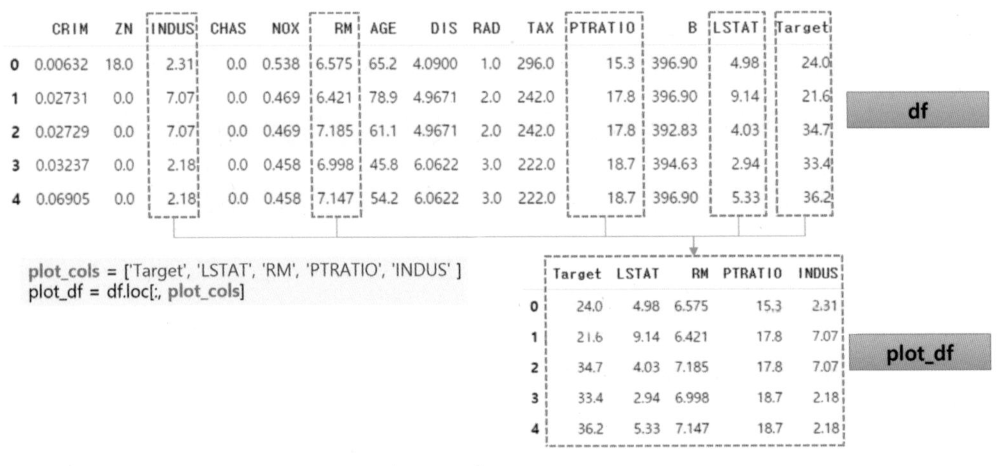

	CRIM	ZN	INDUS	CHAS	NOX	RM	AGE	DIS	RAD	TAX	PTRATIO	B	LSTAT	Target
0	0.00632	18.0	2.31	0.0	0.538	6.575	65.2	4.0900	1.0	296.0	15.3	396.90	4.98	24.0
1	0.02731	0.0	7.07	0.0	0.469	6.421	78.9	4.9671	2.0	242.0	17.8	396.90	9.14	21.6
2	0.02729	0.0	7.07	0.0	0.469	7.185	61.1	4.9671	2.0	242.0	17.8	392.83	4.03	34.7
3	0.03237	0.0	2.18	0.0	0.458	6.998	45.8	6.0622	3.0	222.0	18.7	394.63	2.94	33.4
4	0.06905	0.0	2.18	0.0	0.458	7.147	54.2	6.0622	3.0	222.0	18.7	396.90	5.33	36.2

	Target	LSTAT	RM	PTRATIO	INDUS
0	24.0	4.98	6.575	15.3	2.31
1	21.6	9.14	6.421	17.8	7.07
2	34.7	4.03	7.185	17.8	7.07
3	33.4	2.94	6.998	18.7	2.18
4	36.2	5.33	7.147	18.7	2.18

[그림 3-43] loc 인덱서 활용

시본 regplot 함수로 선형 회귀선을 산점도에 표시할 수 있다. x 변수에는 Target을 제외한 4개 피처를 입력하고, y 변수에는 Target 열을 지정한다. subplot 함수로 2×2 격자 프레임을 만들고, 4개 피처에 대하여 하나씩 순서대로 regplot을 그린다. LSTAT와 RM의 선형관계가 뚜렷하다.

```
[9] # regplot으로 선형회귀선 표시
    plt.figure(figsize=(10,10))
    for idx, col in enumerate(plot_cols[1:]):
        ax1 = plt.subplot(2, 2, idx+1)
        sns.regplot(x=col, y=plot_cols[0], data=plot_df, ax=ax1)
    plt.show()
```

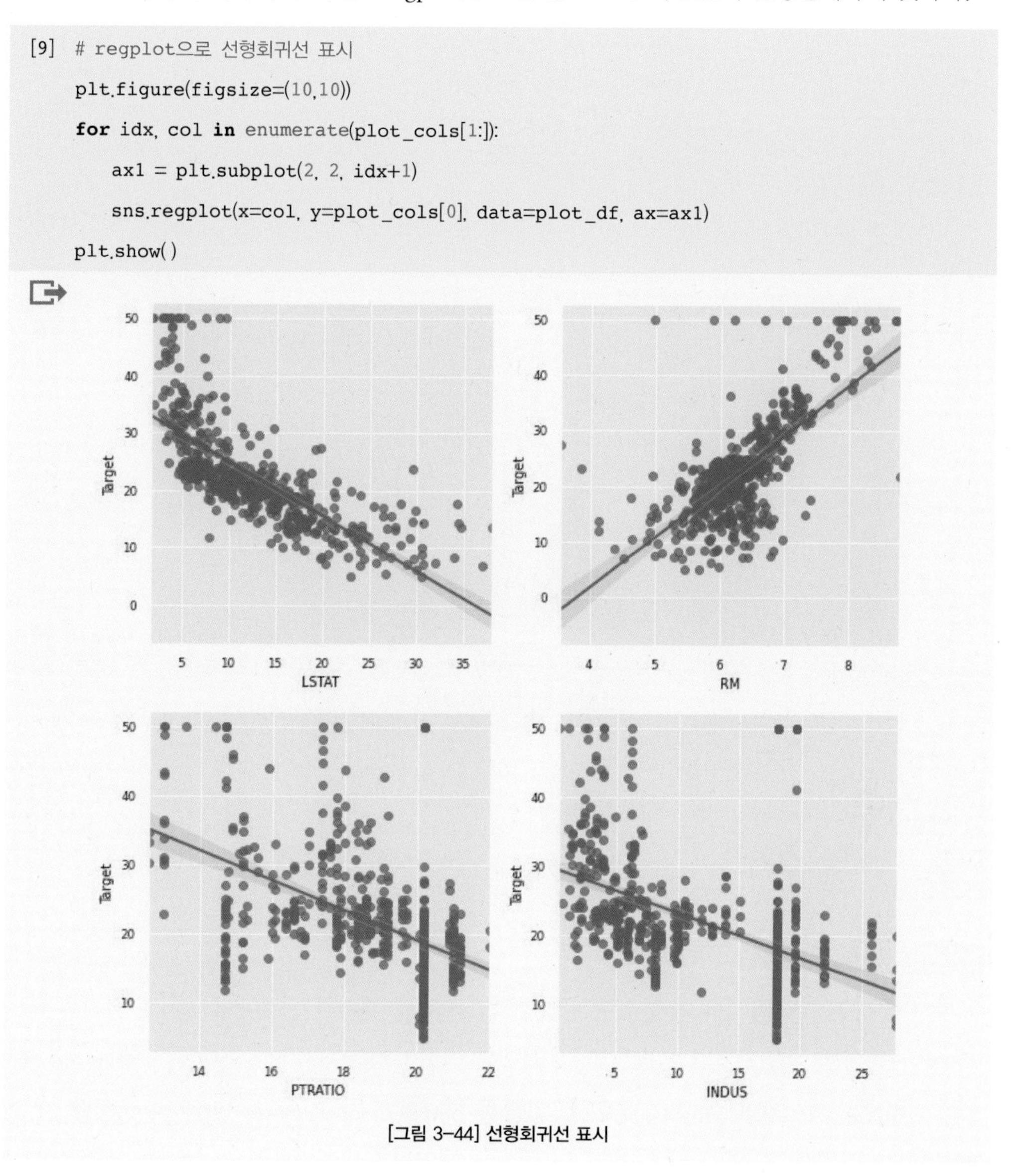

[그림 3-44] 선형회귀선 표시

5-2-4 목표 변수(Target 열) - 주택 가격

Target 열의 주택 가격 데이터 분포를 displot 함수로 그린다. kind 속성을 'hist'로 지정하면 히스토그램을 그린다. 한편, 이 속성을 'kde'로 지정하면 KDE 밀도함수 그래프를 그린다. 주택 가격을 나타내는 Target 열은 20을 중심으로 봉우리가 있는 좌우 대칭의 정규분포 형태를 보인다. 특이한 점은 최대값에 해당하는 50에 많은 데이터가 분포되어 있다.

```
[10] # Target 데이터 분포
     sns.displot(x='Target', kind='hist', data=df)
     plt.show()
```

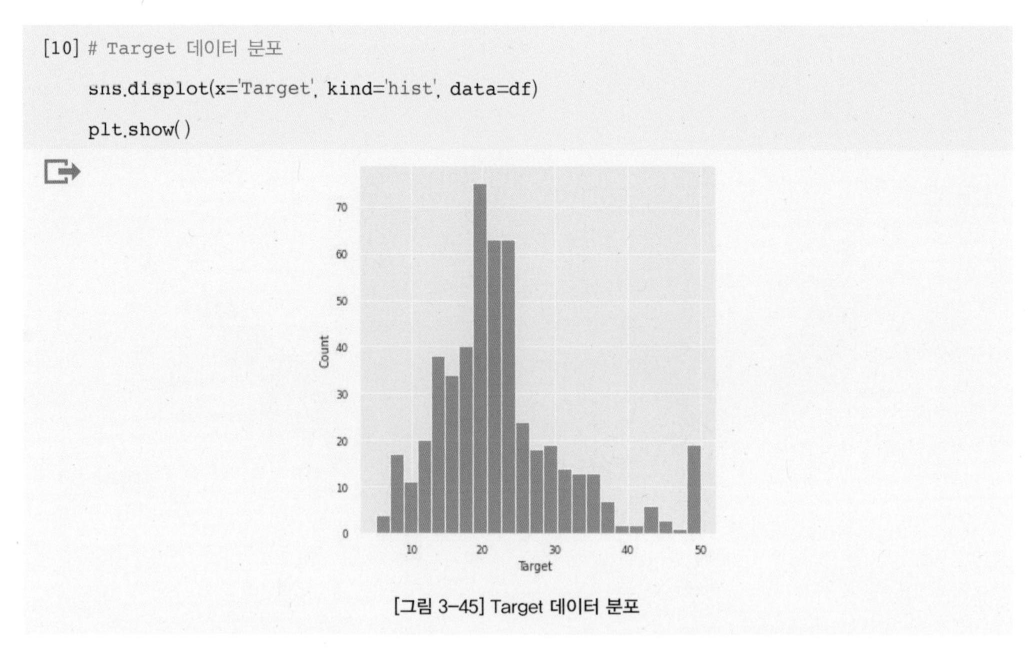

[그림 3-45] Target 데이터 분포

5-3 데이터 전처리

5-3-1 피처 스케일링

각 피처(열)의 데이터 크기에 따른 상대적 영향력의 차이를 제거하기 위하여 피처의 크기를 비슷한 수준으로 맞춰주는 작업이 필요하다. 이 과정을 피처 스케일링(Feature Scaling)이라고 부른다.

다음의 예제는 사이킷런 MinMaxScaler를 활용한 정규화(Normalization) 방법을 구현한다. 목표 변수인 Target 열을 제외한 나머지 13개 열(피처)의 데이터를 iloc 인덱서로 추출한다. 마지막 열을 나타내는 −1을 포함하지 않는다. 이 데이터를 MinMaxScaler 인스턴스 객체에 fit 메소드로 각 열의 데이터를 최소값 0, 최대값 1 사이로 변환하는 식을 학습한다.

transform 함수를 사용하면 학습한 변환식을 실제로 적용하여 데이터를 정규화 변환한다.

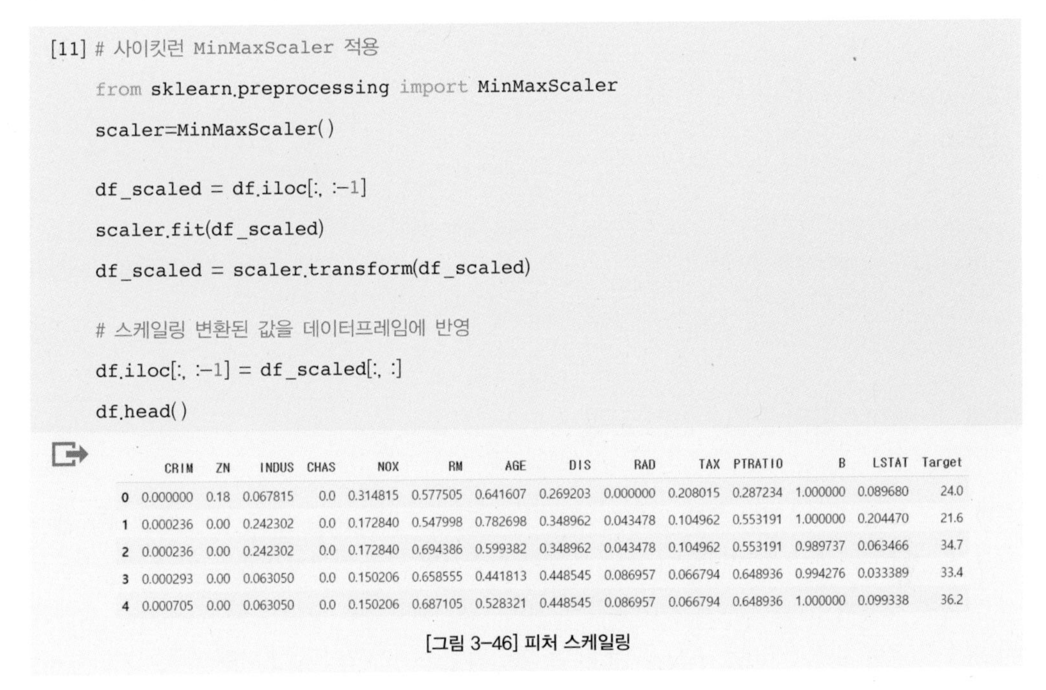

```
[11] # 사이킷런 MinMaxScaler 적용
     from sklearn.preprocessing import MinMaxScaler
     scaler=MinMaxScaler()

     df_scaled = df.iloc[:, :-1]
     scaler.fit(df_scaled)
     df_scaled = scaler.transform(df_scaled)

     # 스케일링 변환된 값을 데이터프레임에 반영
     df.iloc[:, :-1] = df_scaled[:, :]
     df.head()
```

	CRIM	ZN	INDUS	CHAS	NOX	RM	AGE	DIS	RAD	TAX	PTRATIO	B	LSTAT	Target
0	0.000000	0.18	0.067815	0.0	0.314815	0.577505	0.641607	0.269203	0.000000	0.208015	0.287234	1.000000	0.089680	24.0
1	0.000236	0.00	0.242302	0.0	0.172840	0.547998	0.782698	0.348962	0.043478	0.104962	0.553191	1.000000	0.204470	21.6
2	0.000236	0.00	0.242302	0.0	0.172840	0.694386	0.599382	0.348962	0.043478	0.104962	0.553191	0.989737	0.063466	34.7
3	0.000293	0.00	0.063050	0.0	0.150206	0.658555	0.441813	0.448545	0.086957	0.066794	0.648936	0.994276	0.033389	33.4
4	0.000705	0.00	0.063050	0.0	0.150206	0.687105	0.528321	0.448545	0.086957	0.066794	0.648936	1.000000	0.099338	36.2

[그림 3-46] 피처 스케일링

Tip loc 인덱서는 인덱스 이름을 사용하지만, iloc 인덱서는 원소의 순서를 나타내는 정수 인덱스(0, 1, 2, …)를 사용한다. 즉, iloc 인덱서는 행과 열의 위치 순서만 고려한다. loc 인덱서는 범위의 끝을 포함하지만, iloc 인덱서는 포함하지 않는다. 따라서 df.iloc[:, :-1]은 가장 마지막 열인 Target을 제외한 나머지 13개 열을 추출한다.

5-3-2 학습 데이터와 테스트 데이터 분할

EDA를 통해 LSTAT(저소득층 비율)와 RM(방의 개수)은 목표 변수인 Target(주택 가격)과 강한 선형 관계를 나타내는 사실을 알고 있다. 따라서 목표 변수와 상관 계수가 가장 큰 LSTAT와 RM을 학습 데이터(X_data)로 선택한다. 그리고 506개의 주택 샘플 중 20%를 모델 평가에 사용한다. train_test_split 함수의 test_size 옵션에 0.2를 입력하면, 404개의 학습 데이터(X_train, y_train)와 102개의 테스트 데이터(X_test, y_test)로 분할된다.

```
[12] # 학습 - 테스트 데이터셋 분할
     from sklearn.model_selection import train_test_split
     X_data = df.loc[:, ['LSTAT', 'RM']]
     y_data = df.loc[:, 'Target']
     X_train, X_test, y_train, y_test = train_test_split(X_data, y_data,
                                                         test_size=0.2,
```

```
                                                    shuffle=True,
                                                    random_state=12)
print(X_train.shape, y_train.shape)
print(X_test.shape, y_test.shape)
```

```
(404, 2) (404,)
(102, 2) (102,)
```

Tip 일반적으로 검증 데이터를 10~30% 수준으로 설정한다. 교차 검증을 하더라도 검증 데이터의 비중이 낮으면 훈련 데이터에 과대적합하는 것을 막기 어렵다. 반대로 검증 데이터가 너무 많으면 모델 학습에 필요한 데이터가 부족해서 학습이 잘 안될 수 있다.

5-4 베이스라인 모델 - 선형 회귀

선형 회귀 모델의 예측력이 좋을 것으로 예상할 수 있다. LinearRegression 클래스 객체를 생성하고, fit 메소드에 학습 데이터(X_train, y_train)를 입력하면 선형 회귀식을 찾는다.
선형 회귀 모델의 coef_ 속성으로부터 각 피처에 대한 회귀계수 값을 얻고 intercept_ 속성에서 상수항(절편) 값을 얻는다. LSTAT에 대한 회귀계수는 −23.2이고, RM에 대한 회귀계수는 25.4이다. 따라서 LSTAT(저소득층 비율)가 클수록 Target(주택 가격) 값은 작아진다. 반면 RM(방의 개수)이 클수록 Target(주택 가격) 값은 커진다. 상수항은 16.3이다.

```
[13] # 선형 회귀 모형
     from sklearn.linear_model import LinearRegression
     lr = LinearRegression()
     lr.fit(X_train, y_train)

     print ("회귀계수(기울기):", np.round(lr.coef_, 1))
     print ("상수항(절편):", np.round(lr.intercept_, 1))
```

```
회귀계수(기울기):[-23.2   25.4]
상수항(절편):16.3
```

predict 함수에 테스트 데이터(X_test)를 입력하면 목표 변수(Target)에 대한 예측값을 얻는다. 예측값을 y_test_pred에 저장하고, 실제값인 y_test와 함께 산점도로 그려 비교한다.
맷플롯립의 scatter 함수를 이용한다. X축 값과 Y축 값을 순서대로 입력한다. 범례에 표시할 값을 label 옵션에 지정하는데, 생략 가능하다. c 옵션은 색상을 지정하고 'r'은 red를 뜻한다. 빨간 점으로 표시된 부분이 모델이 예측한 값(y_pred)의 분포를 나타낸다. legend 함수는 범례를 표시하는 명령이고, loc 옵션으로 범례가 표시되는 위치(예: best, right, left 등)를 지정한다.

```
[14] # 예측
     y_test_pred = lr.predict(X_test)

     # 예측값, 실제값의 분포
     plt.figure(figsize=(10, 5))
     plt.scatter(X_test['LSTAT'], y_test, label='y_test')
     plt.scatter(X_test['LSTAT'], y_test_pred, c='r', label='y_pred')
     plt.legend(loc='best')
     plt.show()
```

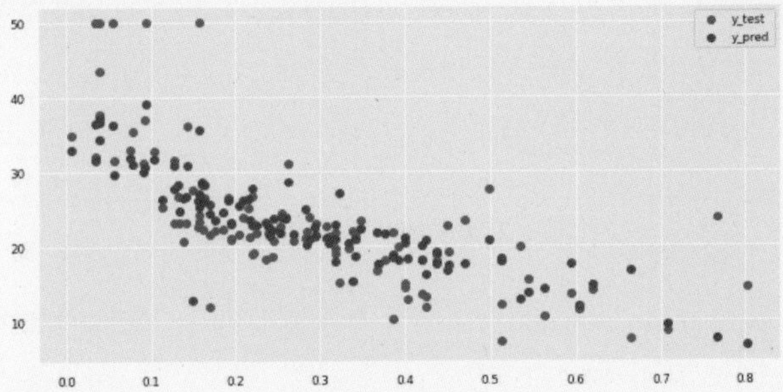

[그림 3-47] X_test 검증 데이터에 대한 예측값(y_pred)과 실제값(y_test) 분포

5-5 모델 성능 평가

예측값이 실제 데이터를 정확하게 설명한다고 보기는 어렵다. 실제 정답과 예측값의 오차가 상당한 편이다. 실제값(정답)과 예측값의 차이를 잔차(residuals)라고 부른다.

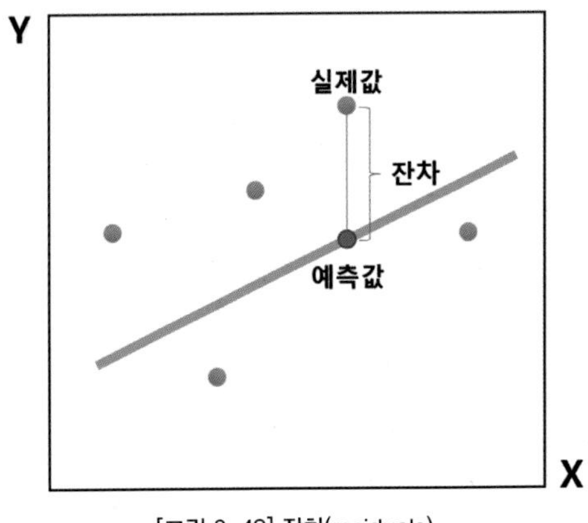

[그림 3-48] 잔차(residuals)

모델 성능을 평가할 때 수치화된 성능 지표를 사용한다. 회귀 모델의 성능을 평가하는 지표로는 MAE, MSE, RMSE 등이 있다. 사이킷런의 metrics 모듈에 다양한 성능 평가 지표가 정의되어 있다.

Tip 오차(error)를 나타내는 지표이므로 값이 작을수록 모델의 성능이 좋다고 말할 수 있다.

구분	수식	설명
MAE(Mean Absolute Error)	$\frac{1}{n}\sum_{i=1}^{n}\lvert Y_i - \hat{Y}_i\rvert$	실제값(Y_i)과 예측값($\hat{Y}_i$)의 차이, 즉 잔차의 절대값을 평균한 값
MSE(Mean Squared Error)	$\frac{1}{n}\sum_{i=1}^{n}(Y_i - \hat{Y}_i)^2$	실제값(Y_i)과 예측값($\hat{Y}_i$)의 차이, 즉 잔차의 제곱을 평균한 값
RMSE(Root Mean Squared Error)	$\sqrt{\frac{1}{n}\sum_{i=1}^{n}(Y_i - \hat{Y}_i)^2}$	MSE의 제곱근

[표 3-3] 회귀 모형의 성능 평가 지표

테스트 오차(Test MSE)는 mean_squared_error 함수로 계산한다. 평가 지표 함수에 테스트 데이터의 실제 y값(y_test)과 모델이 예측한 y값(y_test_pred)을 입력한다. 비교를 위해 훈련 데이터의 평가 점수인 Train MSE도 계산한다. Train MSE는 30.80, Test MSE는 29.50이다.

```
[15] # 평가
     from sklearn.metrics import mean_squared_error
     y_train_pred = lr.predict(X_train)

     train_mse = mean_squared_error(y_train, y_train_pred)
     print("Train MSE:%.4f" % train_mse)

     test_mse = mean_squared_error(y_test, y_test_pred)
     print("Test MSE:%.4f" % test_mse)
```

```
Train MSE:30.8042
Test MSE:29.5065
```

사이킷런 cross_val_score 함수를 이용하여 K-Fold 교차 검증을 간단하게 수행할 수 있다. cv 옵션에 폴드를 5개로 설정하고, 평가 지표를 MSE로 지정한다. cross_val_score 함수는 MSE를 음수로 계산하기 때문에 −1을 곱해서 양수로 변환해 준다(scoring 옵션에 지정한 'neg_mean_squared_error'의 neg는 negative를 뜻한다). 실행 결과에서 5개 폴드의 MSE는 큰 편차 없이 비교적 고른 편이다. 모델의 일반화 성능이 양호하다고 볼 수 있다.

```
[16] # cross_val_score 함수
     from sklearn.model_selection import cross_val_score
     lr = LinearRegression()
     mse_scores = -1*cross_val_score(lr, X_train, y_train, cv=5,
                                     scoring='neg_mean_squared_error')
     print("개별 Fold의 MSE:", np.round(mse_scores, 4))
     print("평균 MSE:%.4f" % np.mean(mse_scores))
```

```
개별 Fold의 MSE:[31.465   34.668   28.9147 29.3535 34.6627]
평균 MSE:31.8128
```

5-6 과대적합 회피(L2/L1 규제)

5-6-1 과대적합 vs. 과소적합

과대적합(overfitting)은 모델이 학습에 사용한 데이터와 비슷한 데이터는 잘 예측하지만, 경험해 보지 못한 새로운 특성을 갖는 데이터에 대해서는 예측력이 떨어지는 현상을 말한다. 일반적으로 모델 구조가 복잡할수록 학습 데이터의 패턴을 잘 파악하는데, 모델이 훈련 데이터에 지나치게 적응해버리는 상황이 될 수 있다. 이런 경우 훈련 데이터와 차이가 큰 새로운 데이터에 대해서는 모델이 학습한 패턴으로는 잘 설명되지 않는 경우가 발생한다.

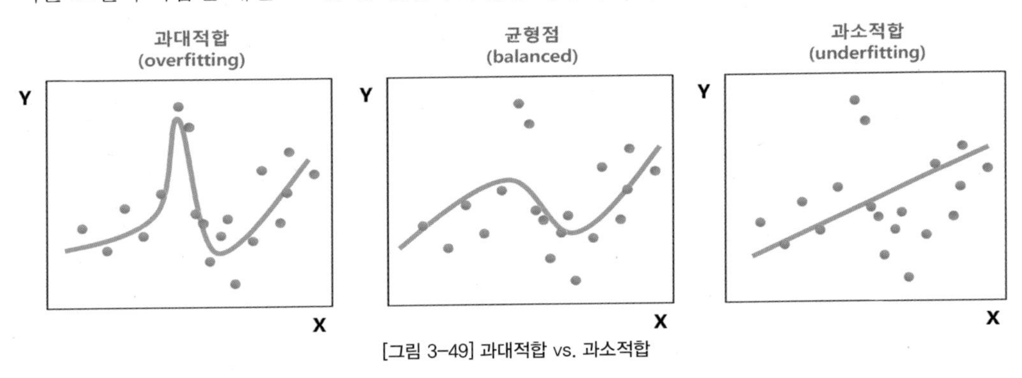

[그림 3-49] 과대적합 vs. 과소적합

반대로 과소적합(underfitting)은 훈련 데이터의 특성을 파악하기 충분하지 않을 정도로 모델의 구성이 단순하거나 데이터 개수가 부족할 때 발생한다. [그림 3-49]를 보면 과대적합의 경우 모델이 예측한 패턴이 이상치(outlier)까지 설명하기 위해 복잡한 형태를 갖지만, 과소 적합의 경우 단순한 선형 함수로 데이터 분포를 충분히 설명하지 못한다. 모델의 예측력을 안정적으로 확보하려면 과대적합이나 과소적합이 아닌 중간 상태의 균형점을 찾는 것이 필요하다.

1차항으로 이루어진 일차함수식으로 복잡한 데이터를 예측하기 어려울 수 있다. 단항식이 아닌 다항식으로 선형 회귀식을 만들면 복잡한 구조를 갖게 되어 모델의 예측력을 높일 수 있다. PolynomialFeatures 함수의 degree 옵션을 2차로 지정하고 데이터를 입력하면 데이터셋을 2차함수식으로 변환한다. 이때 각 피처에 대한 2차항이 추가되어 피처 개수가 늘어난다.

```
[17] # 2차 다항식 변환
     from sklearn.preprocessing import PolynomialFeatures
     pf = PolynomialFeatures(degree=2)
     X_train_poly = pf.fit_transform(X_train)
     print("원본 학습 데이터셋:", X_train.shape)
     print("2차 다항식 변환 데이터셋:", X_train_poly.shape)
```

```
원본 학습 데이터셋:(404, 2)
2차 다항식 변환 데이터셋:(404, 6)
```

2차식으로 변환된 데이터셋을 선형 회귀 모델에 입력하여 학습한다. 모델의 성능을 평가하면 Train MSE는 21.54, Test MSE는 16.79이다. 1차항 선형 회귀 모델보다 성능이 좋은 편이다.

```
[18] # 2차 다항식 변환 데이터셋으로 선형 회귀 모형 학습
     lr = LinearRegression()
     lr.fit(X_train_poly, y_train)

     # 테스트 데이터에 대한 예측 및 평가
     y_train_pred = lr.predict(X_train_poly)
     train_mse = mean_squared_error(y_train, y_train_pred)
     print("Train MSE:%.4f" % train_mse)

     X_test_poly = pf.fit_transform(X_test)
     y_test_pred = lr.predict(X_test_poly)
     test_mse = mean_squared_error(y_test, y_test_pred)
     print("Test MSE:%.4f" % test_mse)
```

```
Train MSE:21.5463
Test MSE:16.7954
```

이번에는 15차 다항식으로 변환해 보자. Train MSE는 11.16으로 감소하였지만 Test MSE는 급격하게 증가한다. 과대적합 상태로 신규 데이터에 대한 예측력을 상실한 것으로 볼 수 있다.

```
[19] # 15차 다항식 변환 데이터셋으로 선형 회귀 모형 학습
     pf = PolynomialFeatures(degree=15)
     X_train_poly = pf.fit_transform(X_train)

     lr = LinearRegression()
     lr.fit(X_train_poly, y_train)

     # 테스트 데이터에 대한 예측 및 평가
     y_train_pred = lr.predict(X_train_poly)
     train_mse = mean_squared_error(y_train, y_train_pred)
     print("Train MSE:%.4f" % train_mse)

     X_test_poly = pf.fit_transform(X_test)
     y_test_pred = lr.predict(X_test_poly)
     test_mse = mean_squared_error(y_test, y_test_pred)
     print("Test MSE:%.4f" % test_mse)
```

```
Train MSE:11.1589
Test MSE:108504063264728.0625
```

다항식 차수에 따른 선형 회귀 모델의 LSTAT 피처에 대한 적합도를 산점도로 그린다. 1차항일 때는 데이터의 곡선 패턴을 설명하기에는 부족해 보인다. 2차항일 때는 데이터에 대한 설명력이 좋아진 것으로 보인다. 15차항일 때는 회귀곡선의 변곡점이 많아져 불안정해 보인다.

```
[20] # 다항식 차수에 따른 모델 적합도 변화
     plt.figure(figsize=(15,5))
     for n, deg in enumerate([1, 2, 15]):
         ax1 = plt.subplot(1, 3, n+1)
         # plt.axis('off')
         # degree별 다항 회귀 모형 적용
         pf = PolynomialFeatures(degree=deg)
         X_train_poly = pf.fit_transform(X_train.loc[:, ['LSTAT']])
         X_test_poly = pf.fit_transform(X_test.loc[:, ['LSTAT']])
         lr = LinearRegression()
         lr.fit(X_train_poly, y_train)
         y_test_pred = lr.predict(X_test_poly)
```

```
    # 실제값 분포
    plt.scatter(X_test.loc[:, ['LSTAT']], y_test, label='Targets')
    # 예측값 분포
    plt.scatter(X_test.loc[:, ['LSTAT']], y_test_pred, label='Predictions')
    # 제목 표시
    plt.title("Degree %d" % deg)
    # 범례 표시
    plt.legend()
plt.show()
```

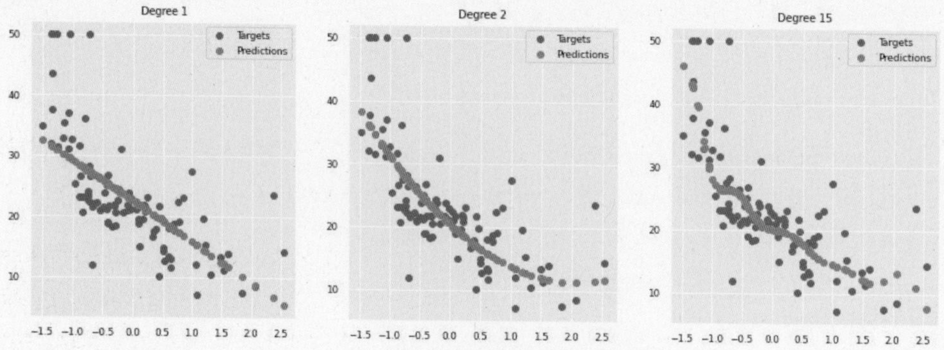

[그림 3-50] 모델 복잡도에 따른 과소/과대적합

5-6-2 L2/L1 규제

모델의 복잡도를 낮추면 과대적합을 억제할 수 있다. 모델을 설명하는 각 피처가 모델의 예측 결과에 미치는 영향력을 가중치(회귀계수)로 표현하는데, 이런 가중치들이 커지면 페널티를 부과하여 가중치를 낮은 수준으로 유지한다. 따라서 예측 편차를 줄이는 효과를 얻는다. 이처럼 모델의 구조가 복잡해지는 것을 억제하는 방법을 규제(Regularization)라고 부른다.

모델의 구조를 간결하게 하는 방법 중 L2/L1 규제가 있다. L2 규제는 모델의 '가중치의 제곱합'에 페널티를 부과하고, L1 규제는 '가중치 절대값의 합'에 페널티를 부과하여 모델의 복잡도를 낮출 수 있다. 이 책에서는 복잡한 수학적 설명은 생략한다.

Ridge 모델은 선형회귀 모형에 L2 규제를 구현한 알고리즘이다. 알파(alpha) 값으로 L2 규제 강도를 조정한다. 알파 값을 증가시키면 규제 강도가 커지고 모델의 가중치를 감소시킨다. 15차항으로 변환한 데이터를 사용하여 학습해도 훈련 오차와 테스트 오차 값의 차이가 크지 않아 과대적합 문제는 해소되었다고 볼 수 있다.

```
[21] # Ridge(L2 규제)
     from sklearn.linear_model import Ridge
     rdg = Ridge(alpha=2.5)
     rdg.fit(X_train_poly, y_train)

     y_train_pred = rdg.predict(X_train_poly)
     train_mse = mean_squared_error(y_train, y_train_pred)
     print("Train MSE:%.4f" % train_mse)
     y_test_pred = rdg.predict(X_test_poly)
     test_mse = mean_squared_error(y_test, y_test_pred)
     print("Test MSE:%.4f" % test_mse)
```

```
Train MSE:35.8300
Test MSE:41.8125
```

이번에는 L1 규제를 적용한 선형 회귀 모델인 Lasso 모델을 적용한다. 훈련 오차와 테스트 오차 값의 차이가 크지 않아 과대적합 문제는 없다고 볼 수 있다.

```
[22] # Lasso(L1 규제)
     from sklearn.linear_model import Lasso
     las = Lasso(alpha=0.05)
     las.fit(X_train_poly, y_train)

     y_train_pred = las.predict(X_train_poly)
     train_mse = mean_squared_error(y_train, y_train_pred)
     print("Train MSE:%.4f" % train_mse)
     y_test_pred = las.predict(X_test_poly)
     test_mse = mean_squared_error(y_test, y_test_pred)
     print("Test MSE:%.4f" % test_mse)
```

```
Train MSE:32.3204
Test MSE:37.7103
```

ElasticNet 알고리즘은 L2 규제와 L1 규제를 모두 적용한 선형 회귀 모델이다. ElasticNet의 알파(alpha) 값은 L2 규제 강도와 L1 규제 강도의 합이다. l1_ratio 옵션은 L1 규제 강도의 상대적 비율을 조정한다. l1_ratio가 0이면 L2 규제와 같고, l1_ratio이 1이면 L1 규제와 같다.

```
[23] # ElasticNet(L2/L1 규제)
     from sklearn.linear_model import ElasticNet
```

```
ela = ElasticNet(alpha=0.01, l1_ratio=0.7)
ela.fit(X_train_poly, y_train)

y_train_pred = ela.predict(X_train_poly)
train_mse = mean_squared_error(y_train, y_train_pred)
print("Train MSE:%.4f" % train_mse)
y_test_pred = ela.predict(X_test_poly)
test_mse = mean_squared_error(y_test, y_test_pred)
print("Test MSE:%.4f" % test_mse)
```

```
Train MSE:33.7390
Test MSE:39.4738
```

5-7 트리 기반 모델 - 비선형 회귀

5-7-1 의사결정나무

DecisionTreeRegressor는 의사결정나무 알고리즘으로 회귀 모형을 구현한 것이다. 선형 회귀 모델에 비하여 예측 오차가 낮은 편이다. Train MSE와 Test MSE의 차이도 크지 않다.

```
[35] # 의사결정나무
from sklearn.tree import DecisionTreeRegressor
dtr = DecisionTreeRegressor(max_depth=3, random_state=12)
dtr.fit(X_train, y_train)

y_train_pred = dtr.predict(X_train)
train_mse = mean_squared_error(y_train, y_train_pred)
print("Train MSE:%.4f" % train_mse)

y_test_pred = dtr.predict(X_test)
test_mse = mean_squared_error(y_test, y_test_pred)
print("Test MSE:%.4f" % test_mse)
```

```
Train MSE:18.8029
Test MSE:17.9065
```

5-7-2 랜덤 포레스트

랜덤 포레스트는 하나의 트리를 사용하는 의사결정나무에 비하여, 여러 개의 트리 모델이 예측한 값을 종합하기 때문에 전체 예측력을 높일 수 있다. Train MSE와 Test MSE 모두 감소하여 예측력이 개선된 것으로 보인다. 다만, 약간 과대적합된 경향이 있다.

```
[36] # 랜덤 포레스트
     from sklearn.ensemble import RandomForestRegressor
     rfr = RandomForestRegressor(max_depth=3, random_state=12)
     rfr.fit(X_train, y_train)

     y_train_pred = rfr.predict(X_train)
     train_mse = mean_squared_error(y_train, y_train_pred)
     print("Train MSE:%.4f" % train_mse)

     y_test_pred = rfr.predict(X_test)
     test_mse = mean_squared_error(y_test, y_test_pred)
     print("Test MSE:%.4f" % test_mse)
```

```
Train MSE:16.0201
Test MSE:17.7751
```

5-7-3 XGBoost

부스팅 알고리즘인 XGBRegressor를 적용한다. 랜덤 포레스트와 비교해 보면 모델의 예측력은 향상된 것으로 보이지만, Train MSE와 Test MSE의 차이가 커져 과대적합이 심화되었다.

```
[37] # XGBoost
     from xgboost import XGBRegressor
     xgbr = XGBRegressor(objective='reg:squarederror', max_depth=3, random_state=12)
     xgbr.fit(X_train, y_train)

     y_train_pred = xgbr.predict(X_train)
     train_mse = mean_squared_error(y_train, y_train_pred)
     print("Train MSE:%.4f" % train_mse)

     y_test_pred = xgbr.predict(X_test)
     test_mse = mean_squared_error(y_test, y_test_pred)
     print("Test MSE:%.4f" % test_mse)
```

```
Train MSE:8.2326
Test MSE:18.0318
```

Tip 데이터의 개수가 작기 때문에 XGBoost와 같이 복잡도가 높은 알고리즘이 쉽게 과대적합될 위험성이 있다. XGBoost 알고리즘은 데이터의 개수가 비교적 많고, 모델 예측의 난이도가 높은 경우 탁월한 성능을 보인다.

PART 04
머신러닝 응용

데이콘(dacon.io) 경진 대회 사이트에서 대회 데이터를 다운로드 하고,
분석 결과를 직접 제출하는 프로세스를 실습한다.
머신러닝 학습자들이라면 반드시 다루게 되는 타이타닉 생존자 예측
데이터셋을 활용하여 앞에서 배운 내용을 실제 경진 대회에 적용해 본다.
그리고 경진 대회 점수를 올릴 수 있는 피처 엔지니어링 등 다양한 기법을
소개한다.

01 사전 준비

AI 경진 대회 플랫폼인 데이콘(dacon.io)에서 제공하는 타이타닉 생존자 예측 데이터셋을 사용한다. 모델 학습을 하고 예측한 결과를 데이콘 경진 대회 플랫폼에 제출하는 과정을 설명한다.

1-1 데이콘 경진 대회 데이터셋 다운로드

데이콘 홈페이지에 접속해서 회원가입을 한 뒤 데이콘 계정에 로그인한다. 구글 계정을 사용해서 가입할 수 있다.

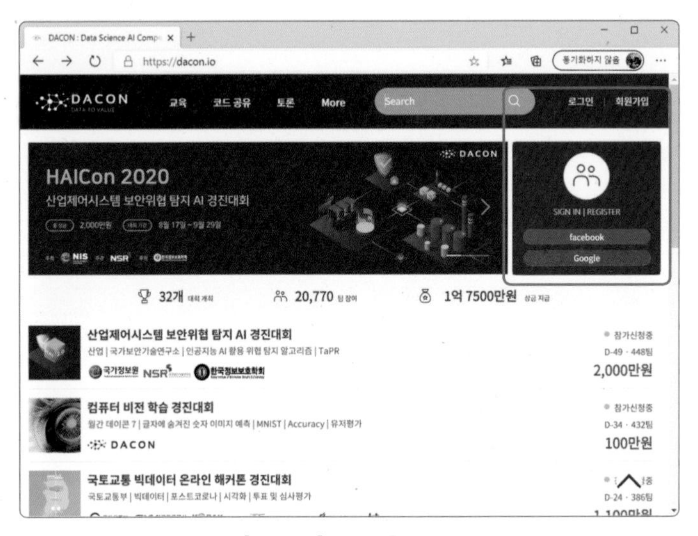

[그림 4-1] 데이콘 홈페이지

검색창에 '타이타닉'을 입력한다. 가장 위에 노출되는 '교육' 카테고리 – '[재난] 타이타닉 : 누가 살아남았을까?' 대회를 선택한다. 또는 상단의 [교육] 메뉴를 선택해서 해당 대회를 찾는다.

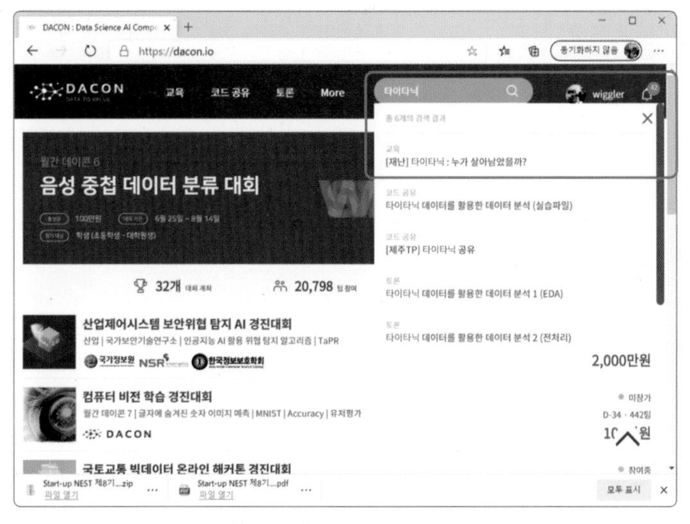

[그림 4-2] 타이타닉 대회 검색

대회 참가 신청을 한다. 화면 우측의 [참가] 버튼을 누르고 동의사항을 확인하면 다음과 같이 [참여중]으로 표시된다. 그리고 메뉴에서 [데이터] 탭을 누른다.

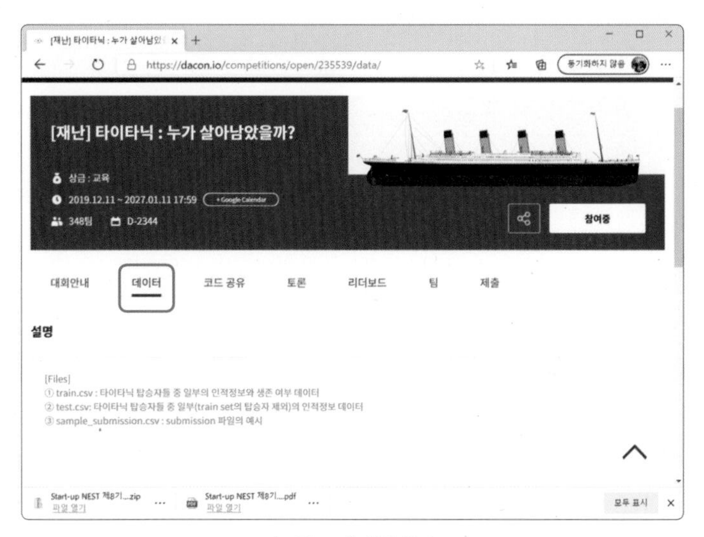

[그림 4-3] 대회 참여

[데이터] 탭 메뉴에서 화면 아래 쪽으로 스크롤하면 데이터에 대한 상세 설명을 볼 수 있다. 우측의 [다운로드] 버튼을 누르면 데이터가 PC의 다운로드 폴더에 저장된다.

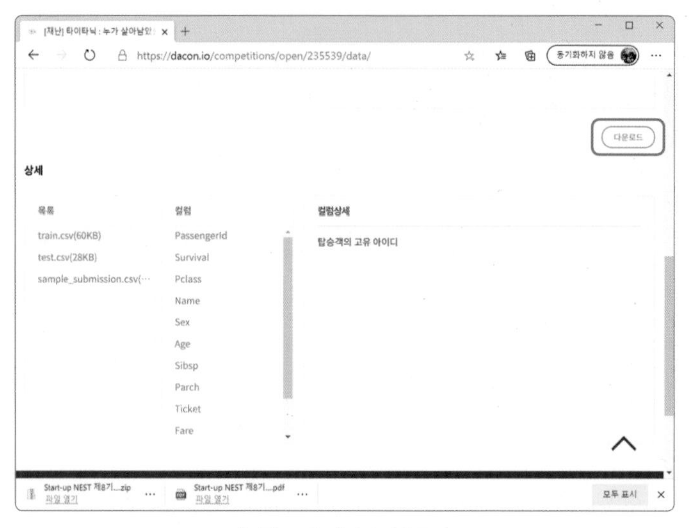

[그림 4-4] 데이터 다운로드

1-2 구글 드라이브에 파일 업로드

다운로드한 파일의 압축을 풀고, 다음과 같이 구글 드라이브에 업로드한다. 구글 로그인을 하고 우측 상단의 [Google 앱] 버튼을 선택한다. 팝업 메뉴에서 [드라이브]를 찾아 실행한다.

[그림 4-5] 구글 드라이브 실행

[새로 만들기] 버튼을 클릭하고 팝업이 뜨면 [폴더] 메뉴를 선택한다.

[그림 4-6] 새로 만들기

새로 만들 폴더의 이름을 입력한다. 이 책에서는 titanic 폴더를 생성한다.

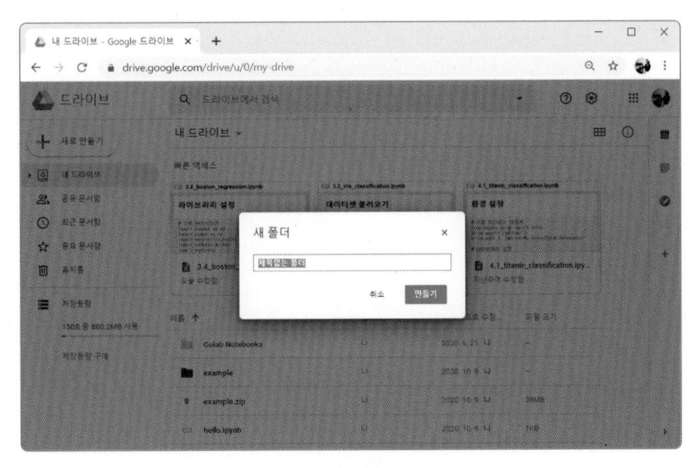

[그림 4-7] 새 폴더 이름

생성된 titanic 폴더를 확인하고 해당 폴더를 더블클릭한다.

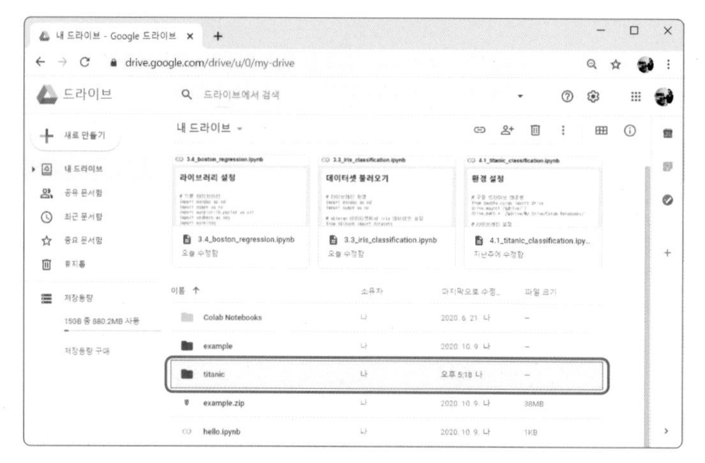

[그림 4-8] 폴더 선택

titanic 폴더는 비어 있는 상태이다. 가운데 파일을 끌어다 놓거나 '새로 만들기' 버튼을 사용하라는 메시지를 볼 수 있다.

[그림 4-9] titanic 폴더 내용

윈도우 파일 탐색기를 열고 압축 해제한 파일을 선택한다. 구글 드라이브 폴더의 가운데 이미지 쪽으로 마우스로 끌어다 놓기(Drag & Drop) 하면 파일 업로드가 시작된다.

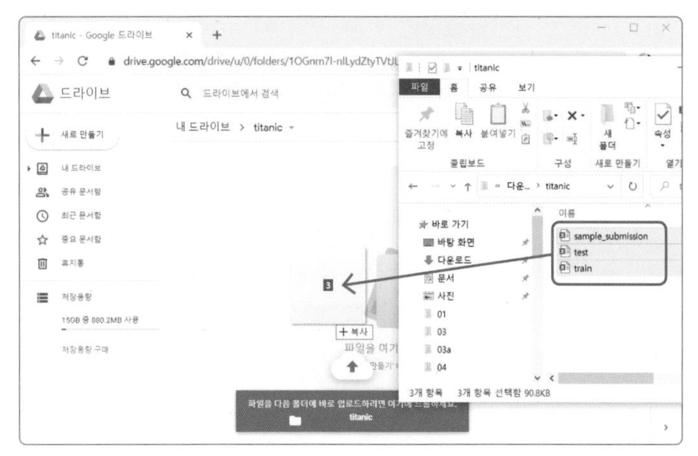

[그림 4-10] 압축 해제 폴더에서 파일을 선택하여 구글 드라이브로 이동

3개의 파일이 업로드되면서 하단 팝업창에 진행률이 표시된다. 완료 메시지를 확인한다.

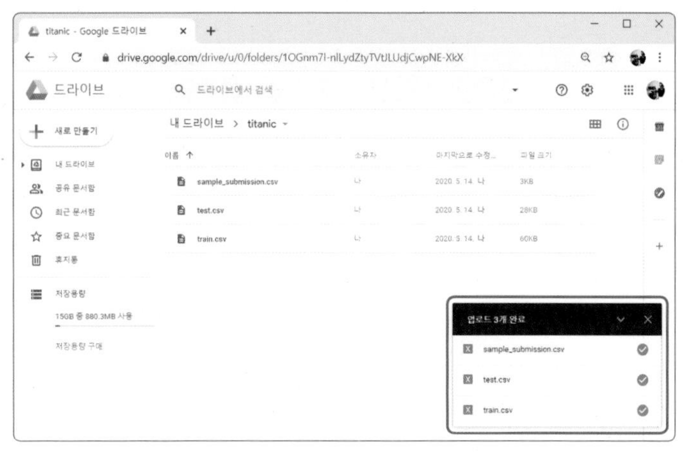

[그림 4-11] 구글 드라이브에 업로드 완료

1-3 구글 드라이브 마운트

코랩에서 구글 드라이브 파일 시스템에 마운트하는 과정을 알아보자. google 라이브러리의 colab 모듈에서 drive 클래스를 가져온다. mount 함수로 구글 드라이브('/gdriv')에 마운트한다.
코드 셀을 실행하면 하단에 URL과 인증 코드를 입력하는 셀이 나타난다. URL을 클릭하면 새로운 창이 열린다.

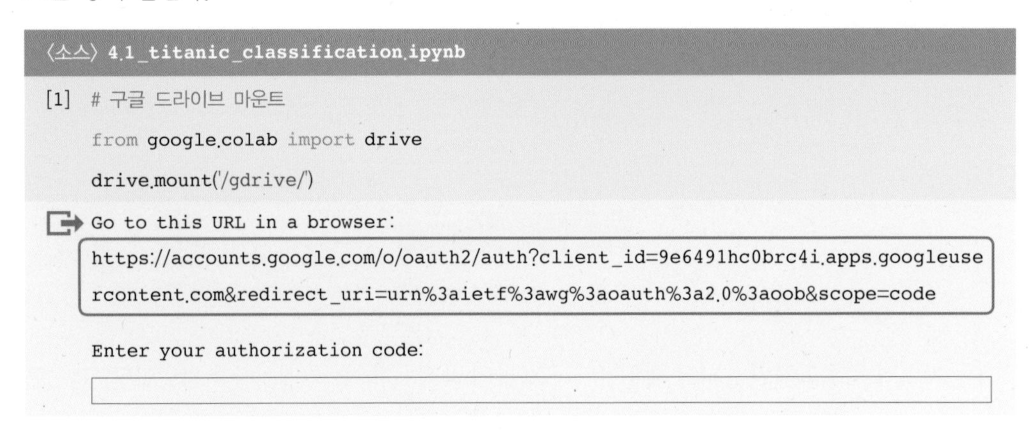

〈소스〉 4.1_titanic_classification.ipynb

```
[1] # 구글 드라이브 마운트
    from google.colab import drive
    drive.mount('/gdrive/')

Go to this URL in a browser:
https://accounts.google.com/o/oauth2/auth?client_id=9e6491hc0brc4i.apps.googleuse
rcontent.com&redirect_uri=urn%3aietf%3awg%3aoauth%3a2.0%3aoob&scope=code

Enter your authorization code:
```

앞에서 URL을 클릭하면 구글 계정을 선택하는 창이 열린다. 사용할 계정을 선택한다.

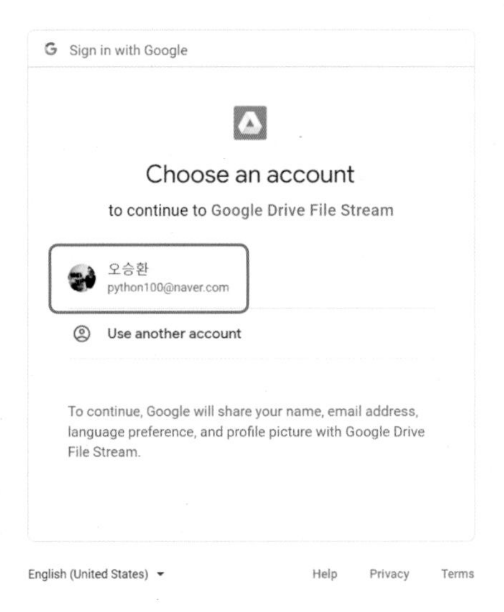

[그림 4-12] 계정 선택

계정 접근 권한을 허용하고 인증코드를 복사한다.

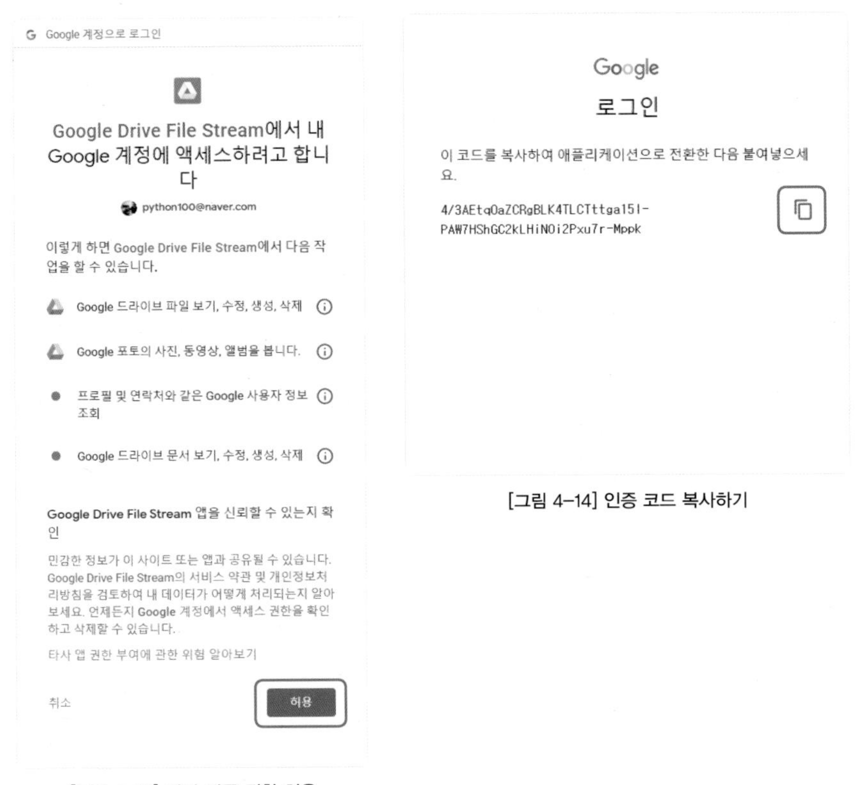

[그림 4-13] 계정 접근 권한 허용

[그림 4-14] 인증 코드 복사하기

인증 코드를 입력 칸에 붙여 넣고 Enter 를 누른다.

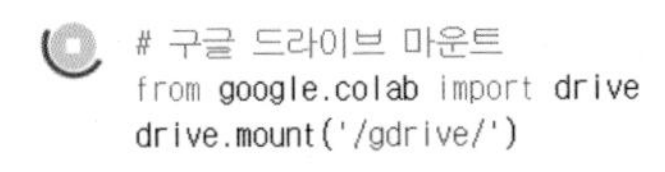

Go to this URL in a browser: https://accounts.google.com/o/oauth2/auth?client_id=947318989803-6bn6qk8qdgf4n4g3

[그림 4-15] 인증 코드 붙여넣기

다음과 같은 메시지가 나타나면 구글 드라이브 마운트가 성공한 것이다.

```
[1] # 구글 드라이브 마운트
    from google.colab import drive
    drive.mount('/gdrive/')

Mounted at /gdrive/
```

[그림 4-16] 구글 드라이브 마운트 완료

02 데이터 탐색

2-1 데이터 로딩

판다스, 넘파이, 맷플롯립, 시본 등 필수 라이브러리를 불러온다.

```
[2] # 라이브러리 설정
    import pandas as pd
    import numpy as np
    import matplotlib.pyplot as plt
    import seaborn as sns
```

구글 드라이브의 [내 드라이브] 폴더의 경로를 drive_path에 저장한다. titanic 폴더에 업로드한 CSV 파일의 경로를 지정하고, 판다스 read_csv 함수로 CSV 파일을 읽어 데이터프레임으로 변환한다. 학습 데이터(train.csv)를 train 변수에 저장하고 테스트 데이터(test.csv)를 test 변수에 저장한다. 제출 파일 양식(sample_submission.csv)은 submission 변수에 저장한다. shape 속성을 확인하면 train은 (891행, 12열), test는 (418행, 11열), 제출 양식은 (418행, 2열) 형태이다.

```
[3] # 데이콘 사이트에서 다운로드한 CSV 파일 읽어오기
    drive_path = "/gdrive/My Drive/"
    train = pd.read_csv(drive_path + "titanic/train.csv")
    test = pd.read_csv(drive_path + "titanic/test.csv")
    submission = pd.read_csv(drive_path + "titanic/sample_submission.csv")
    print(train.shape, test.shape, submission.shape)
```

```
(891, 12) (418, 11) (418, 2)
```

head 명령으로 train 데이터프레임의 내용을 살펴본다. 학습 데이터이므로 예측 타깃이 되는 목표 변수(Survived 열)가 포함되어 있다. 탑승객의 생존 여부를 나타낸다(생존 1, 사망 0).

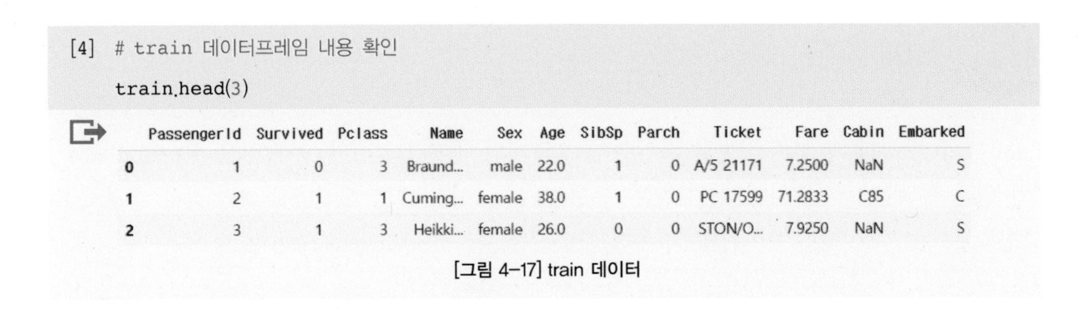

```
[4] # train 데이터프레임 내용 확인
    train.head(3)
```

	PassengerId	Survived	Pclass	Name	Sex	Age	SibSp	Parch	Ticket	Fare	Cabin	Embarked
0	1	0	3	Braund...	male	22.0	1	0	A/5 21171	7.2500	NaN	S
1	2	1	1	Cuming...	female	38.0	1	0	PC 17599	71.2833	C85	C
2	3	1	3	Heikki...	female	26.0	0	0	STON/O...	7.9250	NaN	S

[그림 4-17] train 데이터

test 데이터프레임의 내용을 살펴본다. 예측해야 하는 문제인 테스트 데이터이므로 예측 타깃이 되는 목표 변수(Survived 열)에 대한 데이터가 없다.

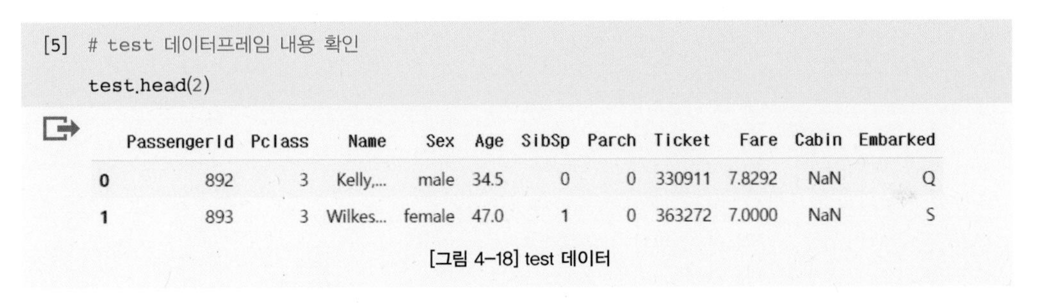

```
[5] # test 데이터프레임 내용 확인
    test.head(2)
```

	PassengerId	Pclass	Name	Sex	Age	SibSp	Parch	Ticket	Fare	Cabin	Embarked
0	892	3	Kelly,...	male	34.5	0	0	330911	7.8292	NaN	Q
1	893	3	Wilkes...	female	47.0	1	0	363272	7.0000	NaN	S

[그림 4-18] test 데이터

submission 데이터프레임의 내용을 살펴본다. test에 들어 있는 418명 승객(PassengerID)에 대한 생존 여부(Survived)를 예측하고, 예측값을 Survived 열에 입력해야 한다.

```
[6] # submission 제출 파일 양식 확인
    submission.head()
```

	PassengerId	Survived
0	892	0
1	893	1
2	894	0
3	895	0
4	896	1

[그림 4-19] submission 제출 파일

2-2 데이터 구조

train 데이터프레임의 기본 정보를 확인한다. 891개의 데이터가 있다. 2개 열은 실수형(float64), 5개 열은 정수형((int64,) 나머지 5개 열은 문자열(object)이다. 일부 열은 891보다 작은 개수의 유효한(non-null) 데이터가 보이는데, 부족한 개수만큼 결측값(missing value)이 있다.

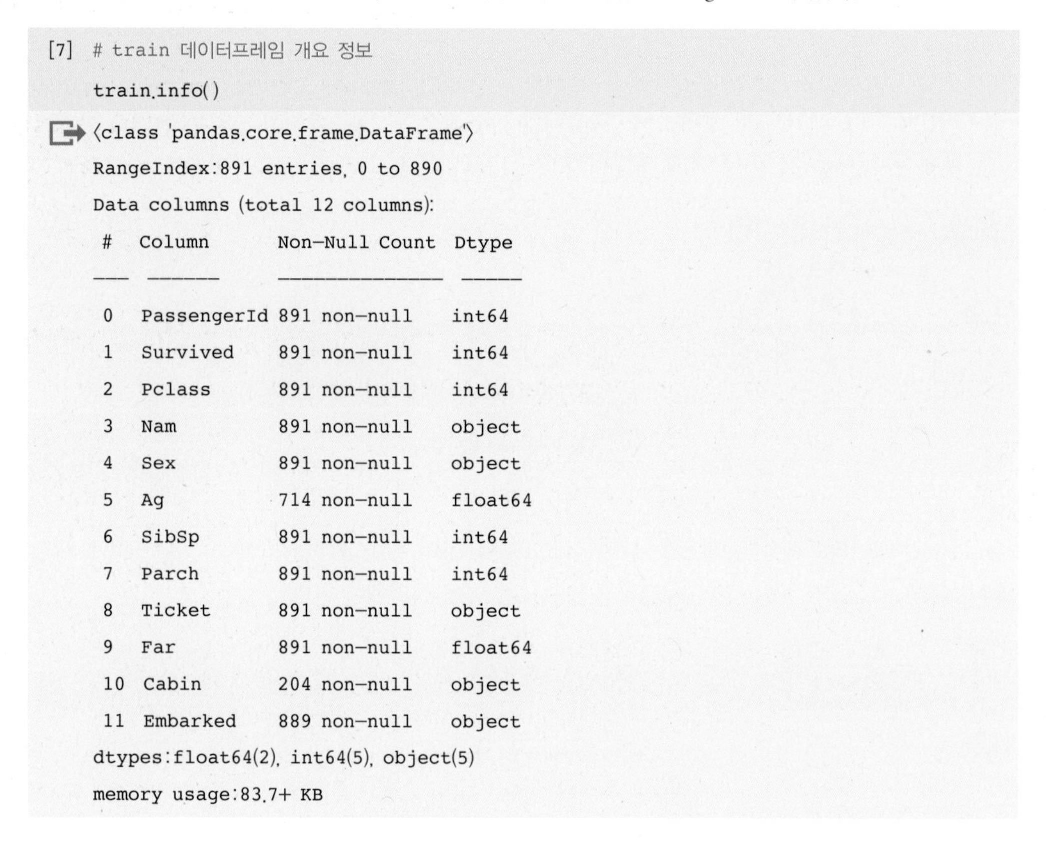

```
[7] # train 데이터프레임 개요 정보
    train.info()
```

```
<class 'pandas.core.frame.DataFrame'>
RangeIndex:891 entries, 0 to 890
Data columns (total 12 columns):
 #   Column      Non-Null Count  Dtype
---  ------      --------------  -----
 0   PassengerId 891 non-null    int64
 1   Survived    891 non-null    int64
 2   Pclass      891 non-null    int64
 3   Nam         891 non-null    object
 4   Sex         891 non-null    object
 5   Ag          714 non-null    float64
 6   SibSp       891 non-null    int64
 7   Parch       891 non-null    int64
 8   Ticket      891 non-null    object
 9   Far         891 non-null    float64
 10  Cabin       204 non-null    object
 11  Embarked    889 non-null    object
dtypes:float64(2), int64(5), object(5)
memory usage:83.7+ KB
```

이번에는 통계 정보를 확인한다. describe 함수를 사용할 때, include 옵션에 'all'을 지정하면 숫자형이 아닌 문자열 등에 대한 정보를 포함하여 보여준다. 숫자형 데이터로 구성된 열에 대해서는 통계 정보를 표시한다. 숫자가 아닌 열의 경우 고유값의 개수(unique), 고유값 중에서 빈도가 가장 많는 값(top), 가장 빈도가 많은 값의 개수(freq) 정보를 알려준다.

```
[8] # train 데이터프레임 통계 정보
    train.describe(include='all')
```

	PassengerId	Survived	Pclass	Name	Sex	Age	SibSp	Parch	Ticket	Fare	Cabin	Embarked
count	891.00...	891.00...	891.00...	891	891	714.00...	891.00...	891.00...	891	891.00...	204	889
unique	NaN	NaN	NaN	891	2	NaN	NaN	NaN	681	NaN	147	3
top	NaN	NaN	NaN	Mitche...	male	NaN	NaN	NaN	347082	NaN	C23 C2...	S
freq	NaN	NaN	NaN	1	577	NaN	NaN	NaN	7	NaN	4	644
mean	446.00...	0.383838	2.308642	NaN	NaN	29.699118	0.523008	0.381594	NaN	32.204208	NaN	NaN
std	257.35...	0.486592	0.836071	NaN	NaN	14.526497	1.102743	0.806057	NaN	49.693429	NaN	NaN
min	1.000000	0.000000	1.000000	NaN	NaN	0.420000	0.000000	0.000000	NaN	0.000000	NaN	NaN
25%	223.50...	0.000000	2.000000	NaN	NaN	20.125000	0.000000	0.000000	NaN	7.910400	NaN	NaN
50%	446.00...	0.000000	3.000000	NaN	NaN	28.000000	0.000000	0.000000	NaN	14.454200	NaN	NaN
75%	668.50...	1.000000	3.000000	NaN	NaN	38.000000	1.000000	0.000000	NaN	31.000000	NaN	NaN
max	891.00...	1.000000	3.000000	NaN	NaN	80.000000	8.000000	6.000000	NaN	512.32...	NaN	NaN

[그림 4-20] train 데이터셋의 통계 정보(문자열 데이터 포함)

2-3 결측값 확인

missingno 라이브러리를 활용한다. bar 함수를 이용하여 train 데이터프레임의 결측값을 막대 그래프로 그린다. Age 열, Cabin 열, Embarked 열에 결측값이 있음을 알 수 있다.

```
[9] # 결측값 분포
    import missingno as msno
    msno.bar(train, figsize=(10, 5), color=(0.7, 0.2, 0.2))
    plt.show()
```

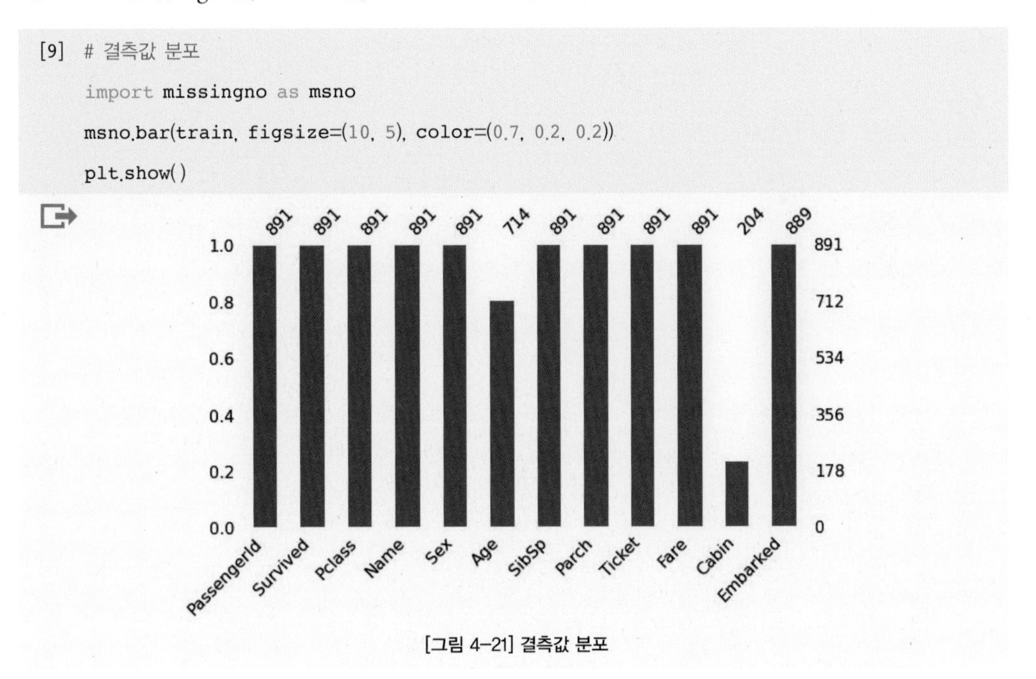

[그림 4-21] 결측값 분포

matrix 함수를 사용하면 데이터프레임의 어느 위치(행 인덱스 기준)에 결측값이 있는지 확인할 수 있다. 결측값이 분포하는 경향을 파악할 수 있다.

```
[10] msno.matrix(test, figsize=(10, 5), color=(0.7, 0.2, 0.2))
     plt.show()
```

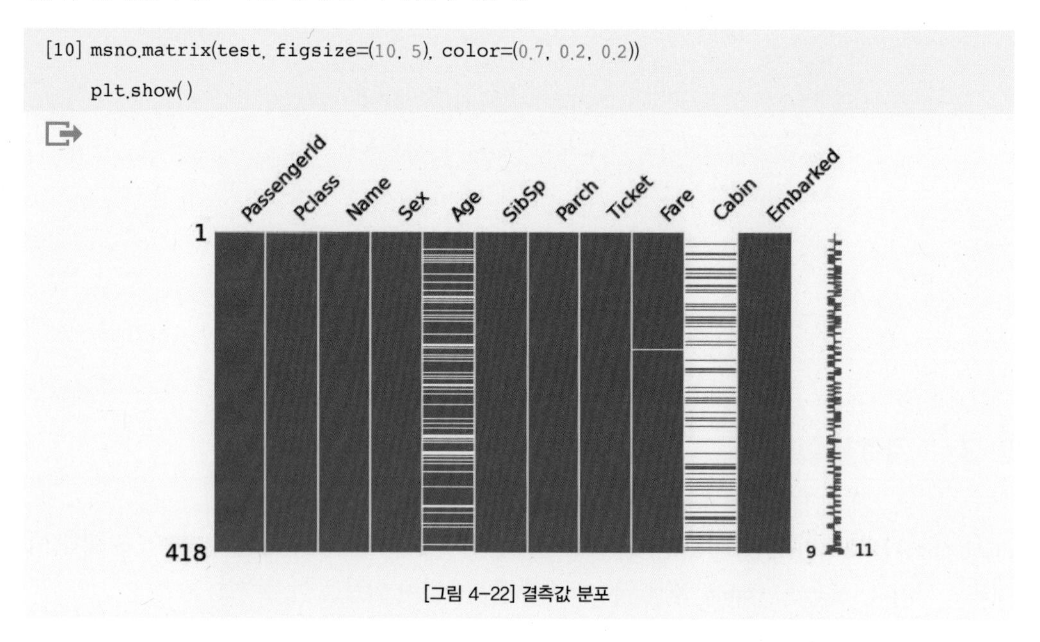

[그림 4-22] 결측값 분포

2-4 상관 관계 분석

상관 계수 테이블을 히트맵으로 시각화한다. corr 함수는 숫자형 데이터로 구성된 열('Pclass', 'Age', 'SibSp', 'Parch', 'Fare', 'Survived')에 대해서만 상관 계수를 계산한다.

```
[11] # 숫자형 변수 간의 상관 관계를 계산하여 히트맵 그리기
     plt.figure(figsize=(8, 8))
     sns.set(font_scale=0.8)
     sns.heatmap(train.corr(), annot=True, cbar=True);
     plt.show()
```

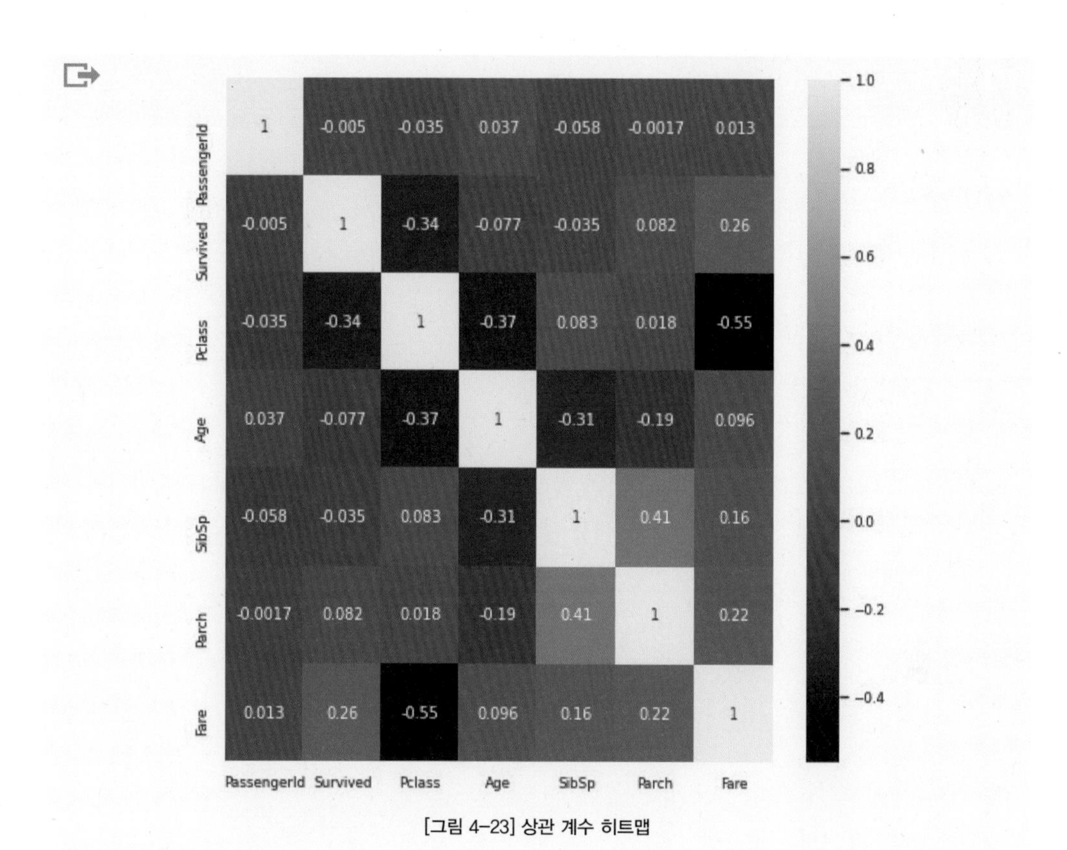

[그림 4-23] 상관 계수 히트맵

목표 변수인 Survived 열과 상관 계수가 높은 피처는 Pclass(−0.34)와 Fare(0.26)이다. 객실 등급을 나타내는 Pclass와 객실 요금을 뜻하는 Fare 피처의 상관 계수는 −0.55이므로 매우 강한 음의 상관 관계가 있다. 이를 통해 객실 등급에 따라 객실 요금이 달라지는 것을 확인할 수 있다.

03 베이스라인 모델

숫자형 데이터만을 우선 사용하여 베이스라인 모델을 만들어 본다. 별도의 전처리 없이 모델 학습 및 예측에 필요한 기본 파이프라인을 설계한다.

3-1 데이터 결합

concat 함수로 데이터프레임(train, test)을 위 아래 방향(axis=0)으로 연결한다. train 데이터와 test 데이터를 구분하기 위해 'TrainSplit' 열을 새로 추가하고, 각각 'Train'과 'Test'를 값으로 지정한다.

```
[12] # 타이타닉 전체 데이터셋 준비
     train['TrainSplit'] = 'Train'
     test['TrainSplit'] = 'Test'
     data = pd.concat([train, test], axis=0)
     print(data.shape)

(1309, 13)
```

3-2 데이터 전처리

가장 먼저 숫자형 데이터를 가진 열을 추출하고 data_num 변수에 저장한다. fillna 메소드를 사용하여 'Age' 열의 결측값을 평균값(mean)으로 대체한다. 'Fare' 열의 결측값은 가장 빈도수가 많은 값(최빈값)으로 대체한다. 그리고 학습 데이터와 테스트 데이터를 구분하여 정리한다.

```
[13] # 숫자형 피처 추출
     data_num = data.loc[:, ['Pclass', 'Age', 'SibSp', 'Parch', 'Fare', 'Survived']]

     # 결측값 대체
     data_num['Age'] = data_num['Age'].fillna(data_num['Age'].mean())
     data_num['Fare'] = data_num['Fare'].fillna(data_num['Fare'].mode()[0])

     # 학습용 데이터와 예측 대상인 테스트 데이터 구분
     selected_features = ['Pclass', 'Age', 'SibSp', 'Parch', 'Fare']
```

```
X_train = data_num.loc[data['TrainSplit']=='Train', selected_features]
y_train = data_num.loc[data['TrainSplit']=='Train', 'Survived']

X_test = data_num.loc[data['TrainSplit']=='Test', selected_features]

print("Train 데이터셋 크기:", X_train.shape, y_train.shape)
print("Test 데이터셋 크기:", X_test.shape)
```

```
Train 데이터셋 크기:(891, 5) (891,)
Test 데이터셋 크기:(418, 5)
```

3-3 모델 학습 및 검증

학습 데이터(X_train, y_train)를 훈련 데이터 80%, 검증 데이터 20%로 분할한다. 로지스틱 회귀 분류 모델에 훈련 데이터를 입력하여 학습시킨다. 검증 데이터에 대한 예측값(y_val_pred)을 실제값(y_val)과 비교하여 혼동 행렬(Confusion Matrix)을 계산하고 그래프로 표시한다.

```
[14] # 훈련 - 검증 데이터 분할
from sklearn.model_selection import train_test_split
X_tr, X_val, y_tr, y_val =  train_test_split(X_train, y_train, test_size=0.2,
                                              shuffle=True, random_state=20)

#로지스틱 회귀 모델
from sklearn.linear_model import LogisticRegression
lr_model = LogisticRegression()
lr_model.fit(X_tr, y_tr)
y_val_pred = lr_model.predict(X_val)

# Confusion Matrix
from sklearn.metrics import confusion_matrix
sns.heatmap(confusion_matrix(y_val, y_val_pred), annot=True, cbar=False, square=True)
plt.show()
```

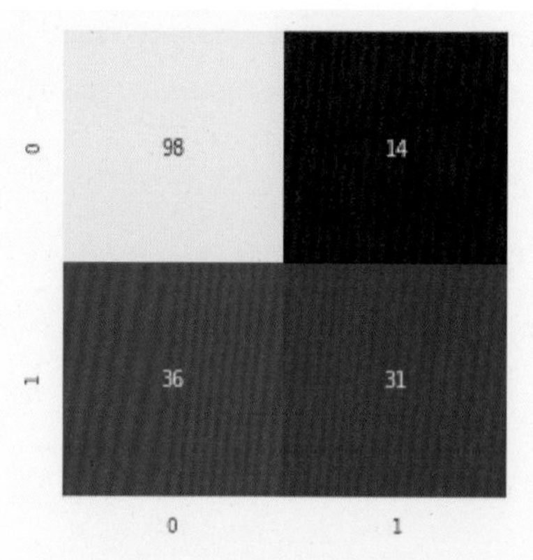

[그림 4-24] 혼동 행렬 히트맵

모형의 예측값과 실제값을 각각 축으로 하는 2×2매트릭스로 표현한 것을 혼동 행렬이라고 부른다. 이를 근거로 정밀도(Precision), 재현율(Recall), F1 지표(F1-score)를 산출할 수 있다.

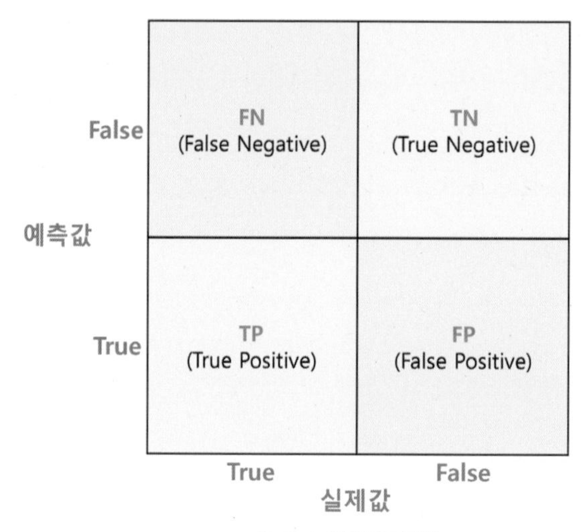

[그림 4-25] 혼동 행렬

정밀도(Precision)는 True로 예측한 분석 대상 중에서 실제값이 True인 비율을 말한다. 정밀도가 높다는 것은 False Positive(실제 False를 True로 잘못 예측하는) 오류가 작다는 뜻이다.

$$\text{Precision} = \frac{\text{TP}}{\text{TP} + \text{FP}}$$

재현율(Recall)은 실제 True 중에서 True로 예측하여 모형이 적중한 비율을 말한다. 재현율이 높다는 것은 False Negative(실제True를 False로 잘못 예측하는) 오류가 낮다는 뜻이다.

$$\text{Recall} = \frac{\text{TP}}{\text{TP} + \text{FN}}$$

F1 지표(F1-score)는 정확도와 재현율의 조화 평균을 계산한 값으로, 모형의 예측력을 종합적으로 평가하는 지표이다. 지표 값이 높을수록 분류 모형의 예측력이 좋다고 말할 수 있다.

$$\text{F1 score} = \frac{2 * (\text{Precision} * \text{Recall})}{\text{Precision} + \text{Recall}}$$

```
[15] # 평가 지표
     from sklearn.metrics import accuracy_score, precision_score, recall_score
     from sklearn.metrics import f1_score, roc_auc_score
     print("Accuracy:%.4f" % accuracy_score(y_val, y_val_pred))
     print("Precision:%.4f" % precision_score(y_val, y_val_pred))
     print("Recall:%.4f" % recall_score(y_val, y_val_pred))
     print("F1:%.4f" % f1_score(y_val, y_val_pred))
     print("AUC:%.4f" % roc_auc_score(y_val, y_val_pred))
```

```
Accuracy:0.7207
Precision:0.6889
Recall:0.4627
F1:0.5536
AUC:0.6688
```

Tip AUC(Area Under Curve)는 데이콘 경진 대회에서 사용하는 평가 지표이다. 최대값은 1이며 예측력이 좋은 모델일수록 1에 가까운 값을 갖는다.

3-4 모델 예측

테스트 데이터(X_test)를 모델 예측에 사용한다. astype 함수로 예측값을 정수형 변환하고, to_csv 함수로 제출 파일을 구글 드라이브의 [내 드라이브] 폴더에 CSV 파일로 저장한다.

```
[16] # test 데이터에 대한 예측값 정리
     y_test_pred = lr_model.predict(X_test)

     # 제출 양식에 맞게 정리
     submission['Survived'] = y_test_pred.astype(int)
     # 제출 파일 저장
     submission_filepath = drive_path + 'baseline_num_lr_submission_001.csv'
     submission.to_csv(submission_filepath, index=False)
     submission.head(5)
```

	PassengerId	Survived
0	892	0
1	893	0
2	894	0
3	895	0
4	896	0

[그림 4_26] 제출 파일

3-5 데이콘 리더보드 점수 확인

구글 드라이브에 저장한 파일을 로컬 PC에 다운로드 받는다. 다운로드 받은 CSV 파일을 다음과 같은 절차로 데이콘 경진 대회 사이트에 제출한다.

대회 페이지에서 [제출] 탭을 선택한다.

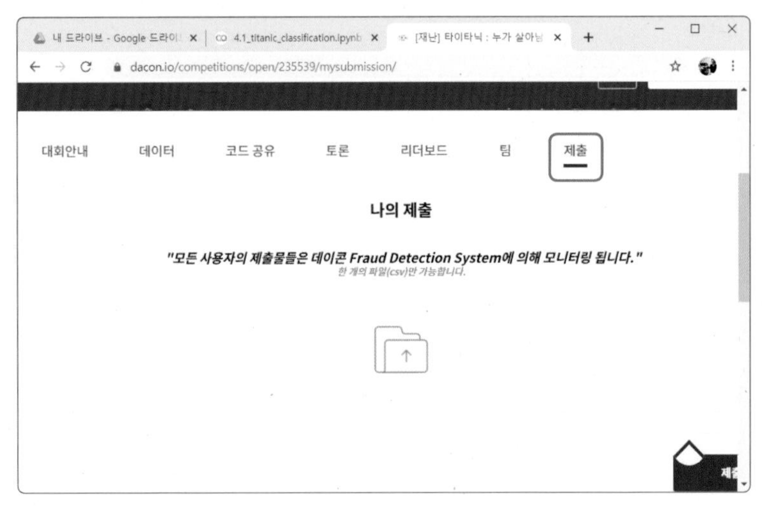

[그림 4-27] 제출 탭 선택

[파일 올리기] 이미지를 클릭하면 다음과 같이 파일 탐색기가 팝업으로 나타난다. 다운로드 받은 CSV 파일을 선택하고 [열기] 버튼을 클릭한다.

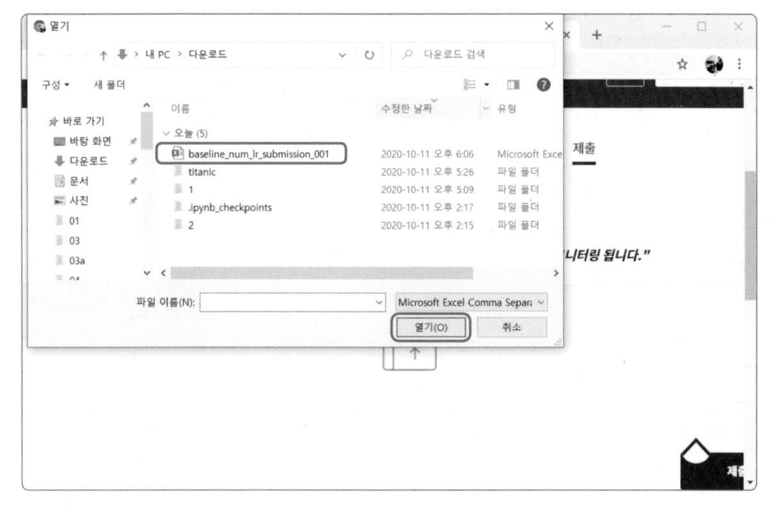

[그림 4-28] 제출 파일 선택

파일이 업로드된 것을 확인한 뒤 [제출] 버튼을 누른다.

[그림 4-29] 제출 버튼 누르기

에러 메시지 대신 다음과 같이 팝업이 나타나면 정상적으로 제출된 것이다.

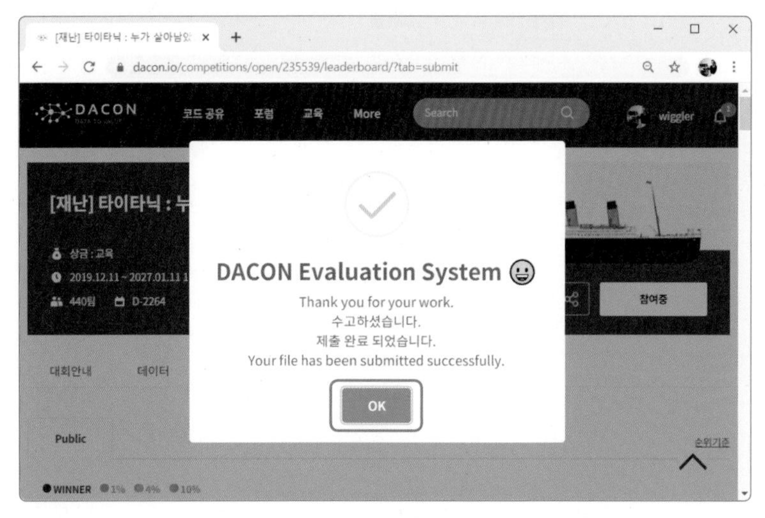

[그림 4-30] 제출 성공

[제출] 탭에서 아래로 스크롤하면 제출 파일의 이름과 평가 점수를 확인할 수 있다. [리더보드] 탭에서는 평가 점수와 랭킹(순위)을 확인할 수 있다. 대회 평가 지표(AUC) 점수가 0.7469로 확인된다. 검증 데이터로 평가한 점수 대비 높은 편이다.

[그림 4-31] 점수 확인

Tip [제출] 탭 왼쪽에 있는 [리더보드] 탭을 선택하면 전체 참가자 중에서 자신의 랭킹(순위)과 최고 점수를 확인할 수 있다.

각 피처를 하나씩 살펴보면서 모델 학습에 맞도록 전처리를 하고, 모델 성능을 개선할 수 있는 여러 가지 방법을 적용해 보자.

4-1 Survived:생존 여부

예측의 대상이 되는 목표 레이블인 Survived 열의 데이터 분포를 확인한다. Survived 열은 시리즈 객체 형태이므로 value_counts 메소드를 사용할 수 있다. 결측값을 포함하려면 dropna 옵션을 False로 설정한다. 결과를 보면 train 데이터에서 생존자(class 1)는 342명으로 확인된다.

```
[17] # 타깃 레이블의 분포 확인
     train['Survived'].value_counts(dropna=False)

0    549
1    342
Name:Survived, dtype:int64
```

시본 countplot으로 생존자(class 1)와 사망자(class 0)의 분포를 비교한다. TrainSplit 열을 이용하여 train 데이터만 따로 추출하여 적용한다.

```
[18] # 객실 등급별 분포 확인
     sns.countplot(x='Survived', data=data[data['TrainSplit']=='Train'])
     plt.show()
```

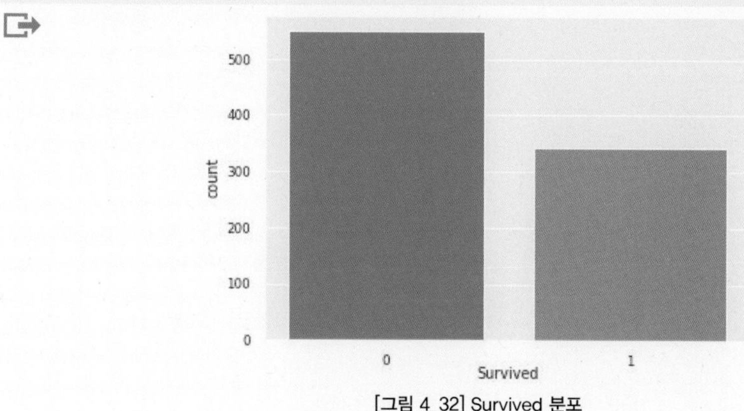

[그림 4_32] Survived 분포

4-2 Pclass:객실 등급

객실 등급을 나타내는 Pclass 열의 데이터 분포를 확인한다. 3등석 승객이 가장 많고, 1등석과 2등석은 비슷한 숫자로 파악된다. hue 옵션을 이용하여 train 데이터와 test 데이터를 구분해 보면 두 데이터셋의 분포가 비교적 고르게 나누어진 것을 알 수 있다.

```
[19] # train – test 데이터 분포
     sns.countplot(x='Pclass', hue='TrainSplit', data=data)
     plt.show()
```

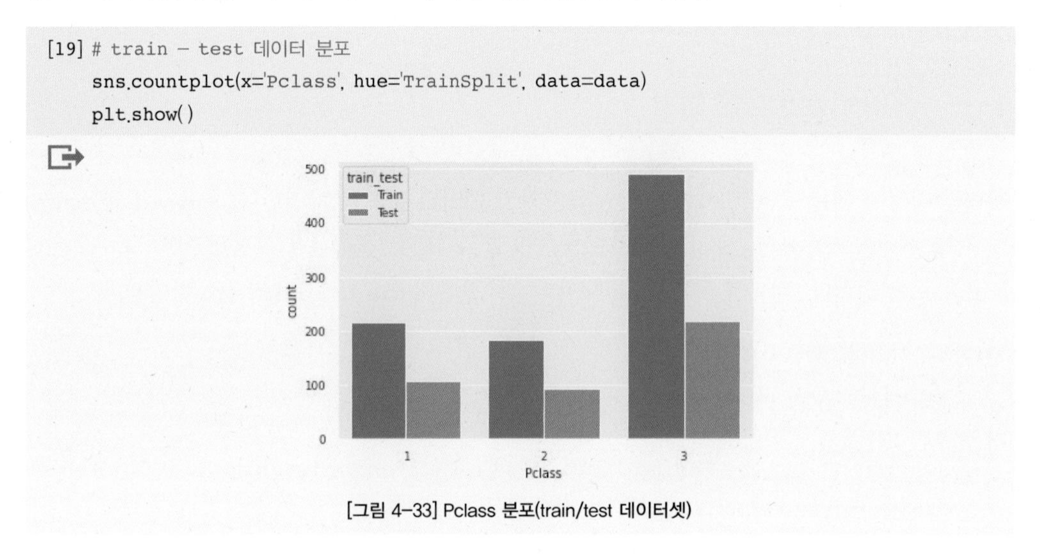

[그림 4-33] Pclass 분포(train/test 데이터셋)

train 데이터 중에서 객실 등급에 따른 생존자 비율을 살펴본다. countplot 함수의 hue 옵션에 입력된 Survived 열을 기준으로 클래스를 구분하여 보여준다. 1등석 승객의 생존율이 높고, 3등석의 경우 생존율이 매우 낮다는 것이 확인된다.

```
[20] # Pclass별 Survived 여부
     sns.countplot(x='Pclass', hue='Survived', data= data[data['TrainSplit']=='Train'])
     plt.show()
```

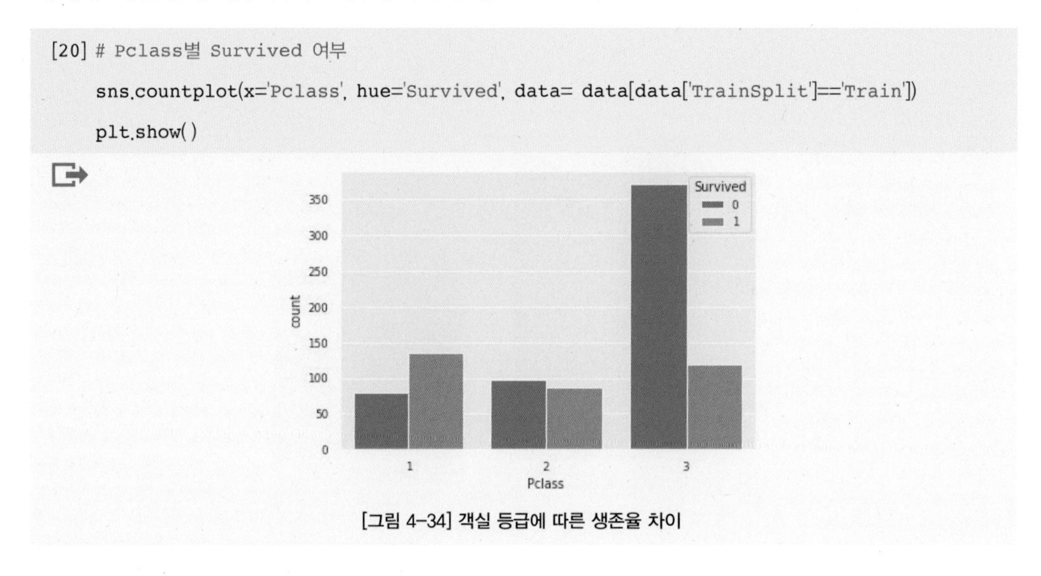

[그림 4-34] 객실 등급에 따른 생존율 차이

이번에는 barplot 함수를 사용해 등급별 객실 요금의 중간값(median) 분포를 알아본다. 생존자 비율이 높은 1등석, 2등석을 보면 생존자들이 지불한 객실 요금이 높은 패턴을 보인다.

```
[21] # Pclass별 Fare 객실 요금의 중간값 비교
     sns.barplot(x='Pclass', y='Fare', hue='Survived',
                 data=data[data['TrainSplit']=='Train'], estimator=np.median)
     plt.show()
```

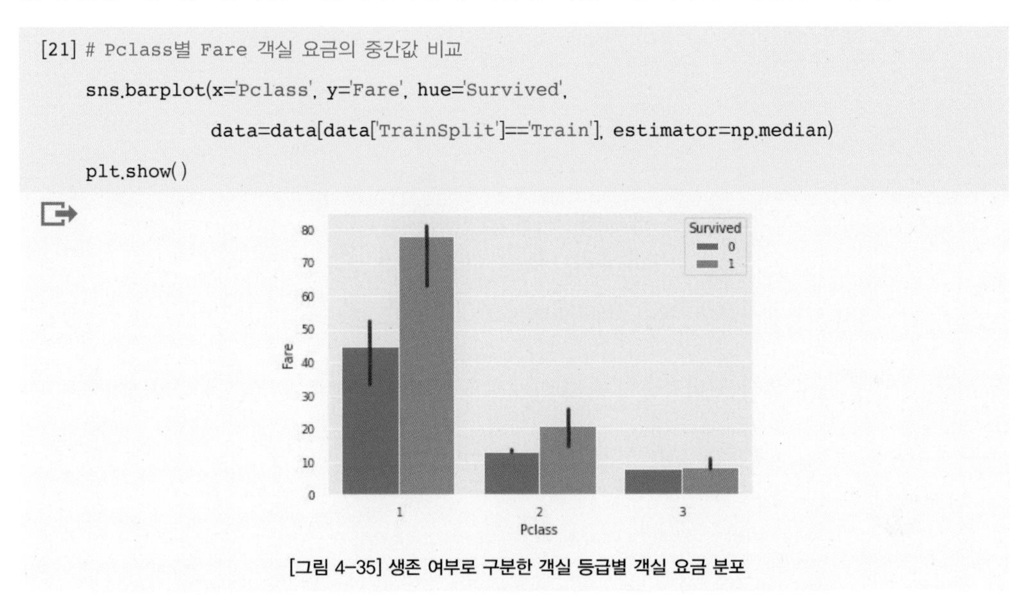

[그림 4-35] 생존 여부로 구분한 객실 등급별 객실 요금 분포

Tip np.median 대신 다른 통계 함수를 적용해 보자. 평균을 확인하려면 np.mean을 입력한다.

4-3 Sex:성별

남녀 성별에 따른 생존율 분포를 파악해 본다. 동시에 시본 histplot 함수의 multiple 옵션을 조정하는 방법을 익힌다. multiple 속성에 dodge를 설정하면 hue 옵션의 데이터를 기준으로 막대 그래프를 서로 겹치지 않게 수평으로 펼쳐서 분리 표시한다.

```
[22] # histplot 함수 - dodge 옵션
     sns.histplot(x='Sex', hue='Survived', multiple='dodge',
                  data=data[data['TrainSplit']=='Train'])
     plt.show()
```

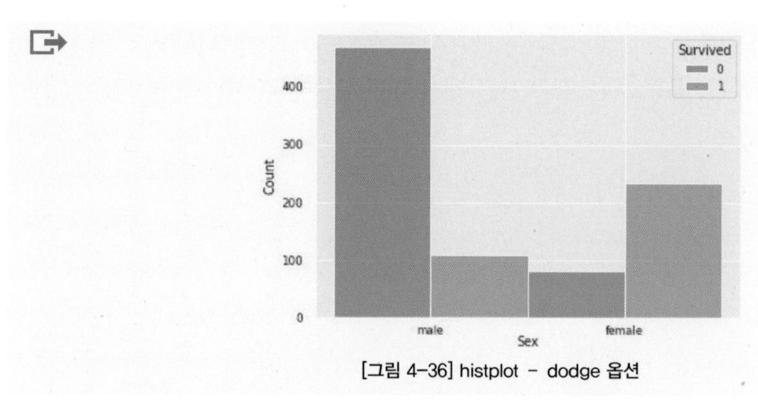

[그림 4-36] histplot - dodge 옵션

Tip 남성의 생존율이 낮고 여성의 생존율이 상대적으로 높다.

multiple 속성에 stack 옵션을 설정하면 막대 그래프를 상하 방향으로 누적하여 나타낸다.

```
[23] # histplot 함수 - stack 옵션
     sns.histplot(x='Sex', hue='Survived', multiple='stack',
                  data=data[data['TrainSplit']=='Train'])
     plt.show()
```

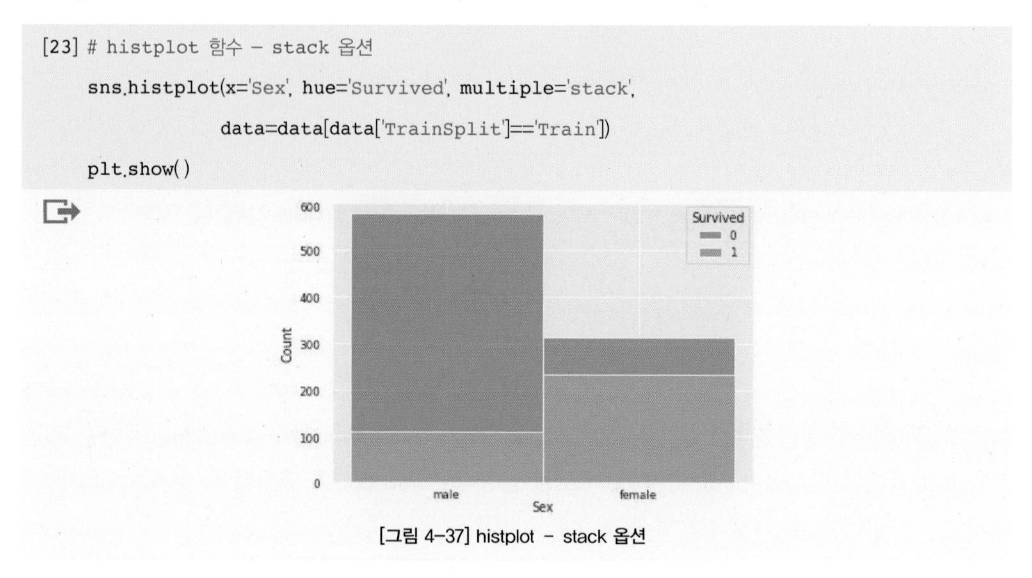

[그림 4-37] histplot - stack 옵션

multiple 속성에 fill 옵션을 설정하면 hue 속성의 상대적 비율을 백분율로 표시한다.

```
[24] # histplot 함수 - fill 옵션
     sns.histplot(x='Sex', hue='Survived', multiple='fill',
                  data=data[data['TrainSplit']=='Train'])
     plt.show()
```

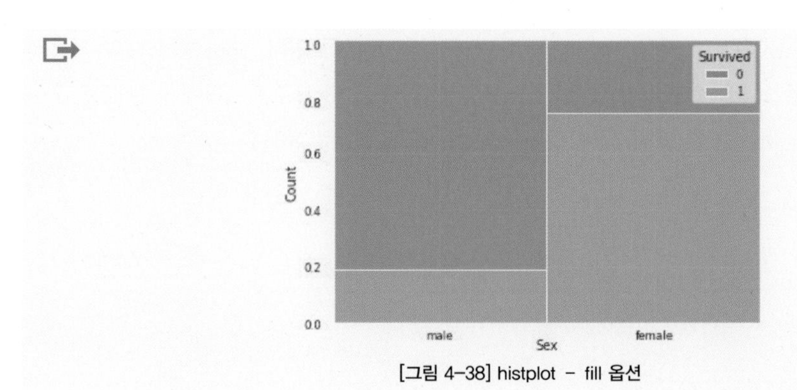

[그림 4-38] histplot - fill 옵션

머신러닝 모델은 'female', 'male' 등 문자열 데이터를 그대로 학습에 사용할 수 없다. 따라서 숫자형 데이터로 변환하는 작업이 필요하다. loc 인덱서의 행 인덱스를 필터링하여 추출하고, Sex 열의 데이터가 'female'이면 숫자 0으로 바꾸고, 'male'이면 숫자 1로 바꿔준다.

```
[25] # 레이블 인코딩(female:0, male:1)
     data.loc[data['Sex']=='female', 'Sex'] = 0
     data.loc[data['Sex']=='male', 'Sex'] = 1
     data['Sex'] = data['Sex'].astype(int)

     # 성별 분포 확인
     data['Sex'].value_counts(dropna=False)
```

```
1    843
0    466
Name:Sex, dtype:int64
```

4-4 Name:이름

문자열 데이터를 다루는 방법에 대해 자세하게 알아보자. 승객 이름이 들어 있는 Name 열은 문자열 데이터로만 구성되어 있다. unique 함수로 고유값을 확인한다.

```
[26] data['Name'].unique()
```

```
array(['Braund, Mr. Owen Harris',
       'Cumings, Mrs. John Bradley (Florence Briggs Thayer)',
       'Heikkinen, Miss. Laina', ..., 'Saether, Mr. Simon Sivertsen',
       'Ware, Mr. Frederick', 'Peter, Master. Michael J'], dtype=object)
```

Name 열을 선택하고 str 속성을 적용하면 문자열을 직접 추출할 수 있다. split 메소드를 적용하면 이름을 나타내는 문자열을 쉼표(,)를 기준으로 분할한다. 쉼표를 기준으로 2개의 문자열로 나눠지는데, 타이틀(Mr., Ms. 등)이 들어 있는 뒷부분의 문자열을 따로 추출한다.

```
[27] title_name = data['Name'].str.split(", ", expand=True)[1]
     title_name

0                                Mr. Owen Harris
1     Mrs. John Bradley (Florence Briggs Thayer)
2                                    Miss. Laina
3             Mrs. Jacques Heath (Lily May Peel)
4                              Mr. William Henry
                         ...
413                                    Mr. Woolf
414                                Dona. Fermina
415                          Mr. Simon Sivertsen
416                                Mr. Frederick
417                            Master. Michael J
Name:1, Length:1309, dtype:object
```

문자열에 split 메소드를 적용하고 마침표(.)를 기준점으로 분할하면, 타이틀 부분([0])과 성을 나타내는 Family Name 부분([1])을 나눌 수 있다. 앞부분만 선택하면 타이틀을 추출할 수 있다.

```
[28] title = title_name.str.split(".", expand=True)[0]
     title.value_counts(dropna=False)

Mr              757
Miss            260
Mrs             197
Master          61
Dr              8
Rev             8
Col             4
Major           2
Ms              2
Mlle            2
Lady            1
Jonkheer        1
Dona            1
Mme             1
```

```
Sir            1
Capt           1
Don            1
the Countess   1
Name:0, dtype:int64
```

비슷한 속성을 가진 타이틀을 같은 그룹으로 묶는다. replace 함수를 타이틀이 들어 있는 시리즈 객체에 적용하면 리스트 안의 문자열들을 뒤에 나오는 문자열로 모두 바꾼다. 따라서 다음과 같이 7개의 그룹으로 정리할 수 있고, 타이틀 속성을 나타내는 Title 열을 새로 추가해 준다.

```
[29] title = title.replace(['Ms'], 'Miss')
     title = title.replace(['Mlle', 'the Countess', 'Lady', 'Don', 'Dona', 'Mme', 'Sir', 'Jonkheer'], 'Noble')
     title = title.replace(['Col', 'Major', 'Capt'], 'Officer')
     title = title.replace(['Dr', 'Rev'], 'Priest')
     data['Title'] = np.array(title)
     data['Title'].value_counts(dropna=False)
```

```
Mr         757
Miss       262
Mrs        197
Master     61
Priest     16
Noble      9
Officer    7
Name:Title, dtype:int64
```

앞에서 정리한 Title 열의 분포를 그린다. 각 타이틀별 생존 여부에 따른 승객 나이의 분포를 시본 violinplot 함수로 그린다. Noble 타이틀을 가진 승객 중에서는 생존자가 없고, Officer 타이틀을 가진 승객 중에서 특정 나이대에 속하는 승객만 생존자가 있다는 것을 알 수 있다.

```
[30] # 승객 나이와 생존 여부와의 관계
     sns.violinplot(x='Title', y='Age', hue='Survived', data=data, split=True)
     plt.show()
```

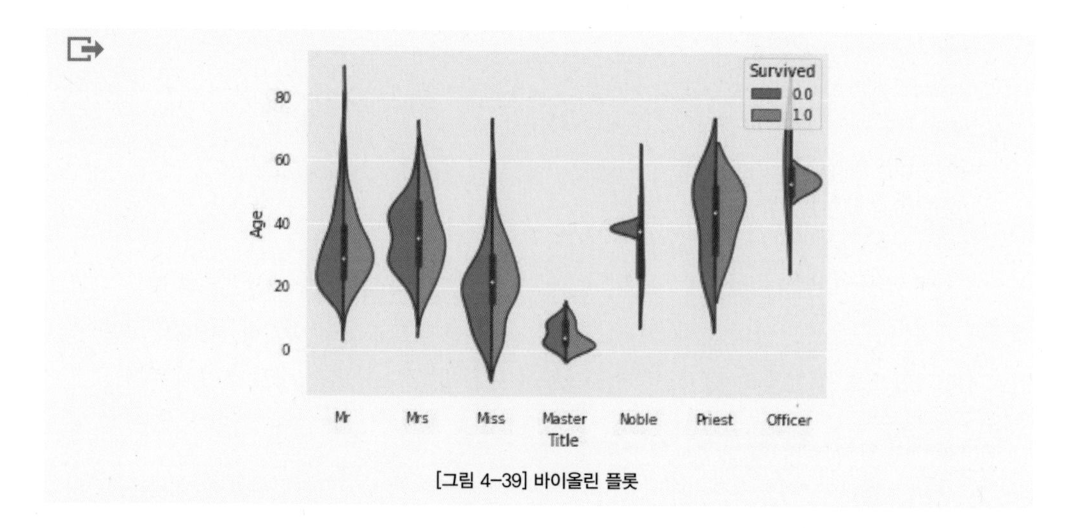

[그림 4-39] 바이올린 플롯

Title 열에 의미 있는 정보를 추출하여 저장했기 때문에 불필요해진 Name 열을 데이터프레임에서 삭제한다. drop 메소드를 사용하고 축 방향을 axis=1로 지정해 준다.

```
[31] # Name 열 삭제
     data = data.drop('Name', axis=1)
     data.columns
```

```
Index(['PassengerId', 'Survived', 'Pclass', 'Sex', 'Age', 'SibSp', 'Parch',
       'Ticket', 'Fare', 'Cabin', 'Embarked', 'TrainSplit', 'Title'],
       dtype='object')
```

4-5 Age:나이

승객 나이가 들어 있는 Age 열의 결측값을 확인한다. 같은 타이틀을 갖는 승객끼리 그룹을 나누고, 그룹별 승객 나이의 중간값으로 결측값을 대체한다. fillna 메소드를 사용한다.

```
[32] # 결측값 확인 및 대체
     for title in data['Title'].unique():
         # 결측값 개수 확인
         print("%s 결측값 개수:" % title, data.loc[data['Title']==title, 'Age'].isnull().sum())
         # 각 Title의 중간값으로 대체
         age_med = data.loc[data['Title']==title, 'Age'].median()
         data.loc[data['Title']==title, 'Age'] = data.loc[data['Title']==title, 'Age'].fillna(age_med)
```

```
# 결측값 처리 여부 확인
print("\n")
print("Age 열의 결측값 개수:", data['Age'].isnull().sum())
```

```
Mr 결측값 개수:176
Mrs 결측값 개수:27
Miss 결측값 개수:51
Master 결측값 개수:8
Noble 결측값 개수:0
Priest 결측값 개수:1
Officer 결측값 개수:0

Age 열의 결측값 개수:0
```

시본 displot의 kind 옵션을 'hist'로 지정하여 히스토그램을 그린다. hue 속성에 따라 생존자를 구분하여 출력한다. 5세 미만 승객의 생존율이 높고 30세 전후 승객의 생존율이 낮은 편이다.

```
[33] # Age 분포
sns.displot(x='Age', kind='hist', hue='Survived',
            data=data[data['TrainSplit']=='Train'])
plt.show()
```

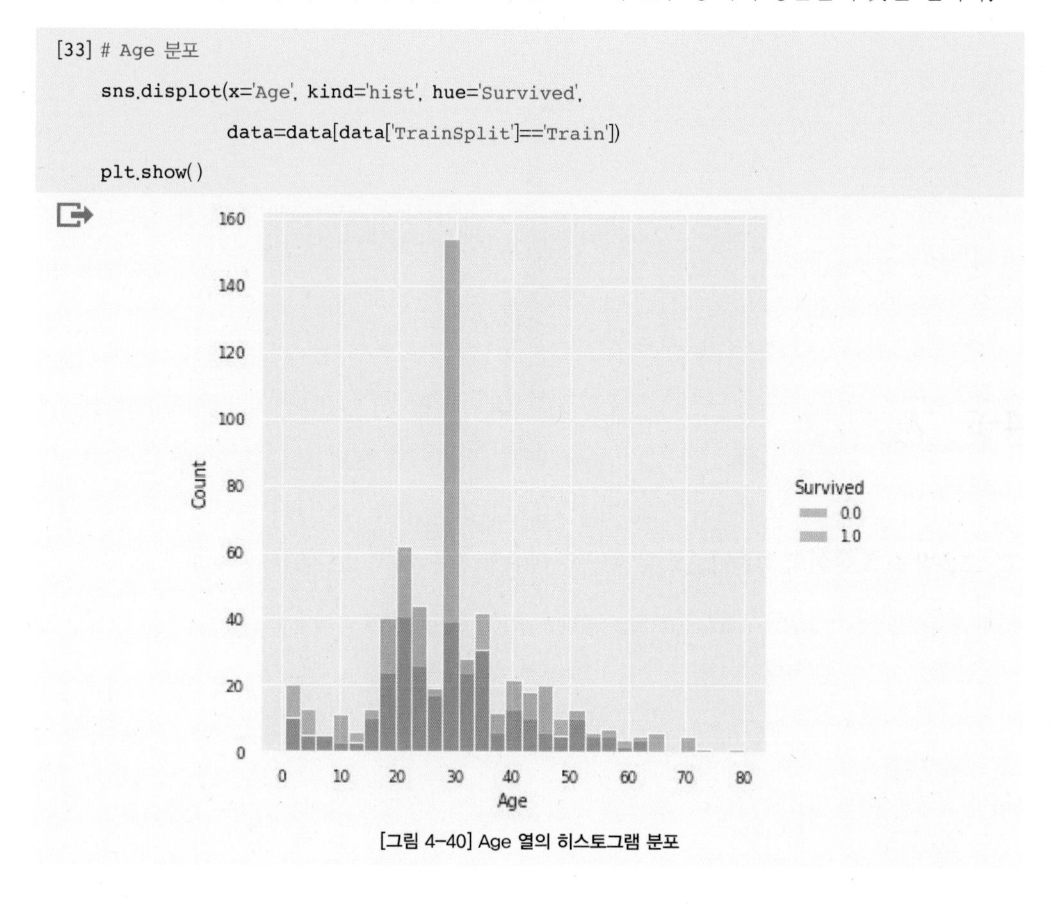

[그림 4-40] Age 열의 히스토그램 분포

나이에 따라 생존율에 차이가 나기 때문에 앞의 히스토그램 분포를 기준으로 Age 열의 데이터를 여러 개의 구간으로 나눈다. 비닝(Binning) 기법이라고 부른다. 판다스 cut 함수를 사용하고 각 구간을 나누는 경계값(bins), 각 구간의 이름(labels)을 지정한다. 예를 들어, 0~4세는 Infant, 4~8세는 Child1, 8~12세는 Child2로 구분되어 정리된다. AgeBin 열을 만들어 추가한다.

```
[34] # Binning - 구간 나누기
     bins = [0, 4, 8, 12, 16, 32, 36, 48, 56, 64, 100]
     labels = ['Infant', 'Child1', 'Child2', 'Youth1', 'Youth2', 'Adult1', 'Adult2','MIddle Aged',
               'Senior', 'Elderly']
     data['AgeBin'] = pd.cut(data['Age'], bins=bins, labels=labels)

     # Age_bin(나이 구간)에 따른 생존율 비교
     sns.countplot(x = 'AgeBin', hue = 'Survived',
                   data=data[data['TrainSplit']=='Train'])
     plt.xticks(rotation=45)
     plt.show()
```

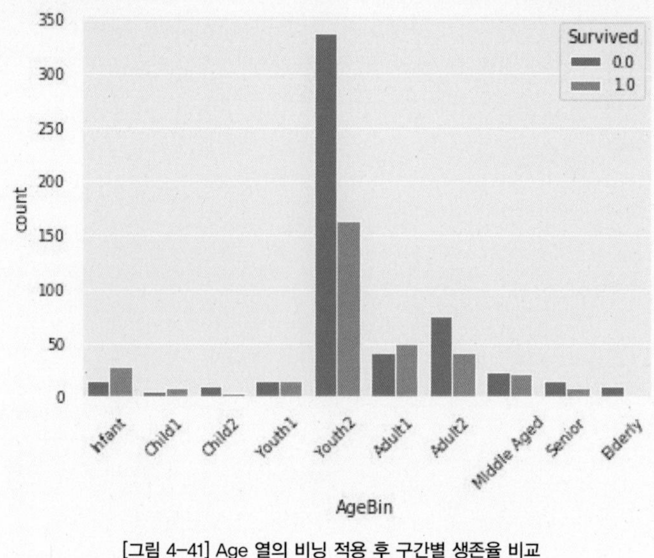

[그림 4-41] Age 열의 비닝 적용 후 구간별 생존율 비교

4-6 SibSp:형제자매/배우자

동승한 형제자매/배우자 수를 나타낸다. 상자 그림을 그리는 boxplot 함수로 생존 여부를 표시하면 동승자가 2~3명일 경우 나이에 따른 생존 여부에 차이가 있음을 알 수 있다.

```
[35] # 형제자매/배우자 수와 승객 나이 및 생존율 관계
     sns.boxplot(x='SibSp', y='Age', hue='Survived',
                 data=data[data['TrainSplit']=='Train'])
     plt.show()
```

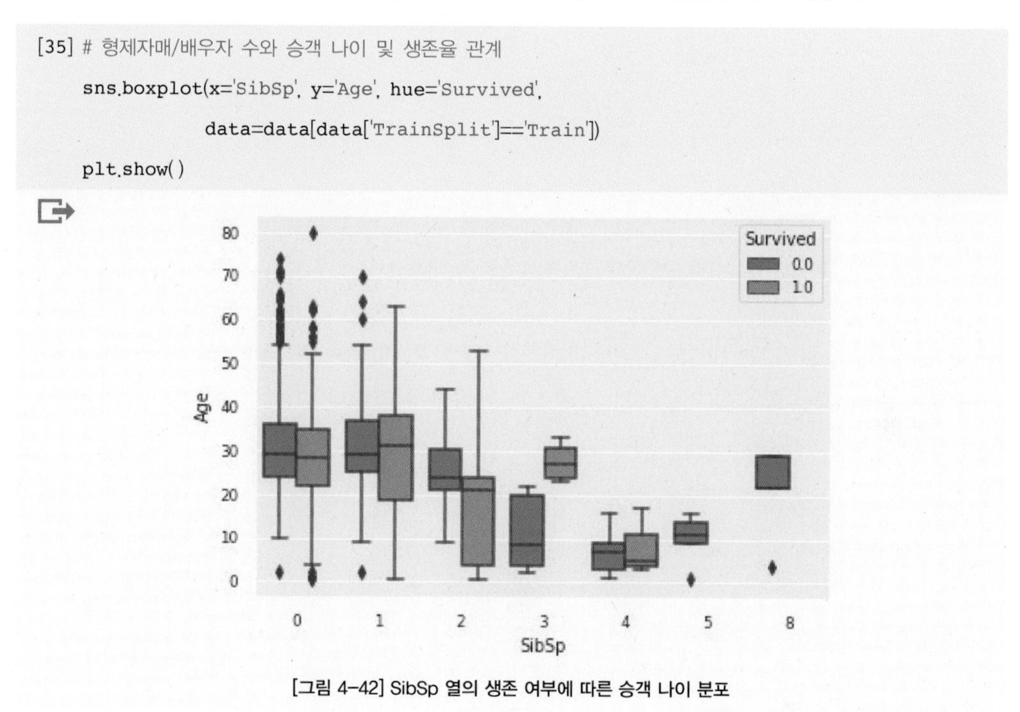

[그림 4-42] SibSp 열의 생존 여부에 따른 승객 나이 분포

4-7 Parch:부모/자식

함께 탑승한 부모 또는 자식의 수를 나타낸다. boxplot 함수로 생존 여부와 함께 나이 분포를 그려보면, 동승자가 4명 이상일 경우 생존자가 거의 없다는 사실을 알 수 있다.

```
[36] # 부모/자식 수에 따른 승객 나이 및 생존율 관계
     sns.boxplot(x='Parch', y='Age', hue='Survived',
                 data=data[data['TrainSplit']=='Train'])
     plt.show()
```

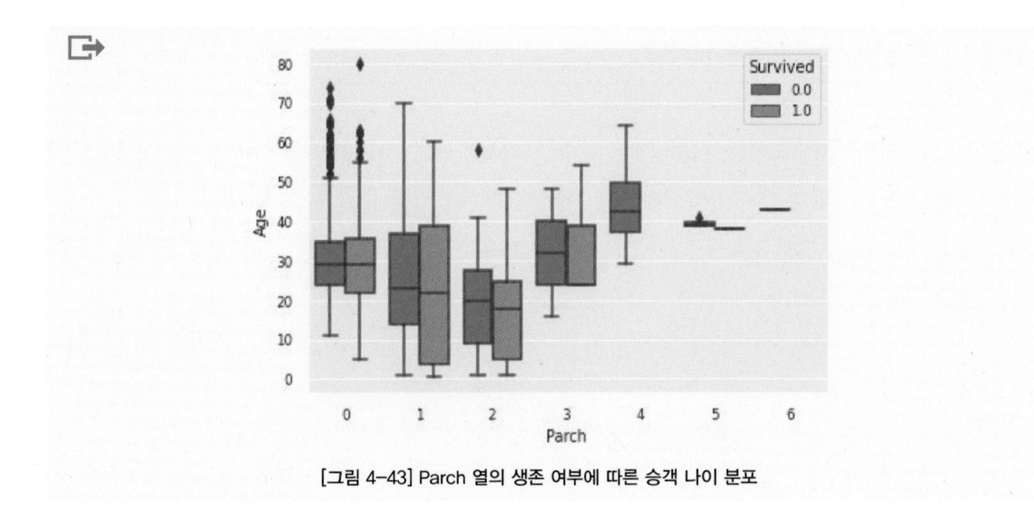

[그림 4-43] Parch 열의 생존 여부에 따른 승객 나이 분포

SibSp 열과 Parch 열의 데이터를 더하면 함께 탑승한 모든 가족의 수를 계산할 수 있다. 이를 토대로 가족 수와 객실 등급을 기준으로 생존율의 차이를 확인한다. 가족 수에 따라 객실 등급에 따른 생존율에 차이가 있음을 알 수 있다.

```
[37] # 가족 구성원의 수
     data['FamilySize'] = data['SibSp'] + data['Parch'] + 1

     # 가족 구성원의 수와 생존율 관계
     sns.barplot(x='FamilySize', y='Survived', hue='Pclass', estimator=np.mean,
                 data=data[data['TrainSplit']=='Train'])
     plt.show()
```

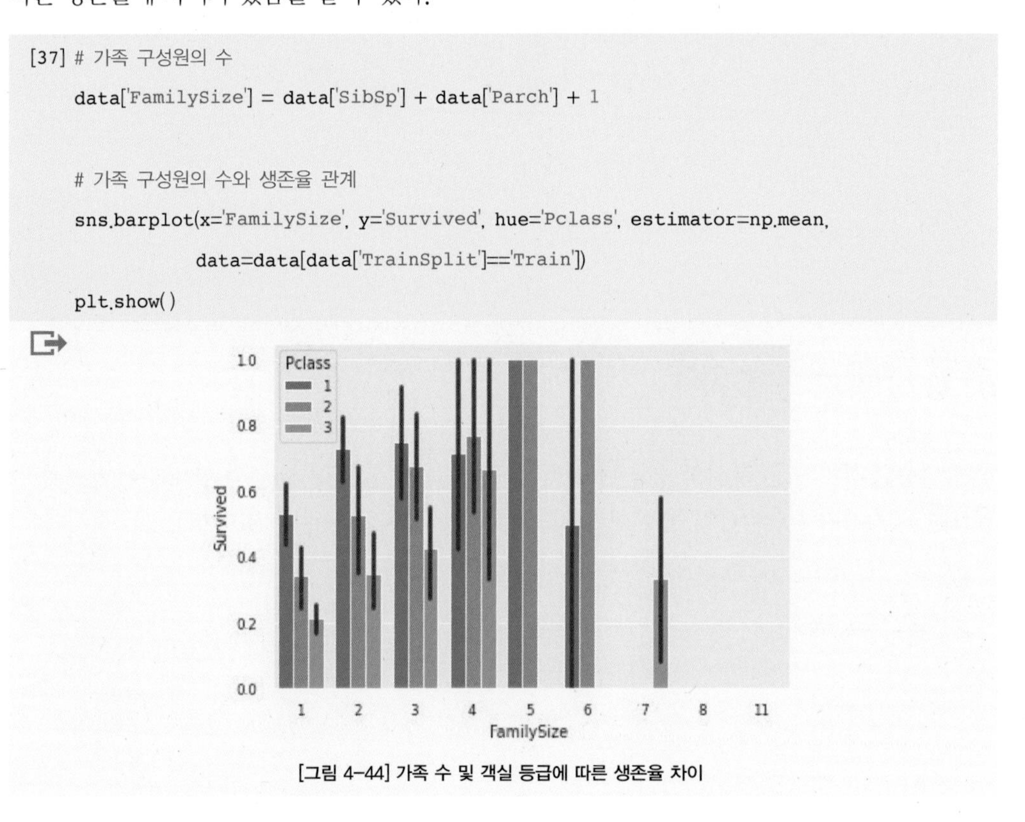

[그림 4-44] 가족 수 및 객실 등급에 따른 생존율 차이

4-8 Fare:요금

탑승 요금을 나타내는 Fare 열에는 1개의 결측 데이터가 있다(PassengerID 1044).

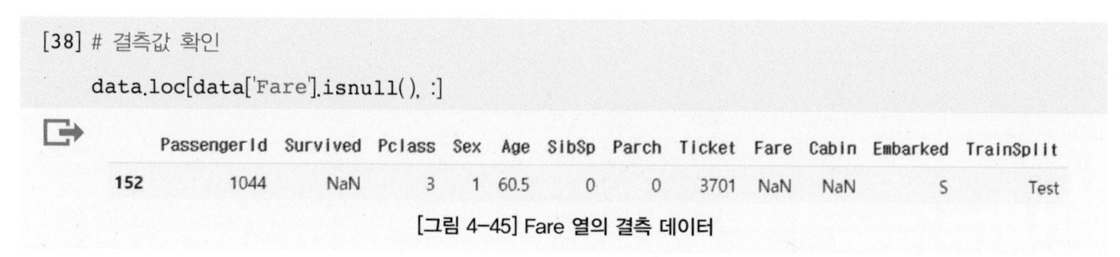

```
[38] # 결측값 확인
     data.loc[data['Fare'].isnull(), :]
```

	PassengerId	Survived	Pclass	Sex	Age	SibSp	Parch	Ticket	Fare	Cabin	Embarked	TrainSplit
152	1044	NaN	3	1	60.5	0	0	3701	NaN	NaN	S	Test

[그림 4-45] Fare 열의 결측 데이터

탑승 요금과 객실 등급의 상관 관계가 높기 때문에 3등석 객실 승객의 탑승 요금의 평균값을 이용하여 결측값을 채워준다.

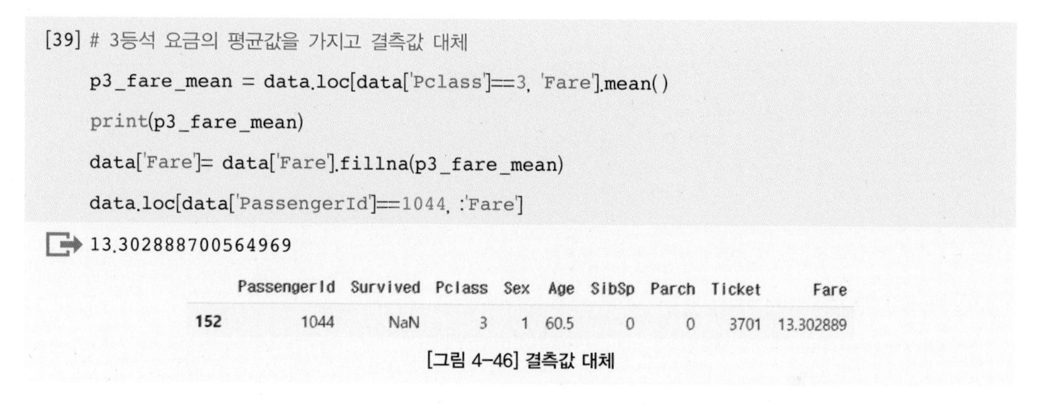

```
[39] # 3등석 요금의 평균값을 가지고 결측값 대체
     p3_fare_mean = data.loc[data['Pclass']==3, 'Fare'].mean()
     print(p3_fare_mean)
     data['Fare']= data['Fare'].fillna(p3_fare_mean)
     data.loc[data['PassengerId']==1044, :'Fare']
```

```
13.302888700564969
```

	PassengerId	Survived	Pclass	Sex	Age	SibSp	Parch	Ticket	Fare
152	1044	NaN	3	1	60.5	0	0	3701	13.302889

[그림 4-46] 결측값 대체

Fare 열의 데이터는 연속적인 값을 갖는다. displot의 kind 옵션을 'kde'로 설정하고 밀도함수 그래프를 그린다. 왼쪽으로 치우친 비대칭 분포를 보인다.

```
[40] # Fare 분포
     sns.displot(x='Fare', kind='kde', hue='Survived',
                 data=data[data['TrainSplit']=='Train'])
     plt.show()
```

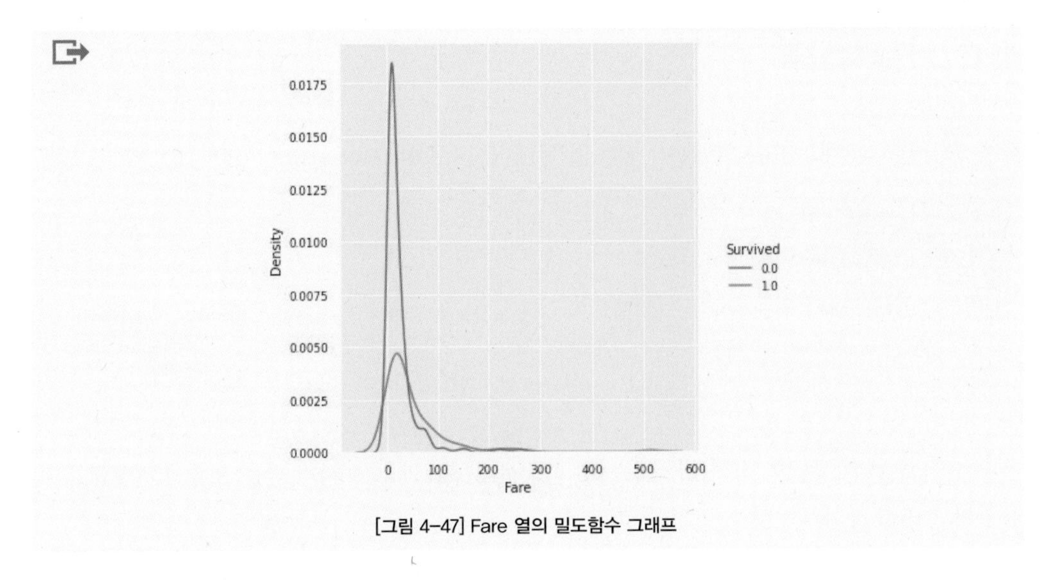

[그림 4-47] Fare 열의 밀도함수 그래프

비대칭 분포를 정규화하기 위해 로그 변환을 한다. 넘파이 log1p 함수를 이용하여 Fare 열의 데이터에 로그를 취하면, 다음과 같이 정규분포와 가까운 형태로 변환된다. 단, 요금이 낮은 쪽으로 데이터가 비어 있는 구간이 있다는 사실도 알 수 있다.

```
[41] # log 변환
     data['FareLog'] = np.log1p(data['Fare'])

     # FareLog 분포
     sns.displot(x='FareLog', kind='hist', hue='Survived',
                 data=data[data['TrainSplit']=='Train'])
     plt.show()
```

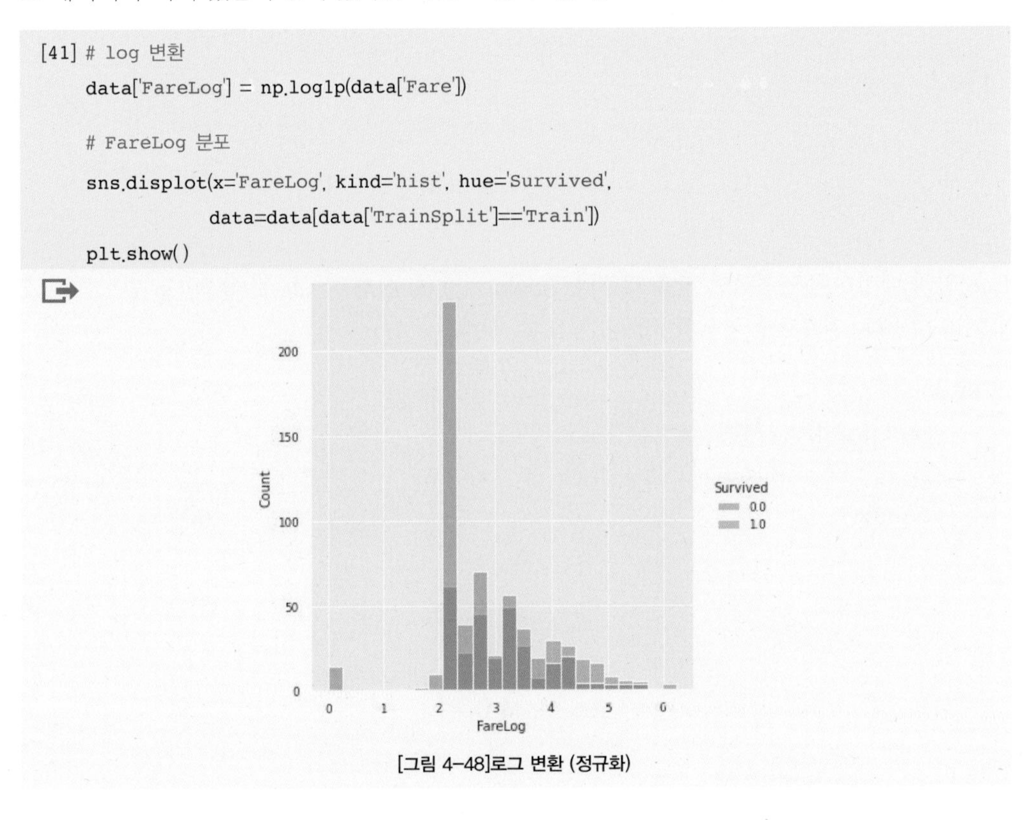

[그림 4-48]로그 변환 (정규화)

stripplot 함수로 객실 등급에 따른 요금 분포를 그린다. hue 속성으로 생존자 분포를 비교한다.

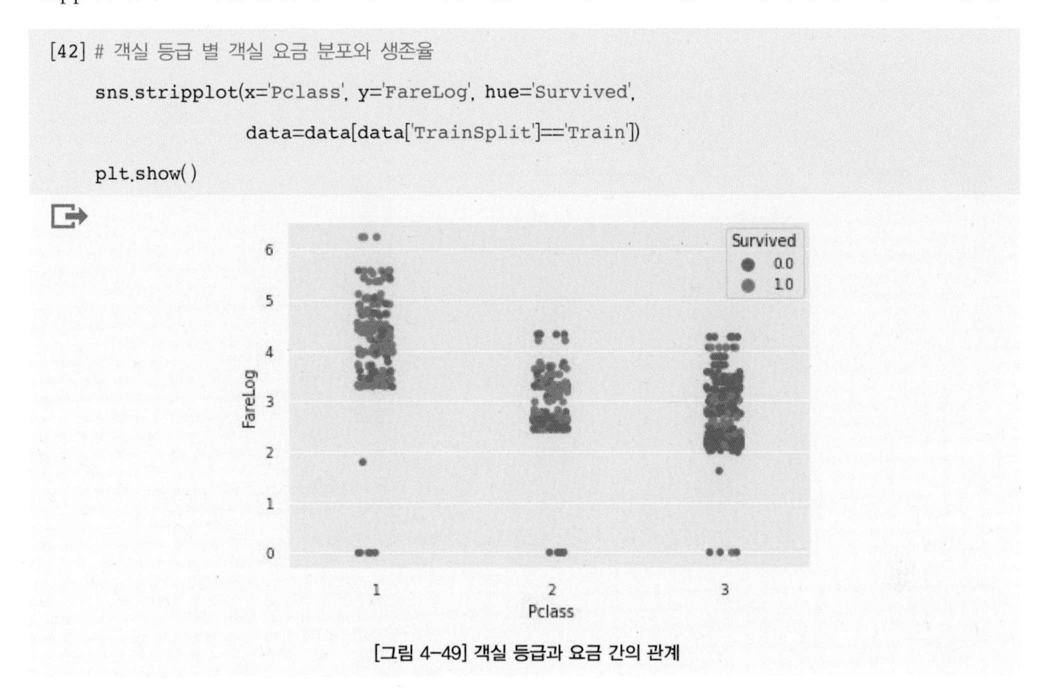

```
[42] # 객실 등급 별 객실 요금 분포와 생존율
     sns.stripplot(x='Pclass', y='FareLog', hue='Survived',
                   data=data[data['TrainSplit']=='Train'])
     plt.show()
```


[그림 4-49] 객실 등급과 요금 간의 관계

4-9 Embarked:탑승 항구

탑승 항구를 나타내는 Embarked 열의 결측값은 2개로 확인된다.

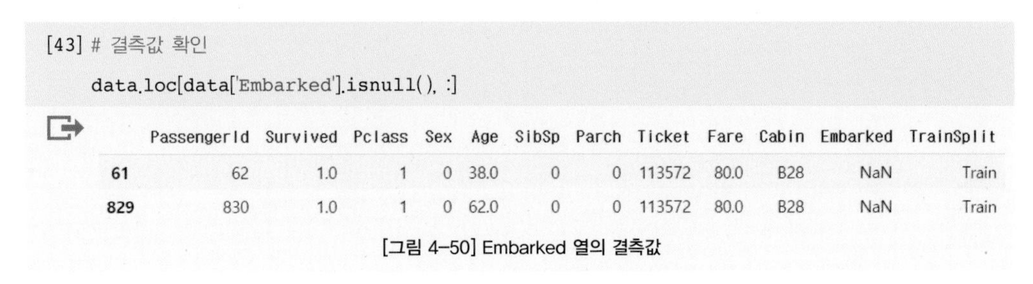

```
[43] # 결측값 확인
     data.loc[data['Embarked'].isnull(), :]
```

	PassengerId	Survived	Pclass	Sex	Age	SibSp	Parch	Ticket	Fare	Cabin	Embarked	TrainSplit
61	62	1.0	1	0	38.0	0	0	113572	80.0	B28	NaN	Train
829	830	1.0	1	0	62.0	0	0	113572	80.0	B28	NaN	Train

[그림 4-50] Embarked 열의 결측값

탑승 장소를 확인할 수 있는 방법이 뚜렷하지 않기 때문에 가장 탑승자가 많은 항구인 'S' 값으로 결측값을 채운다. 이때 가장 많이 출현한 데이터인 최빈값은 mode 함수로 구한다.

```
[44] # 최빈값을 사용하여 결측값 처리
     print("Embarked 열의 최빈값:", data['Embarked'].mode()[0])
     data['Embarked'] = data['Embarked'].fillna(data['Embarked'].mode()[0])
     data['Embarked'].value_counts(dropna=False)
```

```
Embarked 열의 최빈값:S
S    916
C    270
Q    123
Name:Embarked, dtype:int64
```

시본 catplot 함수의 kind 옵션을 'point'로 설정하면 다음과 같이 각 클래스별 데이터 중심과 분산을 비교할 수 있다. 'C' 항구 탑승자의 생존율이 높은 편이다.

```
[45] # 탑승 항구별 생존율 비교
     sns.catplot(x='Embarked', y='Survived', kind='point',
                 data=data[data['TrainSplit']=='Train'])
     plt.show()
```

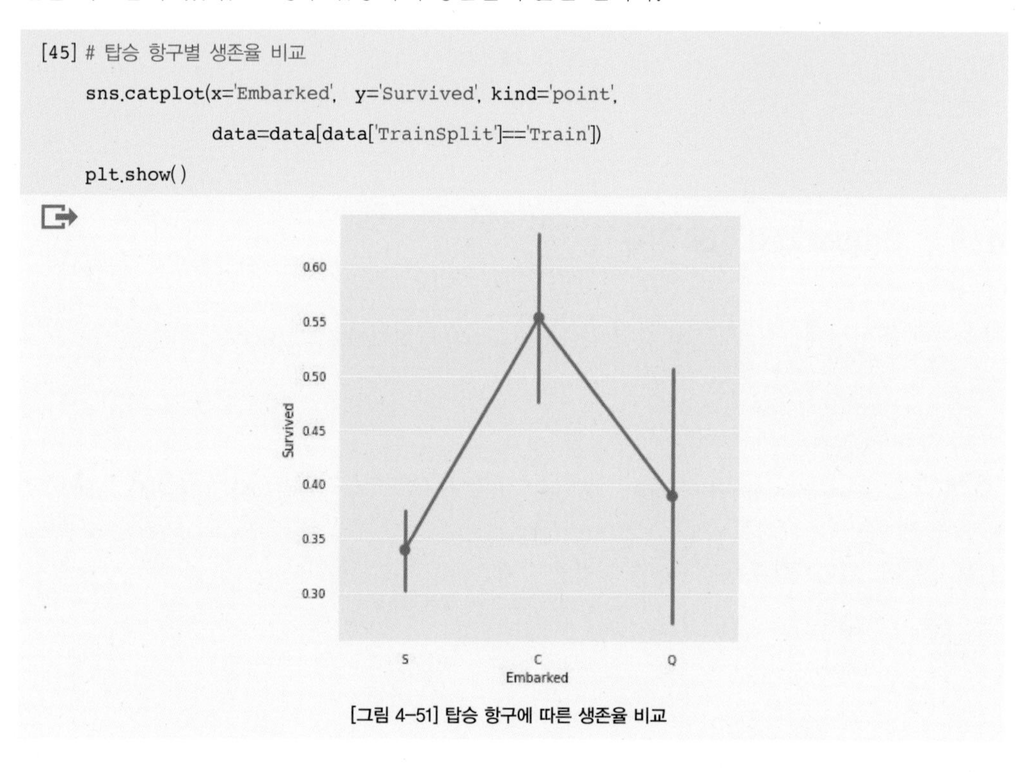

[그림 4-51] 탑승 항구에 따른 생존율 비교

4-10 Cabin:객실 구역

Cabin 열은 객실 구역을 나타내는 알파벳과 숫자로 이루어진다.

```
[46] # 고유값 확인
     data['Cabin'].unique()
```

```
array([nan, 'C85', 'C123', 'E46', 'G6', 'C103', 'D56', 'A6',
       'C23 C25 C27', 'B78', 'D33', 'B30', 'C52', 'B28', 'C83', 'F33',
       … (중략) …,
       'B52 B54 B56', 'C39', 'B24', 'D40', 'D38', 'C105'], dtype=object)
```

str 속성으로 문자열을 추출하고, slice 함수로 문자열의 첫 글자만을 선택한다. 결측값이 1014개로 많은 편이다. 이런 경우 열 전체를 삭제하여 모델 학습에서 제외하는 경우가 많다. 여기서는 일단 삭제하지 않고 유의미한 속성인지 추가적으로 확인한다.

```
[47] # 첫 번째 알파벳 이니셜 추출
     data['Cabin'].str.slice(0, 1).value_counts(dropna=False)
```

```
NaN    1014
C        94
B        65
D        46
E        41
A        22
F        21
G         5
T         1
Name:Cabin, dtype:int64
```

결측값을 'U'로 대체한다. 생존율을 그래프로 그리면 구역 별로 차이가 있다. 특히 객실 구역 데이터가 없어서 결측값으로 분류된 'U'의 경우 생존율이 가장 낮게 나타난다. catplot 함수의 kind 옵션에 막대 그래프를 뜻하는 'bar'를 입력하여 생존율을 시각화한다.

```
[48] # 알파벳 이니셜로 대체, 결측값은 'U'로 입력
     data['Cabin'] = data['Cabin'].str.slice(0, 1)
     data['Cabin'] = data['Cabin'].fillna('U')

     # Cabin 구역별 생존율 비교
     sns.catplot(x='Cabin', y='Survived', kind='bar',
                 data=data[data['TrainSplit']=='Train'])
     plt.show()
```

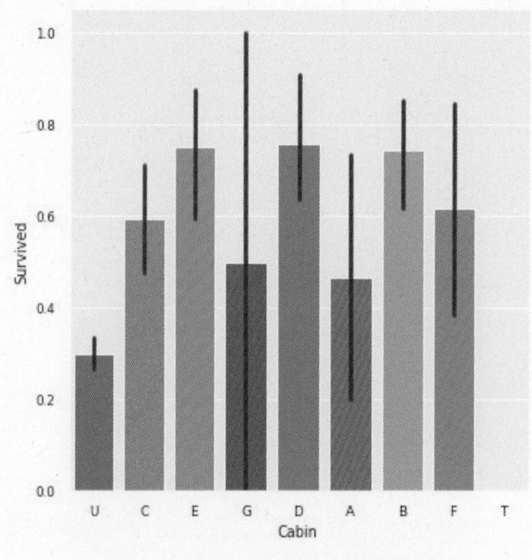

[그림 4-52] Cabin 구역에 따른 생존율 비교

4-11 Ticket:탑승권

탑승권 번호를 나타내는 Ticket 열의 데이터는 알파벳과 숫자가 결합된 형태이다. 숫자로만 이루어진 데이터도 많이 존재한다.

```
[49] # 고유값 확인
     data['Ticket'].value_counts(dropna=False)
```

```
CA. 2343         11
CA 2144           8
1601              8
3101295           7
S.O.C. 14879      7
                 ..
349236            1
233866            1
376563            1
SC/PARIS 2131     1
27267             1
Name:Ticket, Length:929, dtype:int64
```

알파벳 부분만 따로 추출해서 정리한다. 알파벳 없이 숫자로만 이루어진 데이터를 포함한다.

```
[50] # 문자열 정리 - 알파벳 추출
     data['Ticket'] = data['Ticket'].str.replace(".","").str.replace("/","")
     data['Ticket'] = data['Ticket'].str.strip().str.split(' ').str[0]
     data['Ticket'].value_counts(dropna=False)
```

```
PC          92
CA          68
A5          28
SOTONOQ     24
WC          15
            ..
330920       1
237798       1
113780       1
363592       1
36866        1
Name:Ticket, Length:741, dtype:int64
```

숫자로만 이루어진 데이터를 "NUM" 값으로 치환한다. 탑승권 번호를 기준으로 생존율에 차이가 존재하므로 모델 학습에 사용할만큼 유의미한 피처라고 볼 수 있다.

```
[51] # 문자열이 숫자인 경우 "NUM"으로 대체
     data.loc[data['Ticket'].str.isdigit(), 'Ticket'] = 'NUM'
     data['Ticket'].value_counts(dropna=False)[:10]

     # Ticket 번호별 생존율 비교
     sns.catplot(x='Ticket', y='Survived', kind='bar',
                 data=data[data['TrainSplit']=='Train'])
     plt.xticks(rotation=90)
     plt.show()
```

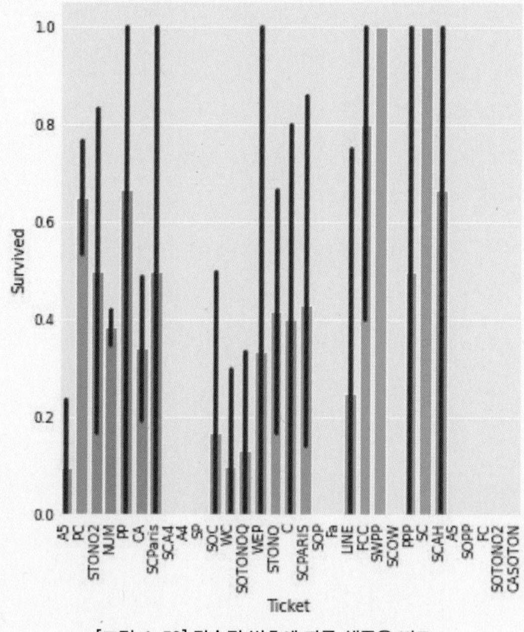

[그림 4-53] 탑승권 번호에 따른 생존율 비교

05 데이터 전처리

5-1 레이블 인코딩

문자열 데이터로 이루어진 'Title' 열과 'AgeBin' 열의 범주형(문자열) 데이터를 숫자 레이블로 바꾼다. 사이킷런 LabelEncoder 객체를 만들고, fit_transform 함수를 사용하여 각 열의 데이터에 적용한다. 각 열에 속하는 범주의 개수만큼 숫자 레이블로 변환된다. 예를 들어, 3개의 범주가 있으면 0, 1, 2와 같이 3개의 숫자를 사용하여 데이터를 바꿔준다.

```
[52] # Label Encoding
     from sklearn.preprocessing import LabelEncoder
     for col in ['Title', 'AgeBin']:
         encoder = LabelEncoder()
         data[col] = encoder.fit_transform(data[col])

     data.loc[:, ['Title', 'AgeBin']].head()
```

	Title	AgeBin
0	2	9
1	3	1
2	1	9
3	3	0
4	2	0

[그림 4-54] 레이블 인코딩

5-2 원핫 인코딩

문자열 데이터를 숫자형 데이터로 변환하는 다른 방법인 원핫 인코딩을 알아보자. 하나의 열을 범주 개수만큼 열을 분할하여 범주에 해당하는 열에는 1을 입력하고 나머지 열에는 0을 입력한다. 판다스 get_dummies 함수를 사용한다. columns 속성에 원핫 인코딩할 열 이름을 입력한다. prefix 옵션은 분할하여 생성되는 열 이름의 앞부분을 지정한다. 새로 만들어지는 열 이름은 [prefix + "_" + 범주 데이터] 형태가 된다. Emb_Q 열은 Embarked의 앞 3글자를 따오고 데이터가 'Q'인 경우를 나타낸다. drop_first 옵션을 True로 지정하면 첫 번째 열을 삭제하는데, 하나의 열이 없어도 원래 범주를 구분하는데 충분하기 때문이다.

```
[53] # 범주형 변수로 변환 및 원핫 인코딩
     onehot_prefix = []
     for col in ['Embarked', 'Cabin', 'Ticket']:
         data[col] = data[col].astype('category')
         data = pd.get_dummies(data, columns = [col], prefix=col[:3], drop_first=True)
         onehot_prefix.append(col[:3])

     data.loc[:,[col for col in data.columns if col[:3] in onehot_prefix]].head()
```

	Emb_Q	Emb_S	Cab_B	Cab_C	Cab_D	Cab_E	Cab_F	Cab_G	Cab_T	Cab_U	Tic_A4	Tic_A5	Tic_AQ3
0	0	1	0	0	0	0	0	0	0	1	0	1	0
1	0	0	0	1	0	0	0	0	0	0	0	0	0
2	0	1	0	0	0	0	0	0	0	1	0	0	0
3	0	1	0	1	0	0	0	0	0	0	0	0	0
4	0	1	0	0	0	0	0	0	0	1	0	0	0

[그림 4-55] 원핫 인코딩

5-3 피처 스케일링

사이킷런 MinMaxScaler를 사용하여 모델 학습에 사용할 피처의 스케일을 0~1 범위로 정규화 처리한다. 학습에 사용할 피처가 아닌 TrainSplit 열을 제외한다.

```
[54] # 피처 스케일링
     from sklearn.preprocessing import MinMaxScaler
     scaler=MinMaxScaler()

     # 스케일링 처리할 피처 선택 - TrainSplit 등 일부 열 제외
     scaled_cols = [col for col in data.loc[:, 'Pclass':].columns if col!='TrainSplit']

     data_scaled = data.loc[:, scaled_cols]
     data_scaled = scaler.fit_transform(data_scaled)

     # 스케일링 변환된 값을 데이터프레임에 반영
     data.loc[:, scaled_cols] = data_scaled[:, :]
     data.head()
```

	PassengerId	Survived	Pclass	Sex	Age	SibSp	Parch	Fare	TrainSplit	Title	AgeBin
0	1	0.0	1.0	1.0	0.273456	0.125	0.0	0.014151	Train	0.333333	1.000000
1	2	1.0	0.0	0.0	0.473882	0.125	0.0	0.139136	Train	0.500000	0.111111
2	3	1.0	1.0	0.0	0.323563	0.000	0.0	0.015469	Train	0.166667	1.000000
3	4	1.0	0.0	0.0	0.436302	0.125	0.0	0.103644	Train	0.500000	0.000000
4	5	0.0	1.0	1.0	0.436302	0.000	0.0	0.015713	Train	0.333333	0.000000

[그림 4-56] 피처 스케일링

06 모델 학습

6-1 피처 선택

모델 학습에 사용할 피처를 선택하고 selected_features 변수에 저장한다. 모두 54개이다.

```
[55] selected_features = ['Pclass', 'Sex', 'SibSp', 'Parch',
                          'Title', 'AgeBin', 'FamilySize', 'FareLog',
                          'Emb_Q', 'Emb_S', 'Cab_B', 'Cab_C', 'Cab_D', 'Cab_E', 'Cab_F', 'Cab_G',
                          'Cab_T', 'Cab_U', 'Tic_A4', 'Tic_A5', 'Tic_AQ3', 'Tic_AQ4', 'Tic_AS',
                          'Tic_C', 'Tic_CA', 'Tic_CASOTON', 'Tic_FC', 'Tic_FCC', 'Tic_Fa',
                          'Tic_LINE', 'Tic_LP', 'Tic_NUM', 'Tic_PC', 'Tic_PP', 'Tic_PPP',
                          'Tic_SC', 'Tic_SCA3', 'Tic_SCA4', 'Tic_SCAH', 'Tic_SCOW', 'Tic_SCPARIS',
                          'Tic_SCParis', 'Tic_SOC', 'Tic_SOP', 'Tic_SOPP', 'Tic_SOTONO2',
                          'Tic_SOTONOQ', 'Tic_SP', 'Tic_STONO', 'Tic_STONO2', 'Tic_STONOQ',
                          'Tic_SWPP', 'Tic_WC', 'Tic_WEP']

     len(selected_features)
```

```
54
```

TrainSplit 열의 데이터를 기준으로 필터링하여, 모델 학습에 사용할 데이터(X_train, y_train)와 정답을 예측해서 제출해야 하는 테스트 데이터(X_test)를 구분한다.

```
[56] # 학습용 데이터와 예측 대상인 테스트 데이터 구분
     y_train = data.loc[data['TrainSplit']=='Train', 'Survived']
     X_train = data.loc[data['TrainSplit']=='Train', selected_features]
     X_test = data.loc[data['TrainSplit']=='Test', selected_features]
     print("Train 데이터셋 크기:", X_train.shape, y_train.shape)
     print("Test 데이터셋 크기:", X_test.shape)
```

```
Train 데이터셋 크기:(891, 54) (891,)
Test 데이터셋 크기:(418, 54)
```

모델 학습에 사용할 데이터를 훈련 데이터(X_tr, y_tr)와 검증 데이터(X_val, y_val)로 분할한다.

```
[57] # 훈련 - 검증 데이터 분할
     from sklearn.model_selection import train_test_split
     X_tr, X_val, y_tr, y_val =  train_test_split(X_train, y_train, test_size=0.2,
                                                   shuffle=True, random_state=20)
     print("훈련 데이터셋 크기:", X_tr.shape, y_tr.shape)
     print("검증 데이터셋 크기:", X_val.shape, y_val.shape)

     훈련 데이터셋 크기:(712, 54) (712,)
     검증 데이터셋 크기:(179, 54) (179,)
```

로지스틱 회귀 분류 모델을 훈련하고, 검증 데이터의 정확도와 비교한다. 훈련 데이터보다 검증 데이터의 점수가 높은 편으로 모델 학습이 더 필요한 과소 적합 상태로 판단된다.

```
[58] # 로지스틱 회귀 모델
     lr_model = LogisticRegression()
     lr_model.fit(X_tr, y_tr)

     y_tr_pred = lr_model.predict(X_tr)
     print("훈련 Accuracy:%.4f" % accuracy_score(y_tr, y_tr_pred))
     print("훈련 AUC:%.4f" % roc_auc_score(y_tr, y_tr_pred))

     y_val_pred = lr_model.predict(X_val)
     print("검증 Accuracy:%.4f" % accuracy_score(y_val, y_val_pred))
     print("검증 AUC:%.4f" % roc_auc_score(y_val, y_val_pred))

     훈련 Accuracy:0.7963
     훈련 AUC:0.7822
     검증 Accuracy:0.8380
     검증 AUC:0.8076
```

테스트 데이터에 대한 예측값을 제출 파일 양식의 Survived 열에 입력한다. 저장 경로를 지정하고 CSV 파일로 저장한다. 앞에서 제출한 방법을 사용하여 데이콘에 제출해서 리더보드 점수를 확인하면 0.7241이다.

```
[59] # test 데이터 예측 및 제출 파일 저장
     y_test_pred = lr_model.predict(X_test)
     submission['Survived'] = y_test_pred.astype(int)
     submission_filepath = drive_path + 'baseline_lr_submission_001.csv'
     submission.to_csv(submission_filepath, index=False)
```

이번에는 랜덤 포레스트 모델로 분류해 본다. 5-Fold 교차 검증으로 AUC 스코어를 확인한다.

```
[60] # 랜덤 포레스트
     from sklearn.ensemble import RandomForestClassifier
     rf_model = RandomForestClassifier(random_state=2020)
     # cross_val_score 함수
     from sklearn.model_selection import cross_val_score
     auc_scores = cross_val_score(lr_model, X_train, y_train, cv=5, scoring='roc_auc')
     print("개별 Fold의 AUC 점수:", np.round(auc_scores, 4))
     print("평균 AUC 점수:", np.round(np.mean(auc_scores), 4))
```

```
개별 Fold의 AUC 점수:[0.8348 0.816  0.8773 0.8526 0.8716]
평균 AUC 점수:0.8505
```

제출 파일을 만들어 데이콘 리더보드 평가 시스템에 제출한다. AUC 스코어가 0.7462로 확인된다. 검증 점수보다는 낮은 편이다.

```
[61] # 제출 파일
     rf_model.fit(X_train, y_train)
     y_test_pred = rf_model.predict(X_test)
     submission['Survived'] = y_test_pred.astype(int)
     submission_filepath = drive_path + 'baseline_rf_submission_001.csv'
     submission.to_csv(submission_filepath, index=False)
```

6-2 피처 중요도

랜덤 포레스트와 같이 트리 기반의 알고리즘을 사용하면 트리를 나누는 기준이 되는 피처의 중요도를 측정할 수 있다. 다음과 같이 트리 기반 모델이 각 피처를 어느 정도 참조하는지 나타내는 중요도를 막대 그래프로 그리는 함수를 정의해서 사용한다.

```
[62] # tree 계열 알고리즘의 feature importance 그래프
     def plot_importance(model, features):
         importances = model.feature_importances_
         indices = np.argsort(importances)
         feature_names = [features[i] for i in indices]
         feature_imp =  importances[indices]

         plt.figure(figsize=(10, 12))
```

```
    plt.title('Feature Importances')
    plt.barh(range(len(indices)),feature_imp, align='center')
    plt.yticks(range(len(indices)), feature_names)
    plt.xlabel('Relative Importance')

    print('피처:', list(reversed(feature_names)))
    print('중요도:', list(reversed(feature_imp)))

    return list(reversed(feature_names)), list(reversed(feature_imp))
```

피처 중요도에 따라 피처 이름과 중요도 값을 출력한다. 그리고 막대 그래프를 표시한다. FareLog 열과 Sex 열 순서로 중요하게 판단하고 있음을 알 수 있다.

```
[63] # 랜덤 포레스트 모델의 피처 중요도
     imp_features, imp_scores = plot_importance(rf_model, selected_features)
```

```
피처:['FareLog', 'Sex', 'Title', 'AgeBin', 'Pclass', 'FamilySize', 'SibSp', …, 'Tic_AQ4']
중요도:[0.23138332085663144, 0.18711600012961585, 0.12768034759386934,
0.08270882282916771, 0.05890084604476724, …, 3.976936246966745e-05, 3.303963487786992e
05, 0.0, 0.0, 0.0, 0.0, 0.0]
```

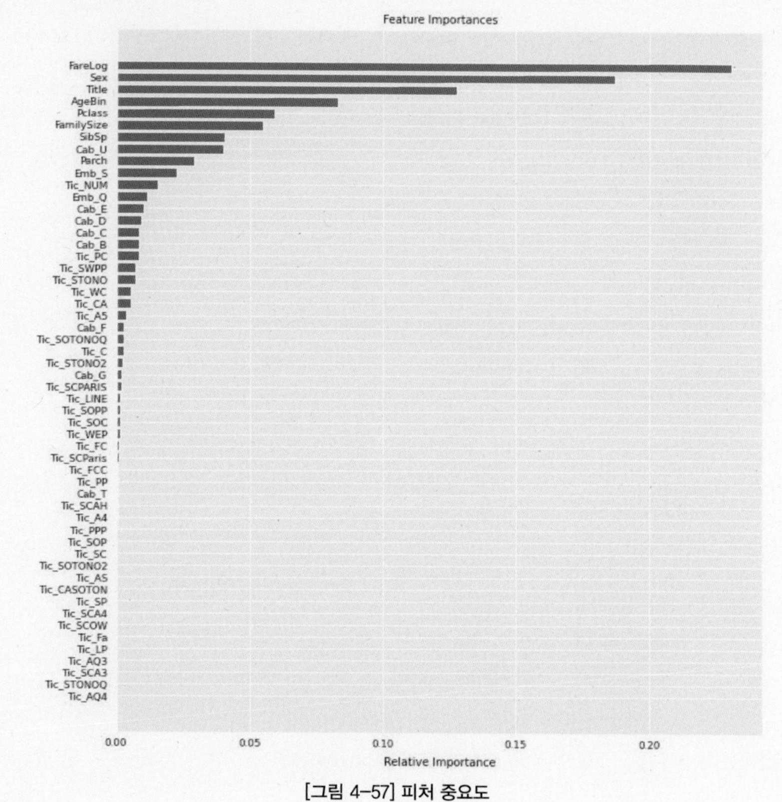

[그림 4-57] 피처 중요도

랜덤 포레스트 모델이 중요하게 고려한 10개 피처를 따로 추출해서 모델 학습을 해본다.

```
[64] # 상위 10개 피처만 선택
     selected_features = imp_features[:10]
     y_train = data.loc[data['TrainSplit']=='Train', 'Survived']
     X_train = data.loc[data['TrainSplit']=='Train', selected_features]
     X_test = data.loc[data['TrainSplit']=='Test', selected_features]
     print("Train 데이터셋 크기:", X_train.shape, y_train.shape)
     print("Test 데이터셋 크기:", X_test.shape)
```

```
Train 데이터셋 크기:(891, 10) (891,)
Test 데이터셋 크기:(418, 10)
```

10개 피처만을 가지고 랜덤 포레스트 모델을 같은 조건에서 재학습한다. 교차 검증에서 AUC 스코어가 오르는 것을 확인할 수 있다. 마찬가지로 데이콘 리더보드 점수도 약간 상승한다.

```
[65] # 랜덤 포레스트
     rf_model = RandomForestClassifier(random_state=2020)
     auc_scores = cross_val_score(rf_model, X_train, y_train, cv=5, scoring='roc_auc')
     print("개별 Fold의 AUC 점수:", np.round(auc_scores, 4))
     print("평균 AUC 점수:", np.round(np.mean(auc_scores), 4))
     rf_model.fit(X_train, y_train)
     y_test_pred = rf_model.predict(X_test)
     submission['Survived'] = y_test_pred.astype(int)
     submission_filepath = drive_path + 'baseline_rf_submission_002.csv'
     submission.to_csv(submission_filepath, index=False)
```

```
개별 Fold의 AUC 점수:[0.8679 0.8084 0.9028 0.8426 0.8849]
평균 AUC 점수:0.8613
```

XGBoost 모델을 사용해 본다. 교차 검증 단계에서 AUC 스코어가 올라가는 것을 확인할 수 있다.

```
[66] # XGBoost
     from xgboost import XGBClassifier
     xgb_model = XGBClassifier(max_depth=3, random_state=2020)
     auc_scores = cross_val_score(xgb_model, X_train, y_train, cv=3, scoring='roc_auc')
     print("개별 Fold의 AUC 점수:", np.round(auc_scores, 4))
     print("평균 AUC 점수:", np.round(np.mean(auc_scores), 4))
```

```
xgb_model.fit(X_train, y_train)
y_test_pred = xgb_model.predict(X_test)
submission['Survived'] = y_test_pred.astype(int)
submission_filepath = drive_path + 'baseline_xgb_submission_001.csv'    # LB
submission.to_csv(submission_filepath, index=False)
```

```
개별 Fold의 AUC 점수:[0.834  0.8867 0.9072]
평균 AUC 점수:0.876
```

6-3 분류 확률값

데이콘 리더보드 점수는 AUC 스코어로 계산된다. AUC 스코어를 계산할 때 분류 레이블(사망:0, 생존:1)을 사용하는 대신, 생존으로 분류할 확률값(0~1 범위)을 사용한다. 따라서 predict_proba로 분류 확률값을 예측하여 정답 파일을 만들면 데이콘 리더보드 점수가 개선된다.

```
[67] # 확률값 예측
y_xgb_proba = xgb_model.predict_proba(X_test)[:, 1]
y_rf_proba = rf_model.predict_proba(X_test)[:, 1]

# 앙상블 기법
y_proba = (y_xgb_proba + y_rf_proba) / 2
submission['Survived'] = y_proba
submission_filepath = drive_path + 'baseline_proba_submission_001.csv'
submission.to_csv(submission_filepath, index=False)
```

앞에서 XGBoost 모델과 랜덤 포레스트 모델의 분류 확률값을 앙상블(평균)하여 제출하면 리더보드 점수가 0.8169 수준으로 올라간다.

Tip 앞에서 사용한 기법들을 활용해 다른 시도를 하면, 점수를 더 올릴 여지가 많이 남아 있다. 예를 들어, 피처 선택을 다르게 가져가거나 원핫 인코딩을 다른 범주형 변수에 대해 적용해 보는 방법 등 각자 시도해 보자.

PART 05

딥러닝 입문

인공지능(AI) 분야에서 급성장하고 있는 딥러닝(Deep Learning)의
기본 구조에 대해 알아본다. 인공 신경망 모델을 구성해 보고,
앞에서 다룬 데이터셋을 사용하여 분류와 회귀 문제를 풀어본다.
인공 신경망 모델의 과대적합을 해소하고 모델 성능을 높일 수 있는
여러 가지 기법을 익히는 것을 목표로 한다.

01 인공 신경망의 구조

텐서플로(Tensorlfow) 2.0 기반의 고수준 API인 케라스(Keras)를 중심으로 딥러닝 모델을 구축하고 훈련하는 방법을 소개한다. 케라스는 딥러닝 모델을 간단한 함수 형태로 구현했기 때문에 배우기 쉽고, 대부분의 딥러닝 문제를 해결할 수 있을 만큼 성능도 뛰어난 편이다.

인공 신경망은 뇌 신경계의 정보 처리 구조를 모방하여 만든 컴퓨터 계산 알고리즘이다. 뇌 신경은 수많은 신경세포(뉴런, neuron)들이 연결되어 정보를 처리하고 전달한다. 신경세포는 신호를 입력받아 다음 신경세포에 출력 형태로 연결한다는 점에서 입력과 출력을 갖는 함수와 비슷하다. 인공 신경망은 이처럼 수많은 신경세포가 연결되는 뇌 신경계와 같이 수많은 함수를 서로 연결하여 복잡한 정보를 처리하는 네트워크 구조로 이해할 수 있다.

[그림 5-1]은 가장 단순한 형태의 초기 인공 신경망인 퍼셉트론(perceptron) 구조를 신경세포와 비교해 나타낸 것이다. *Wi*는 함수식의 가중치(함수의 계수)를 말하고, 딥러닝은 입력(*Xi*)과 출력(*y*)의 관계를 잘 설명할 수 있는 복잡한 함수식의 가중치를 찾는 과정을 말한다.

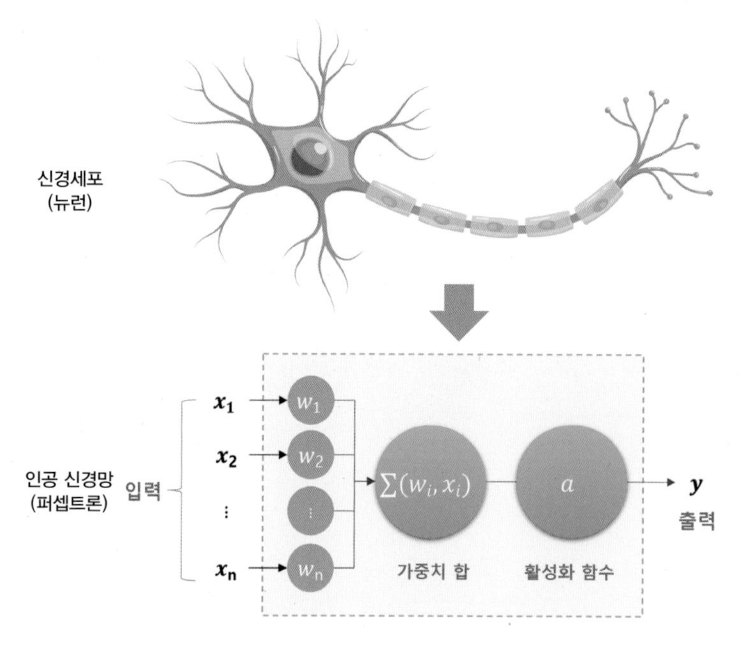

[그림 5-1] 신경세포 vs. 인공 신경망

1-1 활성화 함수

[그림 5-1]을 보면 인공 신경망은 입력값을 가중치와 곱하고 그 결과를 전부 더한다. 이렇게 가중 합산한 값을 활성화(activation) 함수에 입력하여 최종 출력으로 변환한다. 즉, 입력값들의 수학적 선형 결합을 다양한 형태의 비선형(또는 선형) 결합으로 변환하는 역할을 한다.

이진 분류에 사용되는 시그모이드(sigmoid) 함수를 예로 들어 보자. 머신러닝을 설명하면서 로지스틱 회귀 모델의 활성화 함수로 다룬 적이 있다. 입력이 0보다 커지면 시그모이드 함수의 출력은 1에 가까워지고, 반대로 입력이 0보다 작아지면 0에 가까워지는 형태이다. 따라서 출력은 0~1 사이의 범위에 존재하고 입력값을 확률로 변환하여 출력한다. 일반적으로 출력이 0.5보다 작으면 0으로 분류하고, 0.5보다 크면 1로 분류한다.

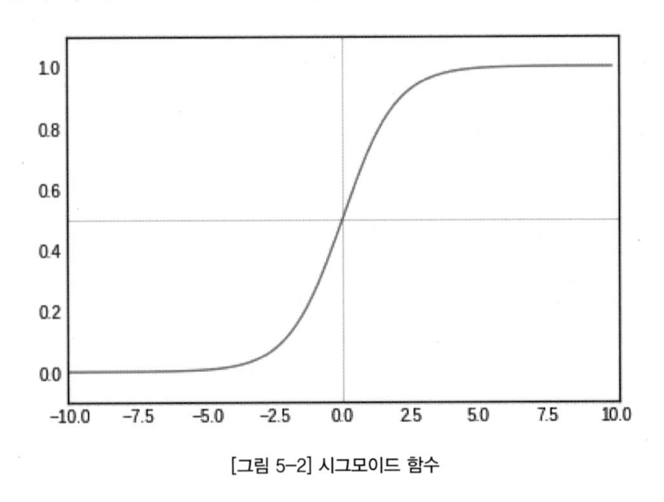

[그림 5-2] 시그모이드 함수

인공 신경망이 복잡한 문제를 잘 설명하는데 활성화 함수를 이용한 비선형 변환이 상당한 중요한 역할을 한다고 볼 수 있다. 실제로 어떤 활성화 함수를 적용하는지에 따라 딥러닝의 예측력에 상당한 차이가 발생한다. 문제 유형에 따라 다음과 같이 다른 종류의 활성화 함수를 적용한다.

문제 유형	목표 레이블	활성화 함수
회귀 예측	연속형(숫자형)	선형(linear)
이진 분류	이산형(범주형)	시그모이드(sigmoid)
다중 분류	이산형(범주형)	소프트맥스(softmax)

[표 5-1] 활성화 함수의 종류

1-2 손실 함수

손실 함수(loss function)는 인공 신경망이 출력하는 값과 실제 정답과의 차이를 말한다. 따라서 손실 함수가 작을수록 좋다. 딥러닝 학습을 통해 인공 신경망의 출력값과 실제값을 비교하여 그 차이를 최소화하는 가중치(W)와 편향의 조합을 찾는다. 일반적으로 문제 유형에 따라 다음과 같은 손실 함수를 적용한다.

문제	손실 함수
회귀 예측	평균제곱오차(mean_squared_error)
이진 분류	이진 교차 엔트로피(binary_crossentropy)
다중 분류	범주형 교차 엔트로피(categorical_crossentropy)

[표 5-2] 손실 함수의 종류

1-3 옵티마이저(최적화 알고리즘)

딥러닝 학습은 손실 함수를 최소화하는 인공신경망의 가중치와 편향을 찾는 과정이라고 정의한 바 있다. 손실 함수는 일반적으로 $J(W)$와 같이 가중치(W)의 함수로 나타낸다. 손실 함수 $J(W)$가 2차 함수와 같이 볼록 함수의 형태라면 미분으로 손실이 가장 작은 가중치(W^*)를 찾을 수 있다. 미분 개념이 잘 이해가 되지 않는다면 "아래로 볼록한 형태의 2차 함수 그래프에서 기울기(미분)가 0인 지점에서 최소값을 갖는다"는 중학교 수학시간에 배운 내용을 떠올려 보자.

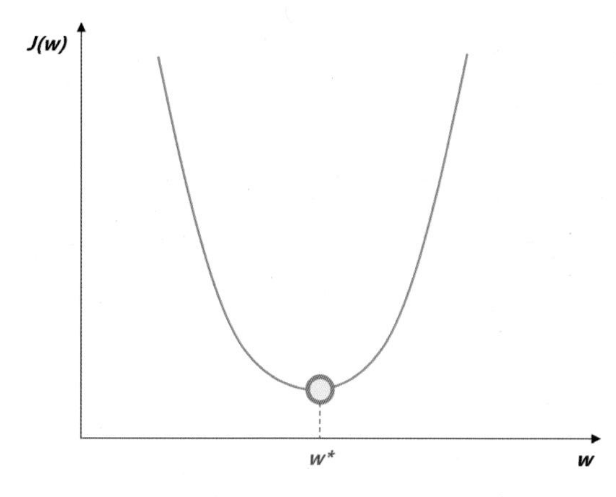

[그림 5-3] 볼록 함수의 최소값

하지만 딥러닝에서는 손실 함수의 형태가 복잡하므로 계산량이 매우 커지고, 미분이 0이 되는 값이 여러 개 존재하게 되므로 미분만으로 최소값을 찾기 어렵다. 이런 경우 경사하강법(Gradient Desent Method)과 같은 최적화 방법을 이용한다. 경사하강법은 손실 함수의 현재 위치에서 조금씩 손실이 낮아지는 쪽으로 가중치를 이동하면서 최소값을 찾는 방법이다.

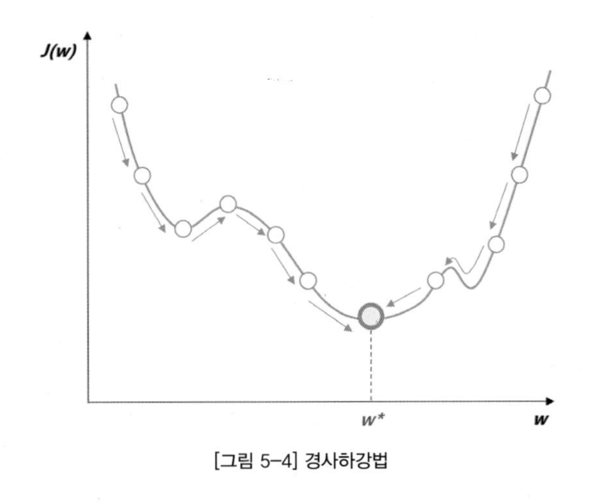

[그림 5-4] 경사하강법

손실 함수를 최소화하는 방향으로 가중치를 갱신하는 알고리즘을 옵티마이저(Optimizer)라고 부른다. 경사하강법에 기반을 둔 옵티마이저로는 SGD, RMSProp, Adagrad, Adam 등이 있다.

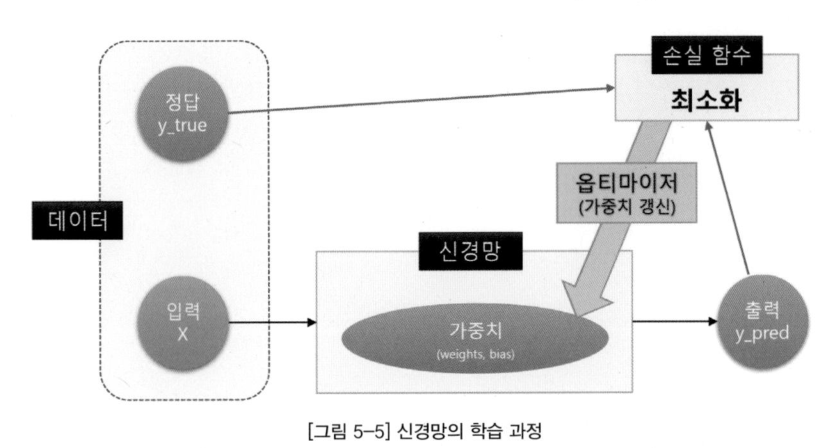

[그림 5-5] 신경망의 학습 과정

1-4 다층 신경망(MLP, Multi-Layer Perceptron)

인공 신경망은 일반적으로 여러 층의 레이어(층, layer)를 겹겹이 쌓아서 만든다. 입력 레이어와 출력 레이어가 신경망의 앞과 뒤에 위치하고, 그 사이에 여러 층의 은닉 레이어(hidden layer)를 배치한다. 각 레이어는 여러 개의 유닛(unit)으로 구성되고, 각 유닛은 하나의 퍼셉트론으로 이루어진다. 각 유닛은 입력값과 가중치를 갖고 활성화 함수를 거쳐 출력을 내보낸다. 인접한 두 레이어의 각 유닛은 서로 가중치(weight)를 갖는 연결선을 통해 이어지고 일대일 대응 관계를 갖는다. 이처럼 복잡한 아키텍처를 사용하여 데이터에 내재된 복잡한 관계를 파악할 수 있다.

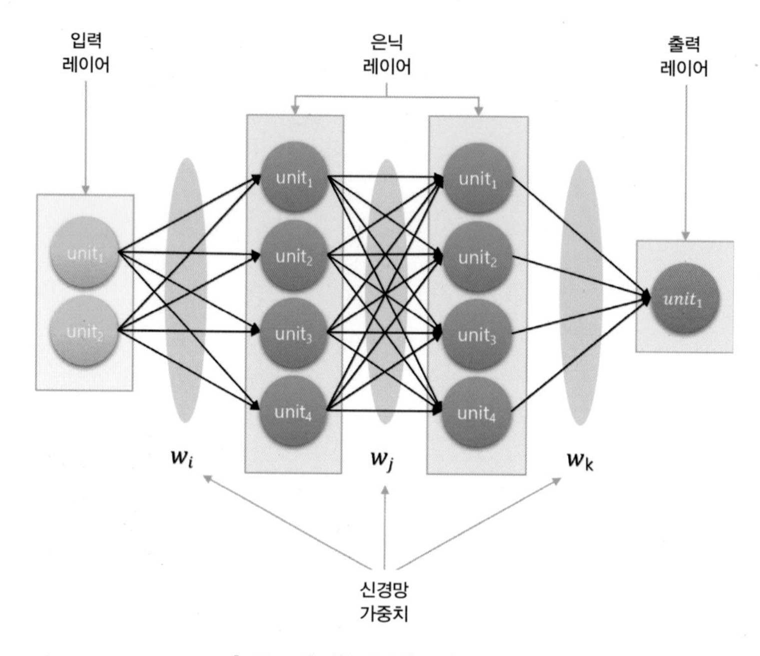

[그림 5-6] 다층 신경망(MLP) 아키텍처

02 간단한 딥러닝 모델 만들기

간단한 구조의 인공 신경망으로 1차 선형회귀식을 찾는 문제를 살펴보자. 텐서플로 라이브러리를 tf라는 이름으로 불러온다. __version__ 속성으로 버전을 확인한다.

〈소스〉 5.1_introduction.ipynb

```
[1] import tensorflow as tf
    print(tf.__version__)
```

```
2.3.0
```

모델 학습에 사용할 입력 데이터를 준비한다. y=x+1 관계를 갖는 숫자를 x, y 변수에 각각 10개씩 입력한다. x 변수의 숫자 배열을 (10행, 1열) 형태의 2차원 배열로 변환한다.

```
[2] import pandas as pd
    import numpy as np

    x = [-3,  31,  -11,  4,  0,  22, -2, -5, -25, -14]
    y = [ -2,   32,   -10,   5,  1,   23,  -1,  -4, -24,  -13]

    X_train = np.array(x).reshape(-1, 1)
    y_train = np.array(y)

    print(X_train.shape, y_train.shape)
```

```
(10, 1) (10,)
```

2-1 Sequential API

케라스 Sequential API는 레이어 여러 개를 연결하여 신경망 모델을 구성하는 도구이다. 간단한 아키텍처를 가지면서도 대부분의 딥러닝 모델을 만들 수 있다는 장점이 있다.

1개의 레이어만 사용하여 가장 단순한 형태의 신경망을 만들어 보자. Sequential 모델 인스턴스를 생성하고 add 메소드를 사용하여 완전 연결 레이어(Dense)를 모델에 추가한다. 입력 데이터의 차원(input_dim)은 모델 학습에 사용하는 설명 변수(피처)의 개수를 지정한다. 여기서는 1개의 피처를 사용하므로 1로 설정한다.

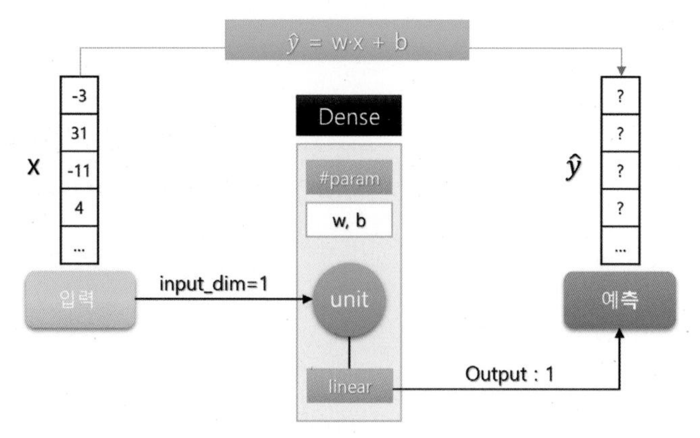

[그림 5-7] 단일 레이어 모델 아키텍처

완전 연결 레이어의 출력값은 목표 레이블(Y)을 예측한다. 한 개의 연속형 수치(주택 가격)를 예측하는 회귀 문제이므로 유닛(unit) 개수는 1이다. 활성화(activation) 함수로 'linear' 옵션을 지정하여 선형 함수의 출력을 그대로 사용한다.

```
[3]  from tensorflow.keras import Sequential
     from tensorflow.keras.layers import Dense

     model = Sequential()
     model.add(Dense(units=1, activation='linear', input_dim=1))
```

Tip Sequential API보다 복잡한 모델 아키텍처를 만들 때는 함수형(Functional) API를 사용한다. 이 책에서는 자세한 설명을 생략한다.

summary 메소드를 이용하여 모델 아키텍처(구조)를 확인한다. 딥러닝 모델이 학습할 모수(파라미터 : Param #)는 2개이다. 일차함수의 기울기(회귀계수)와 절편(상수항)이다.

```
[4]  model.summary()

     Model:"sequential"
     ________________________________________________
     Layer (type)          Output Shape          Param #
     ================================================
     dense (Dense)         (None, 1)             2
     ================================================
     Total params:2
     Trainable params:2
     Non-trainable params:0
     ________________________________________________
```

2-2 모델 컴파일

모델이 훈련하는데 필요한 기본 설정을 compile 함수에 지정한다. 옵티마이저(optimizer)와 손실 함수(loss)를 설정한다. adam 옵티마이저를 선택하고 회귀 분석의 손실 함수인 평균제곱오차(mse)를 지정한다. metrics 옵션에 보조 평가 지표를 추가할 수 있다. 여기서는 평균절대오차(mae)를 추가하여 손실 함수를 모니터링할 때 함께 추적하기로 한다.

```
[5] model.compile(optimizer='adam', loss='mse', metrics=['mae'])
```

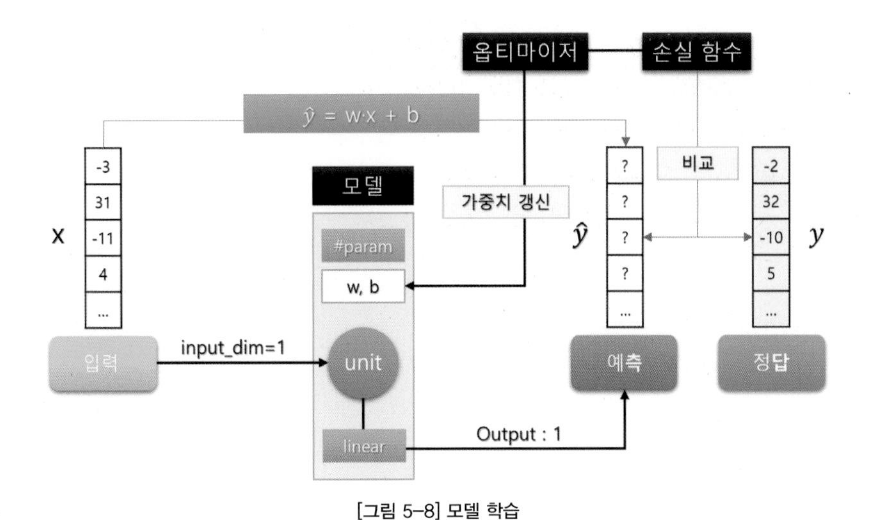

[그림 5-8] 모델 학습

2-3 모델 학습 및 예측

fit 메소드에 훈련 데이터를 입력하여 모델을 학습시킨다. 컴파일 단계에서 설정한 adam 옵티마이저와 mse 손실 함수를 가지고 최적의 가중치와 편향을 찾는다. 에포크(epoch)는 전체 입력 데이터를 모두 몇 번 학습할 것인지 반복 횟수를 정한다. verbose 옵션을 False(0)로 지정하면 훈련 과정을 화면에 보여주지 않는다. 훈련 과정을 표시하려면 1 또는 2를 입력한다.

```
[6] model.fit(X_train, y_train, epochs=3000, verbose=0)
```

```
<tensorflow.python.keras.callbacks.History at 0x7f6493736978>
```

학습을 마친 딥러닝 모델의 가중치를 확인하려면 weights 속성을 보면 된다. 기울기에 해당하는 가중치(kernel:0)와 절편에 해당하는 편향(bias:0) 모두 1에 가까운 값을 갖는다. 따라서 모델 학습을 통해 일차함수 관계식을 매우 근사하게 찾아낸 것으로 볼 수 있다.

```
[7] model.weights
```

```
[<tf.Variable 'dense/kernel:0' shape=(1, 1) dtype=float32, numpy=array([[0.9999991]],
dtype=float32)>,
<tf.Variable 'dense/bias:0' shape=(1,) dtype=float32, numpy=array([0.9997138],
dtype=float32)>]
```

테스트 데이터(X)를 predict 메소드에 입력하면 목표 레이블(Y)에 대한 예측값을 얻을 수 있다.

```
[8] model.predict([[11], [12], [13]])
```

```
array([[11.999704],
       [12.999703],
       [13.999702]], dtype=float32)
```

03 딥러닝을 활용한 회귀 분석: 보스턴 주택 가격 예측

앞에서 다룬 머신러닝 회귀 문제인 보스턴 주택 가격 데이터셋을 다시 활용한다. 먼저 필요한 기본 라이브러리를 불러온다. random은 난수 발생 라이브러리다.

〈소스〉 5.2_boston_regression.ipynb

```
[1] import pandas as pd
    import numpy as np
    import random
    import tensorflow as tf
    print(tf.__version__)
```

```
2.3.0
```

난수 발생에 관련된 랜덤 시드를 고정한다. 딥러닝 모델의 재현성을 높이기 위해 가능한 모든 랜덤 시드를 미리 고정해 두는 것이 좋다.

```
[2] # 랜덤 시드 고정
    SEED=12
    random.seed(SEED)
    np.random.seed(SEED)
    tf.random.set_seed(SEED)
    print("시드 고정:", SEED)
```

```
시드 고정:12
```

3-1 데이터 전처리

사이킷런 데이터셋으로부터 보스턴 주택 가격 데이터를 가져와 입력 데이터(X_data)와 목표 레이블(y_data)을 구분한다. 입력은 13개의 피처로 구성되고, 출력에 해당하는 목표 레이블은 506개의 원소를 갖는 1차원 벡터다.

```
[3] # skleran 데이터셋에서 보스턴 주택 데이터셋 로딩
    from sklearn import datasets
    housing = datasets.load_boston()
    X_data = housing.data
```

```
y_data = housing.target
print(X_data.shape, y_data.shape)
```

```
(506, 13) (506,)
```

입력 데이터의 서로 다른 피처 값의 범위를 비슷한 크기로 맞춰 주면 딥러닝 모델의 성능을 확보하는데 유리하다. 피처 스케일링이라고 부른다.

[그림 5-9] 피처 스케일링

MinMaxScaler를 사용하여 입력 데이터(X_data)의 모든 피처 값을 0~1 범위로 정규화 처리한다.

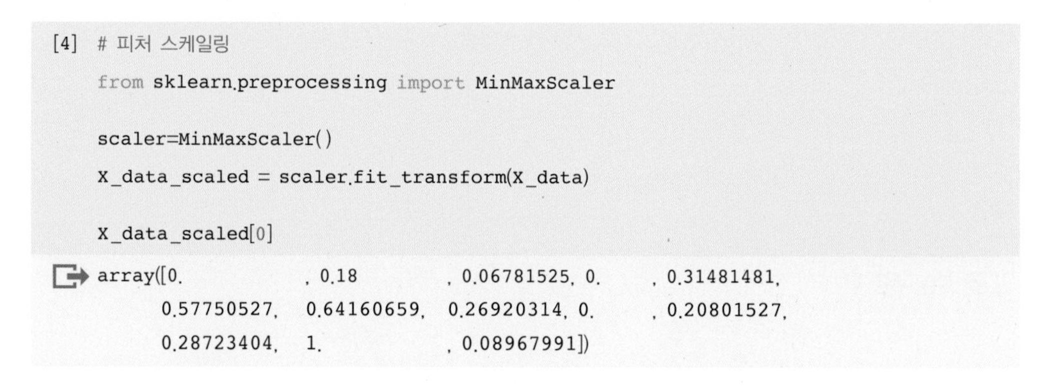

```
[4] # 피처 스케일링
    from sklearn.preprocessing import MinMaxScaler

    scaler=MinMaxScaler()
    X_data_scaled = scaler.fit_transform(X_data)

    X_data_scaled[0]
```

```
array([0.        , 0.18      , 0.06781525, 0.        , 0.31481481,
       0.57750527, 0.64160659, 0.26920314, 0.        , 0.20801527,
       0.28723404, 1.        , 0.08967991])
```

모델 학습에 사용하기 위하여 훈련 데이터(80%)와 검증 데이터(20%)를 분할한다.

```
[5] # 학습 - 테스트 데이터셋 분할
    from sklearn.model_selection import train_test_split
    X_train, X_test, y_train, y_test = train_test_split(X_data, y_data,
                                                        test_size=0.2,
                                                        shuffle=True,
                                                        random_state=SEED)
    print(X_train.shape, y_train.shape)
    print(X_test.shape, y_test.shape)
```

```
(404, 13) (404,)
(102, 13) (102,)
```

3-2 MLP 모델 아키텍처 정의

완전 연결(Dense) 레이어만 사용하여 5개 레이어를 갖는 다층 신경망(MLP)을 만든다. 레이어를 추가할 때는 add 함수를 사용한다. 은닉 레이어 4개는 각각 128개, 64개, 32개, 16개의 유닛을 갖는다. 입력 데이터의 피처가 13개이므로 첫 번째 Dense 레이어의 input_dim에 13을 지정한다.

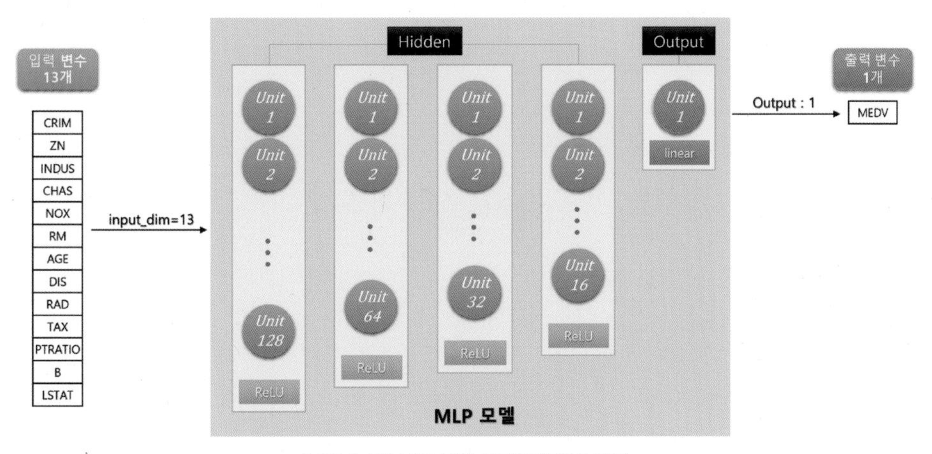

[그림 5-10] MLP 모델 아키텍처(회귀 문제)

목표 레이블이 한 개인 회귀 문제이기 때문에 마지막 출력 레이어는 1개의 유닛을 갖고 선형 함수를 활성화 함수로 설정한다. 은닉 레이어의 활성화 함수로는 ReLU 함수를 많이 사용한다. ReLU 함수는 입력이 0보다 크면 그대로 출력하고, 0 이하는 0을 출력한다.

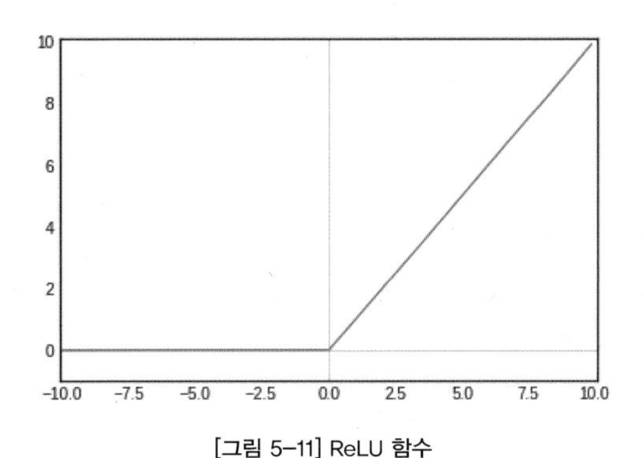

[그림 5-11] ReLU 함수

모두 12,673개의 모수(파라미터)를 갖는 MLP 모델이 생성된다. 모델의 레이어 개수와 각 레이어의 유닛 수를 변경하여 최적의 모델 아키텍처를 찾는 것이 필요하다. 어떤 레이어를 사용할 것인지, 레이어 몇 개를 사용할 것인지, 각 레이어의 유닛을 몇 개 사용할 것인지 등이 모두 모델 성능에 영향을 준다. 따라서 다양한 모델을 비교하여 성능을 업그레이드한다.

```
[6] # 심층 신경망
    from tensorflow.keras import Sequential
    from tensorflow.keras.layers import Dense
    def build_model(num_input=1):
        model = Sequential()
        model.add(Dense(128, activation='relu', input_dim=num_input))
        model.add(Dense(64, activation='relu'))
        model.add(Dense(32, activation='relu'))
        model.add(Dense(16, activation='relu'))
        model.add(Dense(1, activation='linear'))

        model.compile(optimizer='adam', loss='mse', metrics=['mae'])

        return model

    model = build_model(num_input=13)
    model.summary()
```

```
Model:"sequential"
_________________________________________________________________
Layer (type)                 Output Shape              Param #
=================================================================
dense_10 (Dense)             (None, 128)               1792
_________________________________________________________________
dense_11 (Dense)             (None, 64)                8256
_________________________________________________________________
dense_12 (Dense)             (None, 32)                2080
_________________________________________________________________
dense_13 (Dense)             (None, 16)                528
_________________________________________________________________
dense_14 (Dense)             (None, 1)                 17
=================================================================
Total params:12,673
Trainable params:12,673
Non-trainable params:0
_________________________________________________________________
```

3-3 미니 배치 학습

모델을 훈련시킬 때 샘플 데이터를 한 개씩 입력해서 가중치를 갱신하려면 학습 시간이 오래 걸리는 문제가 있다. 미니 배치 학습은 전체 데이터를 여러 개의 작은 배치 단위로 나누고 배치에 들어 있는 샘플 데이터를 묶어서 모델에 입력한다. 배치 단위로 경사하강법을 적용하고 손실 함수를 최소화하는 방향으로 가중치를 업데이트한다.

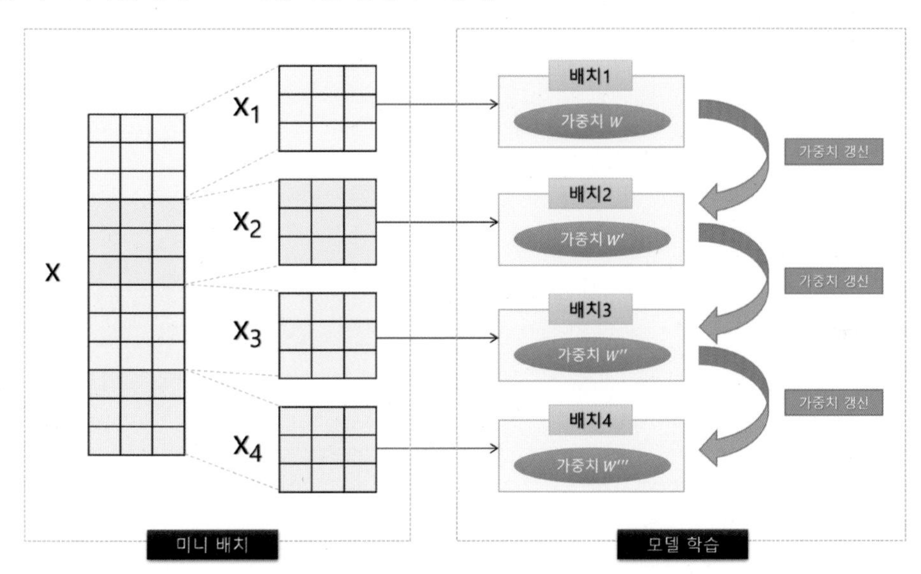

[그림 5-12] 4개의 미니 배치(Mini Batch)로 구분하는 예제

다음의 예제에서 전체 입력 데이터를 32개씩 구분하여 배치를 만든다. 훈련 데이터의 샘플 개수는 404개이므로 32개씩 묶으면 모두 13개의 미니 배치가 만들어진다(404÷32=12.6).
전체 데이터를 한꺼번에 입력하지 않고, 32개씩 나누어 입력하므로 메모리 부담이 작아지는 장점도 있다. 실행 결과를 보면 매 에포크가 진행될 때마다 손실 함수의 출력값이 감소하고 있으므로 학습이 잘 진행되는 것으로 볼 수 있다. 마지막 100번째 에포크가 끝났을 때 훈련 데이터에 대한 손실 함수(loss)는 8.80이고 metrics 옵션에 추가한 보조 지표인 mae는 2.05이다.

```
[7] # 모델 훈련
    model.fit(X_train, y_train, epochs=100, batch_size=32, verbose=2)
```

```
Epoch 1/100
13/13 - 0s - loss:562.7947 - mae:21.8309
Epoch 2/100
13/13 - 0s - loss:488.1955 - mae:19.9646

          …(중략)…

Epoch 99/100
13/13 - 0s - loss:8.9041 - mae:2.1119
Epoch 100/100
13/13 - 0s - loss:8.8035 - mae:2.0561
<tensorflow.python.keras.callbacks.History at 0x7f68e9630828>
```

evaluate 함수에 테스트 데이터를 입력하여 모델의 일반화 성능을 평가한다. loss는 11.93이고 mae는 2.57이다. 검증 손실이 훈련 손실보다 크기 때문에 과대적합으로 판단된다. 배치 크기에 따라 모델 성능이 달라질 수 있기 때문에 모델을 설계할 때 중요하게 고려해야 한다.

```
[8] # 평가
    model.evaluate(X_test, y_test)
```

```
4/4 [==============================] - 0s 2ms/step - loss:11.9346 - mae:2.5706
[11.93463134765625, 2.5706279277801514]
```

3-4 교차 검증

학습 데이터 일부(여기서는 25%)를 검증 데이터를 사용하여 교차 검증을 해본다. fit 메소드의 validation_split 옵션에 테스트 데이터셋 비율을 입력하면 된다. 마지막 200번째 에포크 학습이 끝났을 때 훈련 손실이 검증 손실보다 작은 값이므로 과대적합 상태로 판단된다.

```
[9]  model = build_model(num_input=13)
     history = model.fit(X_train, y_train, batch_size=32, epochs=200,
                         validation_split=0.25, verbose=2)
```

```
Epoch 1/200
10/10 - 0s - loss:566.7573 - mae:21.9385 - val_loss:515.1504 - val_mae:20.7047
Epoch 2/200
10/10 - 0s - loss:503.1967 - mae:20.4027 - val_loss:426.7216 - val_mae:18.3588

        …(중략)…

Epoch 199/200
10/10 - 0s - loss:3.3821 - mae:1.4316 - val_loss:10.0479 - val_mae:2.1454
Epoch 200/200
10/10 - 0s - loss:3.2377 - mae:1.3466 - val_loss:9.8072 - val_mae:2.1347
```

훈련 손실(loss)과 검증 손실(val_loss)을 그래프로 나타낸다. 가로축에는 에포크(epoch)를 놓고 세로축에 손실 함수 값을 표시한다. 모델은 10에포크까지 매우 빠른 속도로 학습이 되고, 이후 점차 완만하게 학습 속도가 낮아지면서 그래프가 평평해지는 추이를 보인다.

```
[10] import matplotlib.pyplot as plt
     def plot_loss_curve(total_epoch=10, start=1):
         plt.figure(figsize=(5, 5))
         plt.plot(range(start, total_epoch + 1),
                  history.history['loss'][start-1:total_epoch],
                  label='Train')
         plt.plot(range(start, total_epoch + 1),
                  history.history['val_loss'][start-1:total_epoch],
                  label='Validation')
         plt.xlabel('Epochs')
         plt.ylabel('mse')
         plt.legend()
```

```
    plt.show()

plot_loss_curve(total_epoch=200, start=1)
```

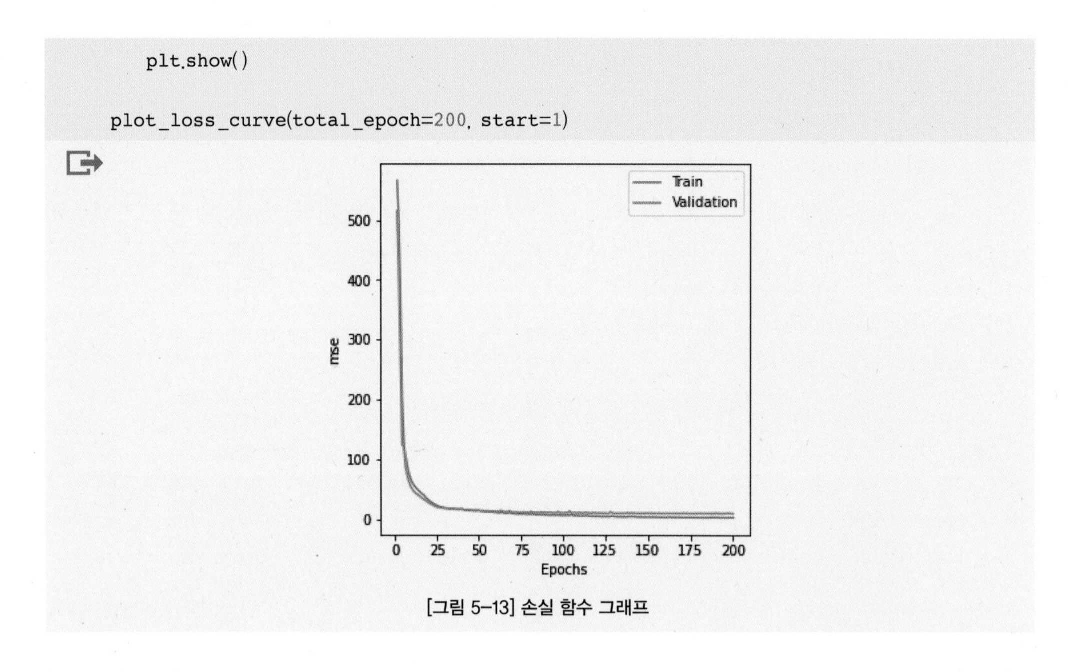

[그림 5-13] 손실 함수 그래프

20에포크 이후의 손실 함수를 그린다. 앞의 그래프에서는 훈련 손실과 검증 손실 간에 차이가 드러나지 않았지만, 다음의 그래프를 보면 40에포크 이후 과대적합이 커지는 것을 볼 수 있다.

```
[11] plot_loss_curve(total_epoch=200, start=20)
```

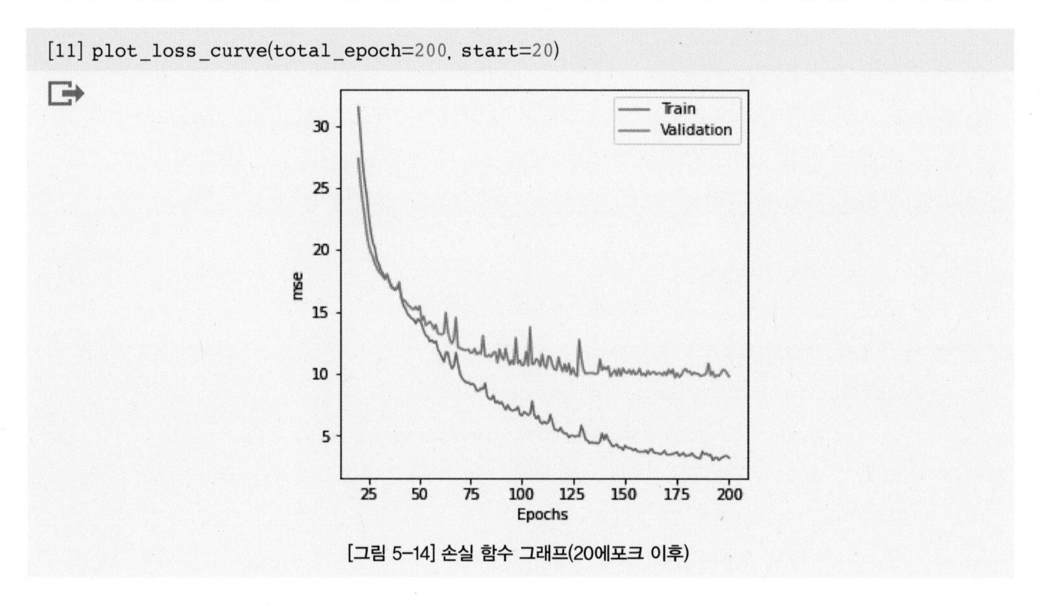

[그림 5-14] 손실 함수 그래프(20에포크 이후)

04 딥러닝을 활용한 분류 예측:와인 품질 등급 판별

데이콘(dacon.io)에서 제공하는 "[화학] 와인 품질 분류" 데이터셋을 활용한다. 메인 화면 상단의 [교육] 메뉴에서 선택하거나 검색을 통해 대회 페이지에 접속한다. 그리고 [데이터] 탭에 들어가서 데이터셋을 PC로 다운로드 받는다.

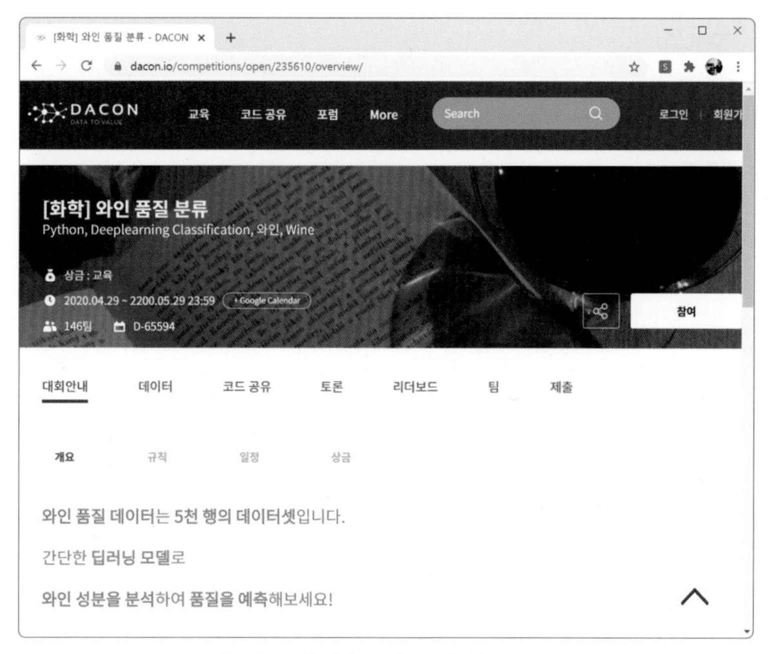

[그림 5-15] 데이콘 교육 - 와인 품질 분류

필요한 기본 라이브러리를 불러오고 랜덤 시드를 고정한다.

〈소스〉 5.3_wine_classification.ipynb

```
[1] # 필수 라이브러리
    import pandas as pd
    import numpy as np
    import random
    import tensorflow as tf

    # 랜덤 시드 고정
    SEED=12
    random.seed(SEED)
```

```
np.random.seed(SEED)
tf.random.set_seed(SEED)
print("시드 고정:", SEED)
```

```
시드 고정:12
```

구글 드라이브에 마운트한다. [내 드라이브] 안에 wine 폴더를 만들고, 데이콘에서 다운로드 받은 데이터 파일을 업로드한다.

```
[2] # 구글 드라이브 마운트
    from google.colab import drive
    drive.mount('/gdrive')
```

```
Drive already mounted at /gdrive; to attempt to forcibly remount, call
drive.mount("/gdrive", force_remount=True).
```

4-1 데이터 전처리

wine 폴더에 업로드한 3개의 CSV 파일을 불러와 데이터프레임으로 변환한다.

```
[3] # 데이콘 사이트에서 다운로드한 CSV 파일 읽어오기
    drive_path = "/gdrive/My Drive/"

    train = pd.read_csv(drive_path + "wine/train.csv")
    test = pd.read_csv(drive_path + "wine/test.csv")
    submission = pd.read_csv(drive_path + "wine/sample_submission.csv")

    print(train.shape, test.shape, submission.shape)
```

```
(5497, 14) (1000, 13) (1000, 2)
```

train 데이터의 내용을 살펴본다. 목표 변수는 와인 품질을 나타내는 quality 열이다.

```
[4] train.head(2)
```

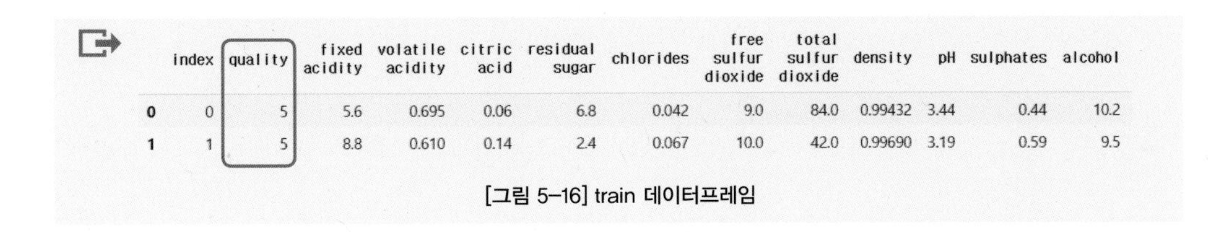

	index	quality	fixed acidity	volatile acidity	citric acid	residual sugar	chlorides	free sulfur dioxide	total sulfur dioxide	density	pH	sulphates	alcohol
0	0	5	5.6	0.695	0.06	6.8	0.042	9.0	84.0	0.99432	3.44	0.44	10.2
1	1	5	8.8	0.610	0.14	2.4	0.067	10.0	42.0	0.99690	3.19	0.59	9.5

[그림 5-16] train 데이터프레임

제출 파일의 양식을 보면 와인 품질을 나타내는 quality 열에 예측값을 입력해야 한다.

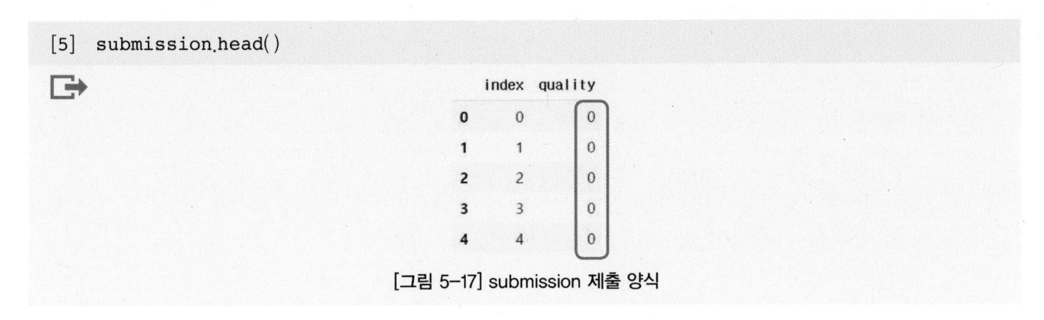

```
[5] submission.head()
```

	index	quality
0	0	0
1	1	0
2	2	0
3	3	0
4	4	0

[그림 5-17] submission 제출 양식

type 열의 데이터를 살펴본다. 화이트 와인(white)이 4159개, 레드 와인(red)이 1338개이다.

```
[6] train['type'].value_counts()
```

```
white    4159
red      1338
Name:type, dtype:int64
```

type 열의 범주형 데이터는 문자열 값을 갖는다. 모델 학습에 입력하려면 숫자형 데이터로 변환해야 한다. 화이트 와인을 나타내는 'white' 문자열을 숫자 1로 바꾸고, 레드 와인을 나타내는 'red' 문자열을 숫자 0으로 변환한다.

```
[7] train['type'] = np.where(train['type']=='white', 1, 0).astype(int)
    test['type'] = np.where(test['type']=='white', 1, 0).astype(int)
    train['type'].value_counts()
```

```
1    4159
0    1338
Name:type, dtype:int64
```

Tip 머신러닝 파트에서 다룬 LabelEncoder를 사용하는 레이블 인코딩 방법도 있다.

이번에는 목표 변수인 quality 열의 데이터 개수를 확인한다. 6등급 와인의 개수가 가장 많다.

```
[8] train['quality'].value_counts()
```

```
6    2416
5    1788
7     924
4     186
8     152
3      26
9       5
Name:quality, dtype:int64
```

목표 변수는 연속형 숫자 데이터가 아니라, 와인 등급을 나타내는 범주형 데이터이다. 케라스 to_categorical 함수를 이용하여 목표 변수를 원핫 인코딩 변환한다.

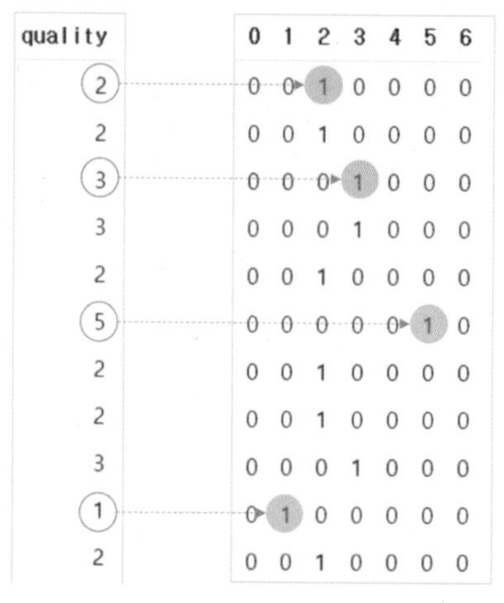

[그림 5-18] 원핫 벡터 변환(원핫 인코딩)

원핫 인코딩을 하기 전에 숫자 3을 차감하여 와인 등급을 0~6 범위로 바꾼다. 와인 등급은 3~9까지 모두 7개 클래스로 구분되는데, 3~9 범위 값으로 원핫 인코딩을 하면 숫자 0부터 최대값인 9까지 10개 클래스로 인식하기 때문이다.

```
[9] from tensorflow.keras.utils import to_categorical

    y_train = to_categorical(train.loc[:, 'quality'] - 3)
    y_train
```

```
array([[0., 0., 1., ..., 0., 0., 0.],
       [0., 0., 1., ..., 0., 0., 0.],
```

```
       [0., 0., 1., ..., 0., 0., 0.],
       ...,
       [0., 0., 0., ..., 1., 0., 0.],
       [0., 0., 1., ..., 0., 0., 0.],
       [0., 0., 0., ..., 0., 0., 0.]], dtype=float32)
```

모델 학습에 사용할 피처를 선택하고, MinMax 스케일링으로 모든 피처 변수의 데이터를 0~1 범위로 정규화 변환한다. 이때 훈련 데이터(X_train)로 정규화 학습을 하고, 같은 조건을 검증 데이터(X_test)에 적용하여 변환하는 점에 유의한다.

```
[10] # 피처 선택
     X_train = train.loc[:, 'fixed acidity':]
     X_test = test.loc[:, 'fixed acidity':]

     # 피처 스케일링
     from sklearn.preprocessing import MinMaxScaler
     scaler=MinMaxScaler()
     scaler.fit(X_train)
     X_train_scaled = scaler.fit_transform(X_train)
     X_test_scaled = scaler.fit_transform(X_test)

     print(X_train_scaled.shape, y_train.shape)
     print(X_test_scaled.shape)
```

```
(5497, 12) (5497, 7)
(1000, 12)
```

4-2 모델 설계:드랍아웃 활용

완전 연결 레이어(Dense) 4개 층으로 구성되는 신경망 모델을 구성한다. 모델의 과대적합을 방지하기 위하여 드랍아웃(Dropout) 레이어를 추가한다. 드랍아웃은 입력 레이어와 은닉 레이어 간의 연결 중 일부를 랜덤으로 제거한 상태에서 학습하는 기법이다. 결과적으로 유닛 사이에 연결된 가중치 수를 줄이는 효과를 얻기 때문에 과대적합을 방지할 수 있다.

미니 배치 단위로 학습할 때마다 연결 네트워크에서 제거되는 가중치가 달라지므로 매번 다른 네트워크 구조를 갖는 모델을 얻게 된다. 즉, 앙상블 효과가 있어 모델 성능이 개선된다.

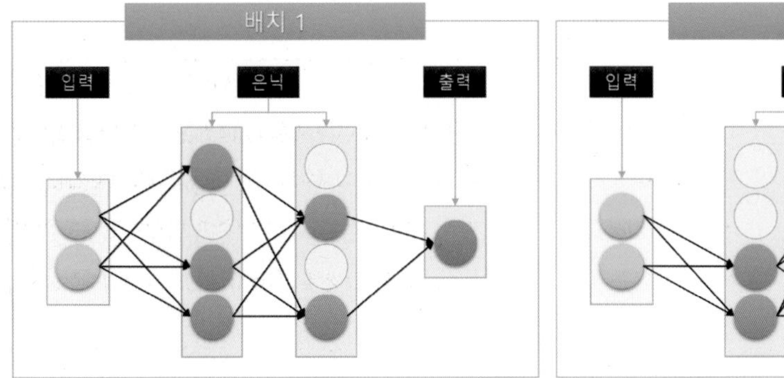

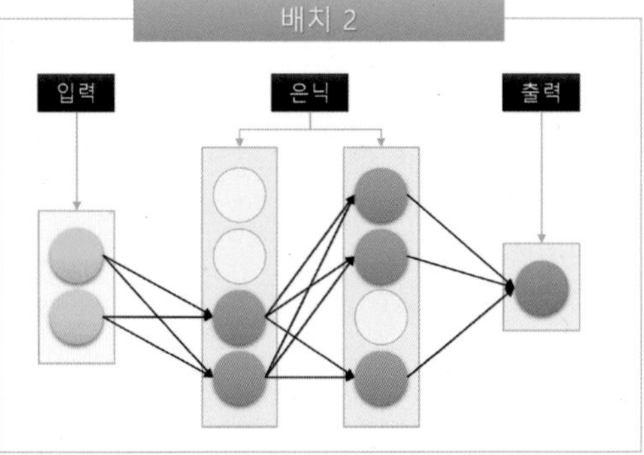

[그림 5-19] 드랍아웃 레이어

Dense 레이어 뒤에 Dropout 레이어를 추가하고, dropout rate를 설정한다. 0.2로 설정하면 20% 확률로 랜덤하게 연결을 제거하게 된다. 은닉 레이어의 활성화 함수로 tanh를 사용해 본다. 다중 분류 모델이므로 마지막 출력 레이어의 활성화 함수는 softmax를 적용한다. 옵티마이저는 RMSProp, 손실 함수는 categorical_crossentropy를 지정한다. metrics 옵션에 여러 개의 보조 평가 지표를 입력할 수 있다. 여기서는 acc(정확도)와 mae(평균절대값오차)를 지정한다.

```
[11] # 심층 신경망 모델
    from tensorflow.keras import Sequential
    from tensorflow.keras.layers import Dense, Dropout

    def build_model(train_data, train_target):
        model = Sequential()
        model.add(Dense(128, activation='tanh', input_dim=train_data.shape[1]))
        model.add(Dropout(0.2))
        model.add(Dense(64, activation='tanh'))
        model.add(Dropout(0.2))
        model.add(Dense(32, activation='tanh'))
        model.add(Dense(train_target.shape[1], activation='softmax'))

        model.compile(optimizer='RMSProp', loss='categorical_crossentropy',
                      metrics=['acc', 'mae'])

        return model

    model = build_model(X_train_scaled, y_train)
    model.summary()
```

```
Model:"sequential"
_________________________________________________________________
Layer (type)                 Output Shape              Param #
=================================================================
dense (Dense)                (None, 128)               1664
_________________________________________________________________
dropout (Dropout)            (None, 128)               0
_________________________________________________________________
dense_1 (Dense)              (None, 64)                8256
_________________________________________________________________
dropout_1 (Dropout)          (None, 64)                0
_________________________________________________________________
dense_2 (Dense)              (None, 32)                2080
_________________________________________________________________
dense_3 (Dense)              (None, 7)                 231
=================================================================
Total params:12,231
Trainable params:12,231
Non-trainable params:0
_________________________________________________________________
```

Tip tanh 함수는 −1~+1 사이의 출력 범위를 갖는다. 입력값이 0 근처일 때는 학습율이 좋지만, 입력값이 커지거나 작아지는 경우 기울기(가중치)가 0에 가까워지므로 학습이 이루어지지 않는 문제가 생긴다. ReLU 함수에 비하여 사용 빈도가 낮은 편이다.

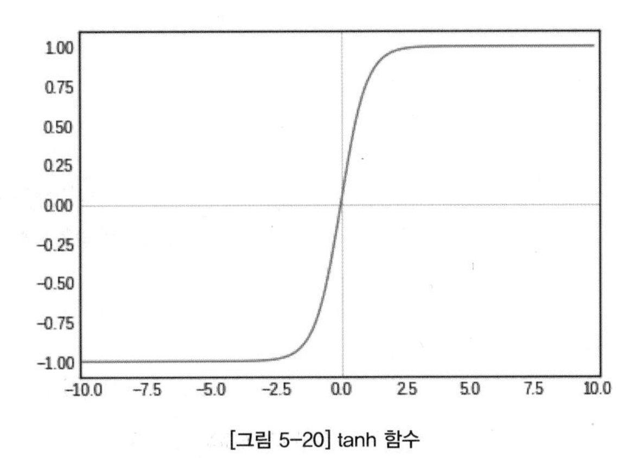

[그림 5-20] tanh 함수

4-3 콜백 함수:Early Stopping 기법

콜백(callback) 함수를 사용하면 모델 학습 과정을 세밀하게 컨트롤할 수 있다. 가장 많이 사용되는 방법 중에 Early Stopping이 있다. 딥러닝 모델 학습에서 에포크 수를 늘려 학습을 계속 반복하면 훈련 데이터에 대한 오차(손실 함수)를 계속 낮출 수 있다. 하지만 과대적합을 일으켜 테스트 데이터를 포함한 새로운 데이터에 대한 예측력이 나빠지는 문제가 발생한다.

이때 Early Stopping을 사용하면 과대적합이 발생하기 직전에 학습을 멈출 수 있다. 홀드아웃으로 검증 데이터를 분할하고, 검증 데이터에 대한 모델 성능이 일정 에포크 동안 좋아지지 않으면 모델 학습을 중단한다. 이때 허용되는 에포크 수를 patience 옵션에 설정한다. 다음의 예제는 200에포크로 설정되어 있지만, 학습 중 10에포크 동안 연속하여 검증 데이터에 대한 손실 함수(val_loss)가 줄어들지 않으면 학습을 멈춘다.

```
[12] # Early Stopping 기법
     from sklearn.model_selection import train_test_split
     from tensorflow.keras.callbacks import EarlyStopping

     X_tr, X_val, y_tr, y_val = train_test_split(X_train_scaled, y_train, test_size=0.15,
                                                 shuffle=True, random_state=SEED)

     early_stopping = EarlyStopping(monitor='val_loss',  patience=10)
     history = model.fit(X_tr, y_tr, batch_size=64, epochs=200,
                         validation_data=(X_val, y_val),
                         callbacks=[early_stopping],
                         verbose=2)
```

```
Epoch 1/200
73/73 - 0s - loss:1.3005 - acc:0.4574 - mae:0.1930 - val_loss:1.1688 - val_acc
: 0.5055 - val_mae:0.1808
Epoch 2/200
73/73 - 0s - loss:1.1752 - acc:0.5015 - mae:0.1779 - val_loss:1.1034 - val_acc:
0.5430 - val_mae:0.1732

        …(중략)…

Epoch 53/200
73/73 - 0s - loss:1.0379 - acc:0.5531 - mae:0.1632 - val_loss:1.0257 - val_acc
: 0.5673 - val_mae:0.1608
Epoch 54/200
73/73 - 0s - loss:1.0376 - acc:0.5567 - mae:0.1627 - val_loss:1.0265 - val_acc
: 0.5576 - val_mae:0.1614
```

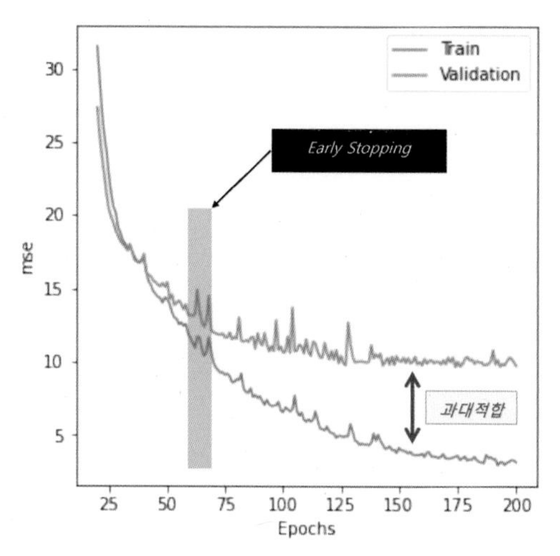

[그림 5-21] Early Stopping(조기 종료)

Early Stopping으로 학습을 멈추면 모델은 학습이 중지된 상태의 가중치로 고정된다. 검증 데이터에 대한 모델 성능을 evaluate 함수로 평가하면 앞의 실행 결과에서 54에포크가 종료된 상태에서의 평가 지표 값(val_loss, val_acc, val_mae)과 동일하다는 것을 알 수 있다.

```
[13] model.evaluate(X_val, y_val)
```

```
26/26 [==============================] - 0s 1ms/step - loss:1.0265 - acc:
0.5576 - mae:0.1614
[1.0264517068862915, 0.5575757622718811, 0.16143734753131866]
```

4-4 예측값 정리 및 파일 제출

테스트 데이터를 predict 함수에 입력하면 목표 변수의 각 클래스에 대한 확률값을 반환한다. 다중 분류 문제로 마지막 레이어의 활성화 함수를 softmax로 사용했기 때문이다.

```
[14] # test 데이터에 대한 예측값 정리
     y_pred_proba = model.predict(X_test)
     y_pred_proba[:5]
```

```
array([[9.47426248e-04, 6.51338184e-03, 1.07454561e-01, 6.22603416e-01,
        2.17842266e-01, 4.44285981e-02, 2.10311497e-04],
       [3.37807485e-03, 2.81181000e-02, 8.08466911e-01, 1.52429342e-01,
        7.13104848e-03, 4.59584000e-04, 1.69139166e-05],
       [5.04492735e-03, 1.34563502e-02, 4.53614473e-01, 4.81525809e-01,
        3.60224396e-02, 1.01609509e-02, 1.75175010e-04],
       [3.16306017e-03, 2.47096531e-02, 4.85043049e-01, 4.44753528e-01,
        3.69130187e-02, 5.17660752e-03, 2.41071990e-04],
       [1.51876360e-03, 2.17930879e-03, 1.87265258e-02, 2.98122764e-01,
        5.55454612e-01, 1.21920586e-01, 2.07743281e-03]], dtype=float32)
```

앞에서 출력한 첫 번째 원소를 보면 7개 클래스에 대한 예측 확률값이 순서대로 표시되어 있다. 4번째 원소(클래스 3)의 확률값이 가장 높다. 넘파이 argmax 함수를 사용하면 가장 값이 큰 원소의 인덱스 값을 얻을 수 있다. 따라서 7개 확률값 중에서 가장 큰 원소가 있는 인덱스 3을 출력한다.

하지만 모델이 예측한 값을 그대로 제출하면 안 된다. 데이터 전처리를 할 때 목표 변수의 값에서 3을 차감했기 때문이다. 모델 예측값에 3을 더하면 목표 레이블 값을 복원할 수 있다. 따라서 첫 번째 테스트 샘플에 대한 예측값은 6이 된다.

```
[15] y_pred_label = np.argmax(y_pred_proba, axis=-1) + 3
     y_pred_label[:5]
```

```
array([6, 5, 6, 5, 7])
```

앞에서 정리된 목표 레이블 값을 정수형(int)으로 변환해 주고, submission 데이터프레임의 quality 열에 입력한다. 첫 5행을 출력하여 내용이 잘 입력되었는지 확인한다.

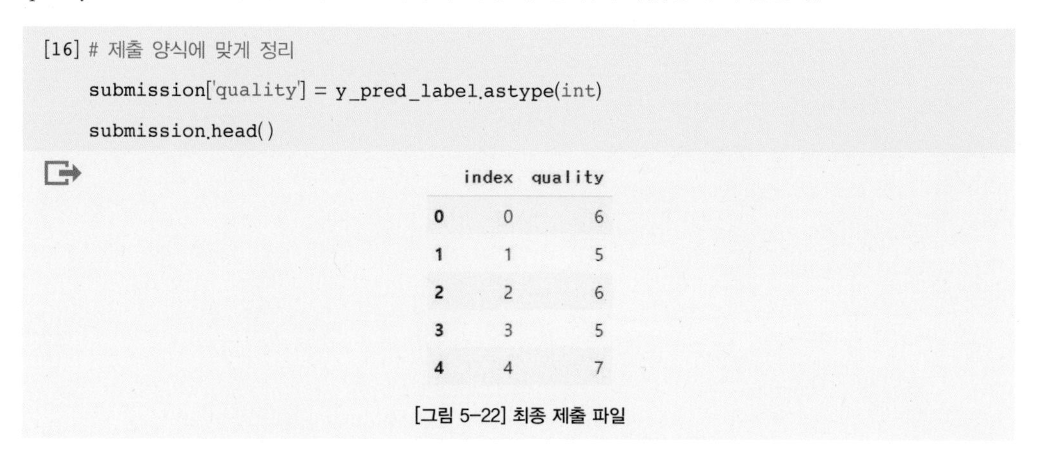

```
[16] # 제출 양식에 맞게 정리
     submission['quality'] = y_pred_label.astype(int)
     submission.head()
```

	index	quality
0	0	6
1	1	5
2	2	6
3	3	5
4	4	7

[그림 5-22] 최종 제출 파일

데이콘 대회 페이지의 [제출] 탭에 최종 파일을 제출하면 리더보드 평가 점수와 랭킹을 확인할 수 있다. 리더보드의 평가 점수는 0.51로 확인된다.

```
[17] # 제출 파일 저장
     submission.to_csv(drive_path + "wine/wine_dnn_001.csv", index=False)
```

Tip 모델 성능을 개선하여 리더보드 점수를 높이는 방법을 찾아 적용해 보자. 머신러닝 파트에서 배운 피처 엔지니어링 기법을 적용하거나, MLP 신경망 구조를 복잡하게 만드는 방법을 적용해 보는 것도 좋다. 딥러닝 모델의 하이퍼파라미터에 해당하는 배치 사이즈, 손실 함수, 옵티마이저 등을 변경해 보는 방법도 시도할 만하다.

PART 06
딥러닝 응용

딥러닝을 활용하는 다양한 분야의 사례를 살펴본다. 이미지 분류, 오토인코더, 전이학습, 자연어 처리, 시계열 분석 등 간단한 예제를 직접 실습하면서 기본 개념을 익히는 것을 목표로 한다.
합성곱 신경망(CNN), 순환 신경망(RNN) 등 최신 딥러닝 알고리즘 기본 구조와 파이썬 코드로 구현하는 방법을 익힌다.

01 이미지 분류:Fashion MNIST 의류 클래스 판별

딥러닝을 활용하여 해결할 수 있는 다른 유형의 문제를 예제로 다룬다. 이미지 분류, 자연어 처리 등 딥러닝 모델이 활발하게 적용되는 분야를 중심으로 기본적인 사용 방법을 배운다.

Fashion MNIST 데이터는 딥러닝 입문자들이 합성곱 신경망(CNN) 모델을 처음 배울 때 많이 이용된다. 28픽셀×28픽셀 크기의 이미지로 구성되어 있으며, 모두 10가지 종류(클래스)의 의류로 분류된다. 훈련 데이터 6만 개, 검증 데이터 1만 개로 구분된다.

먼저 분석에 필요한 필수 라이브러리와 랜덤 시드를 고정하고, 구글 드라이브에 마운트한다.

〈소스〉 6.1_fashion_mnist.ipynb

```
[1] # 라이브러리 설정
    import pandas as pd
    import numpy as np
    import tensorflow as tf
    import random

    # 랜덤 시드 고정
    SEED=12
    random.seed(SEED)
    np.random.seed(SEED)
    tf.random.set_seed(SEED)

    # 구글 드라이브 폴더 마운트
    from google.colab import drive, files
    drive.mount('/gdrive')
```

```
Mounted at /gdrive
```

1-1 데이터 전처리

데이콘(dacon.io) 교육 카테고리에서 "[이미지] Fashion MNIST : 의류 클래스 예측" 대회 페이지에 접속하여 데이터를 다운로드한다. 구글 드라이브 [내 드라이브] 안에 새로운 폴더(minist_data)를 만들어 파일을 업로드한다.

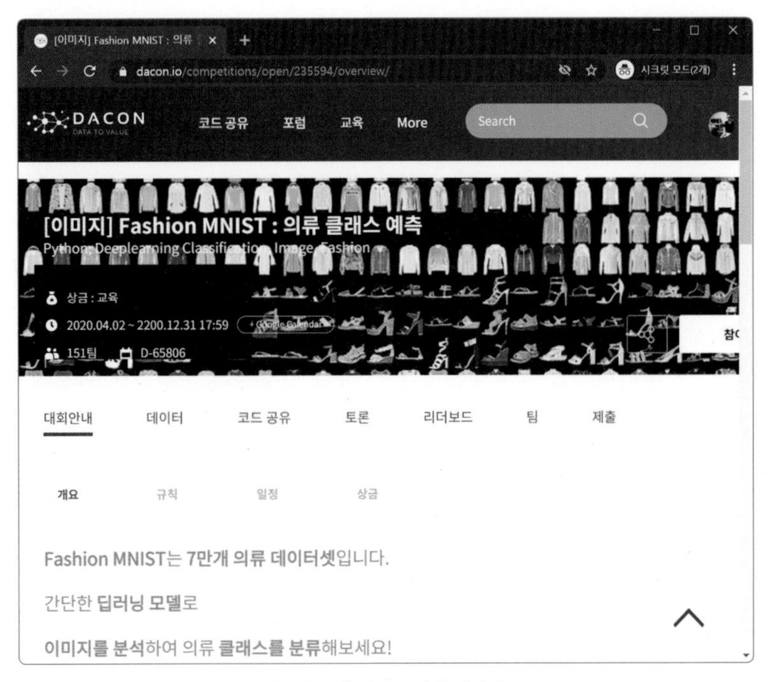

[그림 6-1] 데이콘 대회 페이지

판다스 read_csv 함수를 사용하여 데이터프레임으로 읽어온다. train 데이터에는 6만 개, test 데이터에는 1만 개 샘플이 들어 있는 것을 알 수 있다. 6만 개의 train 데이터를 사용하여 학습하고, 1만 개 test 데이터에 대한 예측값을 submission 파일에 정리해서 제출하는 문제다.

```
[2] # 데이콘 사이트에서 다운로드한 CSV 파일 읽어오기
    drive_path = "/gdrive/My Drive/"
    train = pd.read_csv(drive_path + "mnist_data/train.csv")
    test = pd.read_csv(drive_path + "mnist_data/test.csv")
    submission = pd.read_csv(drive_path + "mnist_data/sample_submission.csv")

    print(train.shape, test.shape, submission.shape)
```

```
(60000, 786) (10000, 785) (10000, 2)
```

train 데이터를 head 함수로 확인해 보면 데이터를 구분하는 고유 아이디를 나타내는 index 열, 정답 레이블인 label 열이 먼저 보인다. 이후로는 pixel1, pixel2, …. , pixel784까지 의류 이미지의 각 픽셀 값이 0~255 범위의 숫자로 입력되어 있다.

```
[3] # train 데이터 보기
    train.head()
```

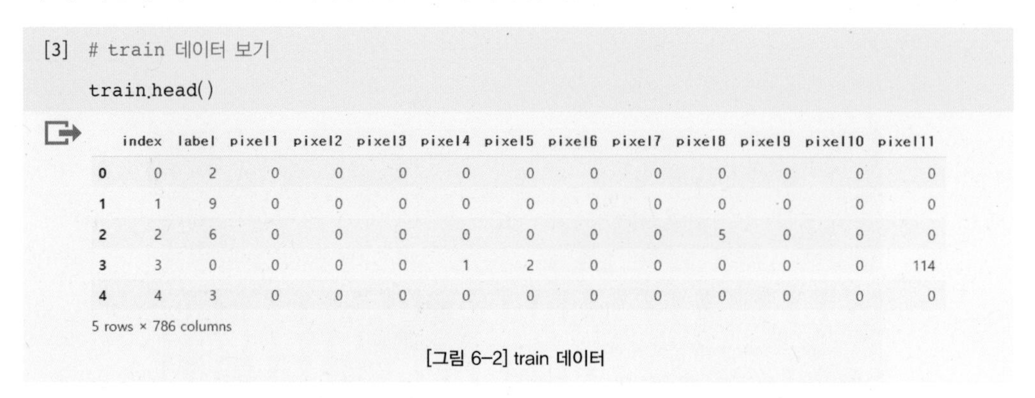

	index	label	pixel1	pixel2	pixel3	pixel4	pixel5	pixel6	pixel7	pixel8	pixel9	pixel10	pixel11
0	0	2	0	0	0	0	0	0	0	0	0	0	0
1	1	9	0	0	0	0	0	0	0	0	0	0	0
2	2	6	0	0	0	0	0	0	0	5	0	0	0
3	3	0	0	0	0	1	2	0	0	0	0	0	114
4	4	3	0	0	0	0	0	0	0	0	0	0	0

5 rows × 786 columns

[그림 6-2] train 데이터

데이콘에서 제공하는 샘플은 784개의 픽셀이 1차원 벡터 형태로 펼쳐진 상태로 주어진다. 실제 이미지 형태로 보기 위해서는 가로 28픽셀, 세로 28픽셀 형태로 변환하는 과정이 필요하다. 다음과 같이 reshape 함수를 사용하여 6만 개의 이미지를 얻을 수 있다.

```
[4] # train 데이터를 28*28 이미지로 변환
    train_images = train.loc[:, 'pixel1':].values.reshape(-1, 28, 28)
    train_images.shape
```

```
(60000, 28, 28)
```

앞에서 변환한 이미지 중에서 첫 번째 이미지를 직접 출력해 본다.

```
[5] # 첫 번째 이미지 출력
    import matplotlib.pyplot as plt
    plt.imshow(train_images[0]);
```

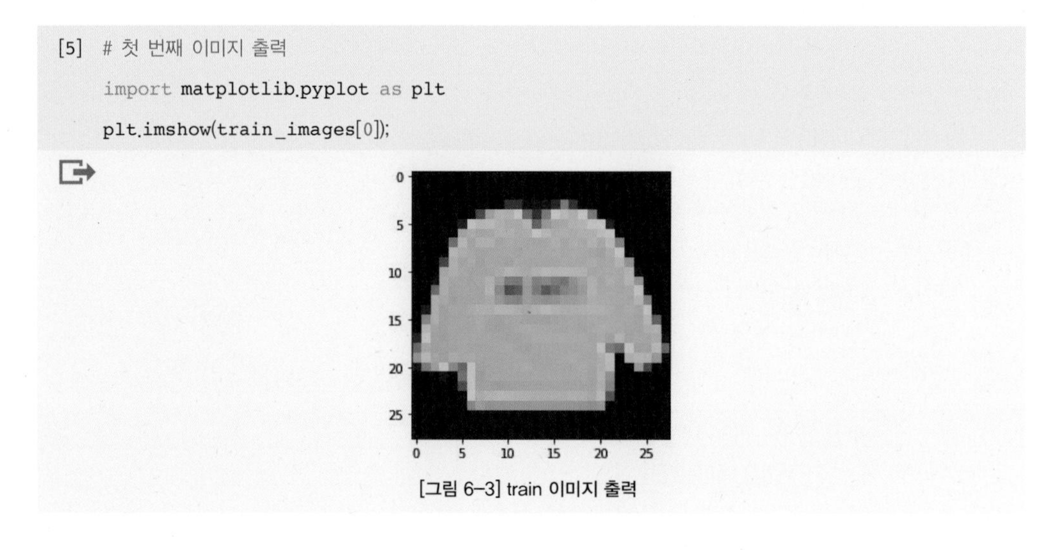

[그림 6-3] train 이미지 출력

분류 예측의 목표가 되는 레이블 값을 확인한다. 0~9 범위의 정수 레이블 형태다.

```
[6] # 목표 레이블
    y_train = train.loc[:, 'label']
    y_train.unique()
```

```
array([2, 9, 6, 0, 3, 4, 5, 8, 7, 1])
```

0~9 범위의 정수 레이블을 의류 종류를 나타내는 실제 레이블과 연결하여 확인해 본다. 첫 번째 train 데이터의 경우 정수 레이블은 2이고, 실제도는 Pullover(소매 달린 스웨터)를 나타낸다.

```
[7] # 숫자 레이블을 실제 레이블과 연결하여 확인
    target_values = {0:'T-shirt/top',
                     1:'Trouser',
                     2:'Pullover',
                     3:'Dress',
                     4:'Coat',
                     5:'Sandal',
                     6:'Shirt',
                     7:'Sneaker',
                     8:'Bag',
                     9:'Ankle boot'}
    print(y_train[0])
    print(target_values[y_train[0]])
```

```
2
Pullover
```

test 데이터를 가로 28픽셀, 세로 28픽셀 형태로 변환한다.

```
[8] # test 데이터를 28*28 이미지로 변환
    test_images = test.loc[:, 'pixel1':].values.reshape(-1, 28, 28)
    test_images.shape
```

```
(10000, 28, 28)
```

500번째 위치에 있는 테스트 이미지를 출력해 본다.

```
[9] # 500번째 test 이미지 출력
    plt.imshow(test_images[499]);
```

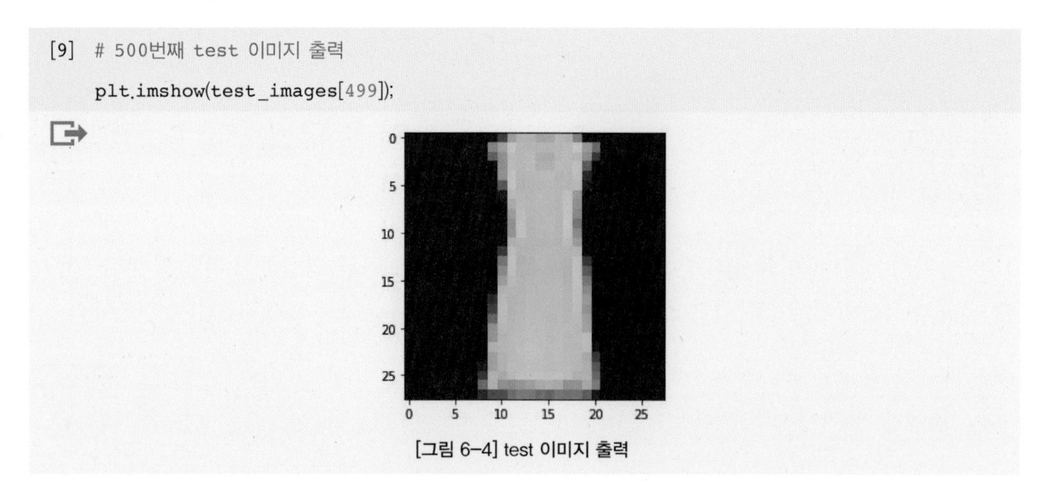

[그림 6-4] test 이미지 출력

딥러닝 학습에 입력하기 위해 데이터를 정규화 변환하는 과정이 중요하다. 이미지 픽셀은 0~255 범위의 값을 갖기 때문에, 255로 나누면 모든 픽셀이 0~1 범위로 축소된다.

```
[10] # 피처 스케일 맞추기
    X_train = train_images / 255.
    X_test = test_images / 255.
    print("최소값:", X_train[0].min())
    print("최대값:", X_train[0].max())
```

```
최소값:0.0
최대값:1.0
```

일반적으로 이미지는 가로 세로 픽셀 크기와 더불어 색상을 나타내는 3채널(Red, Green, Blue)을 추가하여 나타낸다. 합성곱 신경망(CNN)은 RGB 채널 값을 입력받은 것을 전제로 설계되어 있기 때문에 합성곱 신경망을 사용하기 위해서는 이미지 차원을 추가해야 한다. 넘파이 패키지의 expand_dims 함수를 사용하면 다음과 같이 데이터셋 배열에 채널이 추가된다.

```
[11] # 채널 차원 추가
    print("변환 전:", X_train.shape, X_test.shape)
    X_train = np.expand_dims(X_train, axis=-1)
    X_test = np.expand_dims(X_test, axis=-1)
    print("변환 후:", X_train.shape, X_test.shape)
```

```
변환 전:(60000, 28, 28) (10000, 28, 28)
변환 후:(60000, 28, 28, 1) (10000, 28, 28, 1)
```

1-2 홀드아웃 교차 검증을 위한 데이터셋 분할

학습 데이터(X_train, y_train)를 훈련 데이터(X_tr, y_tr)와 검증 데이터(X_val, y_val)로 구분한다. 20% 데이터를 검증용으로 할당하고 stratify 옵션을 사용하여 목표 레이블의 분포를 고려한다.

```
[12] # Train - Validation 데이터 구분
     from sklearn.model_selection import train_test_split
     X_tr, X_val, y_tr, y_val =  train_test_split(X_train, y_train, test_size=0.2,
                                                  stratify=y_train,
                                                  shuffle=True, random_state=SEED)
     print("학습 데이터셋 크기:", X_tr.shape, y_tr.shape)
     print("검증 데이터셋 크기:", X_val.shape, y_val.shape)
```

```
학습 데이터셋 크기:(48000, 28, 28, 1) (48000,)
검증 데이터셋 크기:(12000, 28, 28, 1) (12000,)
```

1-3 MLP 모델 학습

MLP 네트워크를 사용하여 학습해 본다. Flatten 레이어를 사용하면 가로 세로 형태의 이미지를 데이콘에서 다운받은 데이터와 같이 1차원 배열로 펼칠 수 있다. Dense 레이어 2개를 쌓은 신경망을 만들고, 출력 레이어의 유닛은 10(목표 레이블의 개수), 활성화 함수는 다중 분류 문제에 맞는 softmax로 설정한다. 따라서 784개의 입력을 받아 10개의 출력으로 변환한다.

```
[13] from tensorflow.keras.models import Sequential
     from tensorflow.keras.layers import Flatten, Dense
     mlp_model = Sequential()
     mlp_model.add(Flatten(input_shape=[28, 28]))
     mlp_model.add(Dense(units=64, activation='relu'))
     mlp_model.add(Dense(units=10, activation='softmax'))

     mlp_model.compile(optimizer='adam',
                       loss='sparse_categorical_crossentropy',
                       metrics=['acc'])

     mlp_model.summary()
```

```
Model:"sequential"
_________________________________________________________
Layer (type)                 Output Shape              Param #
=========================================================
flatten (Flatten)            (None, 784)               0
_________________________________________________________
dense (Dense)                (None, 64)                50240
_________________________________________________________
dense_1 (Dense)              (None, 10)                650
=========================================================
Total params:50,890
Trainable params:50,890
Non-trainable params:0
_________________________________________________________
```

Tip 정확도를 나타내는 보조 평가 지표를 입력할 때 'accuracy' 대신 'acc'라고 입력해도 된다.

배치 사이즈 64, 에포크 20으로 설정하고 홀드아웃 검증을 사용하여 학습한다. 훈련 데이터에 대한 정확도(acc)는 91.8%, 검증 정확도(val_acc)는 88.1%로 나타난다.

```
[14] mlp_history = mlp_model.fit(X_tr, y_tr, batch_size=64, epochs=20,
                                 validation_data=(X_val, y_val),
                                 verbose=2)
```

```
Epoch 1/20
750/750 - 2s - loss:0.5735 - acc:0.8021 - val_loss:0.4506 - val_acc:0.8426
Epoch 2/20
750/750 - 1s - loss:0.4224 - acc:0.8495 - val_loss:0.4086 - val_acc:0.8578

            … (중략)…

Epoch 19/20
750/750 - 1s - loss:0.2340 - acc:0.9147 - val_loss:0.3316 - val_acc:0.8868
Epoch 20/20
750/750 - 1s - loss:0.2274 - acc:0.9181 - val_loss:0.3522 - val_acc:0.8813
```

앞에서 학습한 모델의 히스토리(mlp_history) 정보를 이용하여 손실 함수 그래프를 그린다. history 객체는 fit 함수가 반환하는데, 콜백 함수의 일종이다. 모델 학습의 과정을 기록하기 때문에 에포크별 손실 함수, 보조 평가 지표를 불러와 확인할 수 있다.

다음의 예제는 훈련 데이터에 대한 손실 함수(loss), 검증 데이터에 대한 손실 함수(val_loss) 값을 가져와 그래프를 그린다. 가로축은 에포크를 나타내고 세로축은 손실 함수 값을 나타낸다. 20에포크가 진행되는 동안 훈련 오차는 계속 감소하지만, 검증 오차는 0.34 수준에서 횡보하는 추세를 보인다. 3번째 에포크부터 훈련 오차가 검증 오차보다 낮아지기 시작하여 과대적합이 발생한 것으로 판단할 수 있다.

```
[15] # 손실 함수 그래프
     def plot_loss_curve(history, total_epoch=10, start=1):
         plt.figure(figsize=(5, 5))
         plt.plot(range(start, total_epoch + 1),
                  history.history['loss'][start-1:total_epoch],
                  label='Train')
         plt.plot(range(start, total_epoch + 1),
                  history.history['val_loss'][start-1:total_epoch],
                  ='Validation')
         plt.xlabel('Epochs')
         plt.ylabel('Loss')
         plt.legend()
         plt.show()

     plot_loss_curve(history=mlp_history, total_epoch=20, start=1)
```

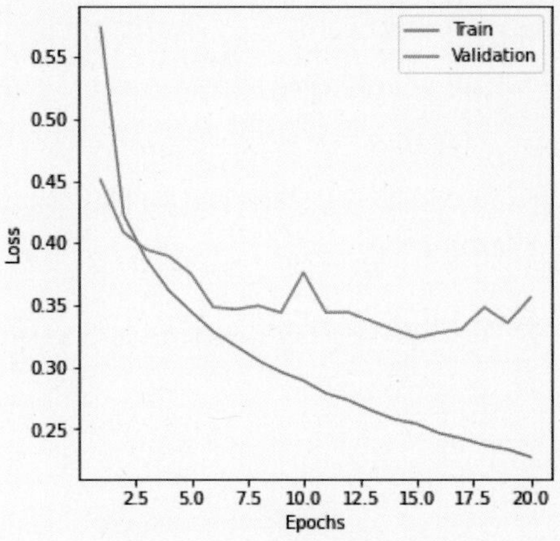

[그림 6-5] MLP 모델의 손실 함수 그래프

1-4 합성곱 신경망(CNN)

합성곱 신경망(CNN, Convolutional Neural Network)은 이미지에 합성곱(convolution) 필터(filter 또는 kernel)를 적용하여 시각적 특징을 추출하는 딥러닝 알고리즘을 말한다. 이미지를 컴퓨터 학습에 사용하려면 숫자 데이터로 변환해야 한다. 보통 이미지 픽셀 값을 0~255 범위의 숫자로 나타내고, RGB 색상에 따라 채널을 추가한다. [세로 픽셀 크기, 가로 픽셀 크기, 채널 크기] 형태를 갖는 3차원 벡터로 표현된다. [그림 6-6]에서 단일 색상을 갖는 흑백 이미지는 1채널이므로 (28, 28, 1) 형태를 갖고, 컬러 이미지는 3채널을 표현하기 위하여 (28, 28, 3) 형태로 나타낸다.

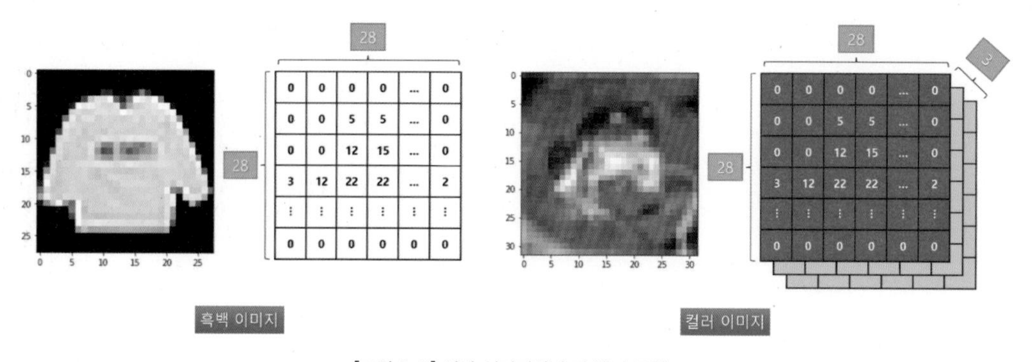

[그림 6-6] 시각 이미지의 숫자 벡터 표현

합성곱 연산은 입력 데이터에 필터를 적용하여 동일한 위치의 원소들끼리 곱한 값을 다시 더한다. [그림 6-7]은 5×5 크기의 이미지 데이터에 2×2 크기의 필터를 적용하는 합성곱 과정을 보여준다. 입력 이미지의 왼쪽 위부터 필터를 위에 겹쳐 놓는다고 생각한다. 같은 위치에 있는 숫자끼리 곱하고, 그 값들을 다시 더해서 출력 이미지에 표시한다. 이 과정을 한 칸씩 오른쪽으로 이동하면서 반복한다. 그리고 다시 아래쪽으로 한 칸 이동하여 계속 반복한다.
출력 이미지의 크기는 [입력 이미지의 세로 크기 - 필터의 세로 크기+1, 원래 이미지의 세로 크기 - 필터의 세로 크기+1]이 된다. 따라서 (5-2+1)(5-2+1) = 44 형태가 된다.

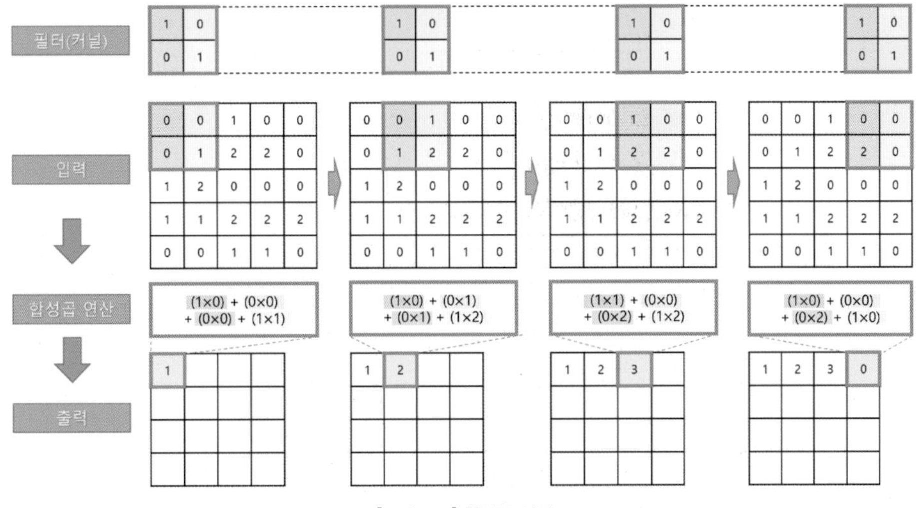

[그림 6-7] 합성곱 연산

풀링(pooling)은 풀링 크기(pooling size)로 입력 이미지를 겹치지 않게 나누고, 각 구역에서 최대값 또는 평균값을 계산하는 방식으로 이미지의 크기를 줄이는 연산을 말한다. 각 구역에서 최대값을 선택하는 연산을 최대 풀링(max pooling)이라고 하고, 평균값을 선택하는 연산을 평균 풀링(average pooling)이라고 한다. 입력 이미지의 크기를 줄여서 계산량을 줄일 수 있다.

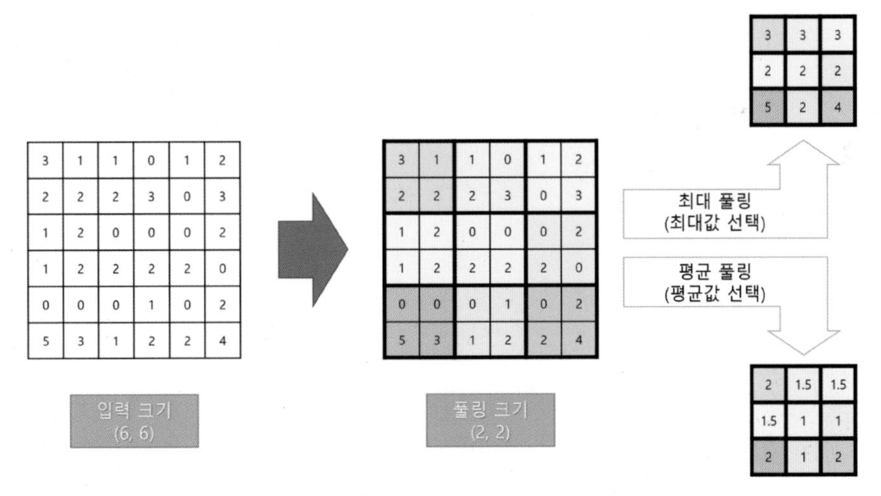

[그림 6-8] 풀링 연산

이번에는 합성곱 신경망을 사용해서 Fashion MNIST 데이터를 학습해 본다. 합성곱 연산을 하는 Conv2D 레이어 뒤에 최대 풀링 연산을 MaxPooling2D 레이어를 연결한다. 입력 이미지의 특징을 추출하는 역할을 한다.

추출된 피처를 분류기 역할을 하는 완전 연결 신경망에 전달하여 최종 출력을 만든다. 최종 출력은 softmax 함수를 거쳐 의류 클래스별 확률값이 된다.

Conv2D 레이어에 16개의 합성곱 필터를 적용하고 커널 크기는 3×3으로 설정한다. 최대 풀링은 2×2 크기로 적용한다. 최종적으로 약 17만 개의 파라미터를 갖는 합성곱 신경망이 만들어진다.

```
[16] from tensorflow.keras.layers import Conv2D, MaxPooling2D
     cnn_model = Sequential()
     cnn_model.add(Conv2D(filters=16, kernel_size=(3, 3),
                          activation='relu', input_shape=[28, 28, 1]))
     cnn_model.add(MaxPooling2D(pool_size=(2, 2)))
     cnn_model.add(Flatten())
     cnn_model.add(Dense(units=64, activation='relu'))
     cnn_model.add(Dense(units=10, activation='softmax'))

     cnn_model.compile(optimizer='adam',
                       loss='sparse_categorical_crossentropy',
                       metrics=['acc'])

     cnn_model.summary()
```

```
Model:"sequential_1"
_________________________________________________________________
Layer (type)                 Output Shape              Param #
=================================================================
conv2d (Conv2D)              (None, 26, 26, 16)        160
_________________________________________________________________
max_pooling2d (MaxPooling2D) (None, 13, 13, 16)        0
_________________________________________________________________
flatten_1 (Flatten)          (None, 2704)              0
_________________________________________________________________
dense_2 (Dense)              (None, 64)                173120
_________________________________________________________________
dense_3 (Dense)              (None, 10)                650
=================================================================
Total params:173,930
Trainable params:173,930
Non-trainable params:0
_________________________________________________________________
```

배치 사이즈 64, 에포크 20으로 설정하고 홀드아웃 검증을 사용하여 학습한다. 20에포크 학습을 마친 상태에서 훈련 정확도(acc)는 97.5%, 검증 정확도(val_acc)는 91.5%로 나타난다. MLP 모델로 예측했을 때보다 정확도가 개선된 것으로 판단된다.

```
[17] cnn_history = cnn_model.fit(X_tr, y_tr, batch_size=64, epochs=20,
                                 validation_data=(X_val, y_val),
                                 verbose=2)
```

```
Epoch 1/20
750/750 - 2s - loss:0.4935 - acc:0.8278 - val_loss:0.3727 - val_acc:0.8675
Epoch 2/20
750/750 - 2s - loss:0.3334 - acc:0.8818 - val_loss:0.3097 - val_acc:0.8919

        … (중략)…

Epoch 19/20
750/750 - 2s - loss:0.0791 - acc:0.9726 - val_loss:0.3006 - val_acc:0.9139
Epoch 20/20
750/750 - 2s - loss:0.0729 - acc:0.9752 - val_loss:0.3215 - val_acc:0.9150
```

합성곱 신경망 모델의 손실 함수 그래프를 그린다. 훈련 오차는 계속 감소하지만 검증 오차는 0.3 수준에서 횡보하다가 상승하는 추이를 보인다. 과대적합이 발생한 것으로 보인다.

```
[18] plot_loss_curve(history=cnn_history, total_epoch=20, start=1)
```

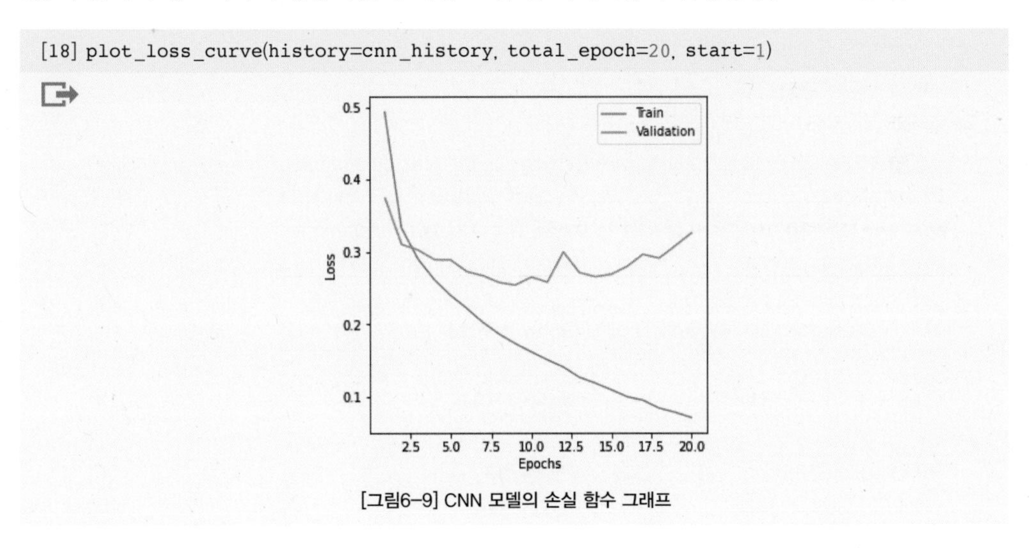

[그림6-9] CNN 모델의 손실 함수 그래프

1-5 과대적합 방지

드랍아웃(dropout)을 사용하여 모델 구조를 가볍게 만들면 과대적합을 해소할 수 있다. 완전 연결 신경망의 Dense 레이어 사이에 드랍아웃 레이어를 추가한다.

```
[19] from tensorflow.keras.layers import Dropout
     def build_cnn():
         model = Sequential()
         model.add(Conv2D(filters=16, kernel_size=(3, 3),
                          activation='relu', input_shape=[28, 28, 1]))
         model.add(MaxPooling2D(pool_size=(2, 2)))
         model.add(Flatten())
         model.add(Dense(units=64, activation='relu'))
         model.add(Dropout(rate=0.5))
         model.add(Dense(units=10, activation='softmax'))

         model.compile(optimizer='adam',
                       loss='sparse_categorical_crossentropy',
                       metrics=['acc'])

         return model

     cnn_model = build_cnn()
     cnn_model.summary()
```

```
Model:"sequential_21"
_________________________________________________________________
Layer (type)                 Output Shape              Param #
=================================================================
conv2d_20 (Conv2D)           (None, 26, 26, 16)        160
_________________________________________________________________
max_pooling2d_20 (MaxPooling (None, 13, 13, 16)        0
_________________________________________________________________
flatten_21 (Flatten)         (None, 2704)              0
_________________________________________________________________
dense_42 (Dense)             (None, 64)                173120
_________________________________________________________________
dropout_19 (Dropout)         (None, 64)                0
_________________________________________________________________
dense_43 (Dense)             (None, 10)                650
=================================================================
```

```
Total params:173,930
Trainable params:173,930
Non-trainable params:0
_________________________________________________________
```

과대적합을 방지하는 또 다른 방법인 Early Stopping 콜백 함수를 함께 적용한다. 10에포크 동안 모델 성능이 개선되지 않으면 모델 학습을 멈추고 최종 모델 가중치를 저장한다.

```
[20] from tensorflow.keras.callbacks import EarlyStopping

     early_stopping = EarlyStopping(monitor='val_loss',  patience=10)

     cnn_history = cnn_model.fit(X_tr, y_tr, batch_size=64, epochs=100,
                                  validation_data=(X_val, y_val),
                                  callbacks=[early_stopping],
                                  verbose=0)
```

손실 함수 그래프를 보면 드랍아웃 레이어의 효과로 과대적합은 상당히 해소된 것으로 보인다. 그리고 Early Stopping에 의해 검증 정확도가 90%를 약간 상회하는 수준에서 학습이 종료되었다.

```
[21] # 20 epoch까지 손실 함수와 정확도를 그래프로 나타내기
     start=1
     end=20

     fig, axes = plt.subplots(1, 2, figsize=(10, 5))

     axes[0].plot(range(start, end+1), cnn_history.history['loss'][start-1:end],
                  label='Train')
     axes[0].plot(range(start, end+1), cnn_history.history['val_loss'][start-1:end],
                  label='Validation')
     axes[0].set_title('Loss')
     axes[0].legend()

     axes[1].plot(range(start, end+1), cnn_history.history['acc'][start-1:end],
                  label='Train')
     axes[1].plot(range(start, end+1), cnn_history.history['val_acc'][start-1:end],
                  label='Validation')
     axes[1].set_title('Accuracy')
     axes[1].legend()
     plt.show()
```

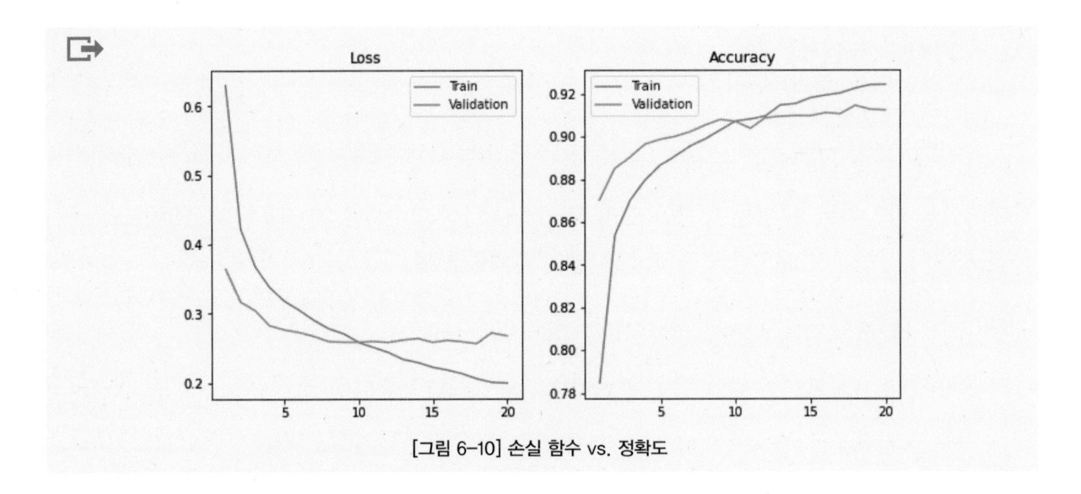

[그림 6-10] 손실 함수 vs. 정확도

검증 데이터를 입력하여 모델 성능을 평가한다. 손실 함수인 mse는 0.29, 보조 평가 지표인 정확도는 0.91로 확인된다.

```
[22] cnn_model.evaluate(X_val, y_val)
```

```
375/375 [==============================] - 1s 2ms/step - loss:0.2947 - acc:0.9101
[0.2946888506412506, 0.9100833535194397]
```

predict 함수가 출력한 확률값을 넘파이 argmax 함수를 이용하여 분류 클래스로 변환한다.

```
[23] y_pred_proba = cnn_model.predict(X_test)
     y_pred_classes = np.argmax(y_pred_proba, axis=-1)
     y_pred_classes[:10]
```

```
array([0, 1, 2, 6, 3, 6, 8, 6, 5, 0])
```

제출 파일 양식의 label 열에 예측 클래스를 입력하고, 판다스 to_csv 함수를 이용하여 구글 드라이브에 CSV 파일로 저장한다. 구글 드라이브에 저장된 CSV 파일을 다운로드 받아 데이콘 대회 페이지의 [제출] 탭에 업로드하여 제출한다. 리더보드 점수는 0.9175로 확인된다.

```
[24] submission['label'] = y_pred_classes
     submission_filepath = drive_path + 'mnist_cnn_submission1.csv'
     submission.to_csv(submission_filepath, index=False)
```

1-6 사용자 정의 콜백 함수

콜백 함수를 사용자가 직접 정의하여 사용할 수도 있다. Callback 클래스를 상속하여 클래스를 정의한다. 다음의 예제에서 검증 정확도(val_acc) 점수가 0.91보다 클 경우 모델 학습을 종료하는 my_callback 함수를 정의한다. on_epoch_end 함수는 매 에포크가 끝날 때마다 실행된다. 함수 안에 if 조건문을 사용하여 검증 정확도가 0.91보다 크면 model의 stop_training 속성을 True로 변경한다. 따라서 모델은 학습을 중단하게 된다.

또한 ModelCheckpoint 콜백 함수를 이용하면 모델을 저장할 수 있다. monitor 옵션에 설정된 손실 함수를 기준으로 모델의 학습 상태를 추적하면서 매 에포크마다 모델을 저장한다. 모델은 HDF5 형식으로 저장된다. 이때 save_best_only 옵션을 True로 설정하면 모델이 기존 최고치보다 높은 성능을 보일 때만 저장한다. save_weights_only 옵션을 True로 하면 가중치만을 저장한다.

```
[25] # 사용자 정의 콜백 함수
     from tensorflow.keras.callbacks import Callback

     class my_callback(Callback):
       def on_epoch_end(self, epoch, logs={}):
         if(logs.get('val_acc') > 0.91):
           self.model.stop_training = True
           print("\n")
           print("목표 정확도 달성:검증 정확도 %.4f" % logs.get('val_acc'))

     my_callback = my_callback()

     # Best Model 저장
     from tensorflow.keras.callbacks import ModelCheckpoint

     best_model_path = drive_path + "best_cnn_model.h5"
     save_best_model = ModelCheckpoint(best_model_path, monitor='val_loss',
                                       save_best_only=True, save_weights_only=False)

     # CNN 모델 학습
     cnn_model = build_cnn()
     cnn_history = cnn_model.fit(X_tr, y_tr, batch_size=64, epochs=100,
                            validation_data=(X_val, y_val),
                            callbacks=[my_callback, save_best_model],
                            verbose=2)
```

```
Epoch 1/100
750/750 - 2s - loss:0.6545 - acc:0.7733 - val_loss:0.3886 - val_acc:0.8616
Epoch 2/100
750/750 - 2s - loss:0.4550 - acc:0.8398 - val_loss:0.3402 - val_acc:0.8751

        … (중략)…

Epoch 17/100
750/750 - 2s - loss:0.2330 - acc:0.9131 - val_loss:0.2604 - val_acc:0.9088
Epoch 18/100
목표 정확도 달성:검증 정확도 0.9112
750/750 - 2s - loss:0.2257 - acc:0.9156 - val_loss:0.2665 - val_acc:0.9112
```

여기서는 save_weights_only 옵션을 False로 설정했기 때문에 모델 아키텍처와 가중치를 함께 저장한다. save_best_only 옵션을 True로 설정했기 때문에 성능이 개선될 때마다 저장된다. 파일 경로가 동일하기 때문에 마지막에 가장 좋은 성능을 갖는 모델이 기록된다.

저장된 모델을 불러올 때는 load_model 함수를 이용한다. 모델을 저장하고 있는 HDF5 형식의 파일 경로를 입력한다. 동일한 구조와 파라미터 개수를 갖는 모델이 복원된다.

```
[26] from tensorflow.keras.models import load_model
     # ModelCheckPoint에 저장해둔 모델 로딩
     best_model = load_model(drive_path + "best_cnn_model.h5")
     best_model.summary()
```

```
Model:"sequential_2"
_________________________________________________________________
Layer (type)                 Output Shape              Param #
=================================================================
conv2d_21 (Conv2D)           (None, 26, 26, 16)        160
_________________________________________________________________
max_pooling2d_21 (MaxPooling (None, 13, 13, 16)        0
_________________________________________________________________
flatten_22 (Flatten)         (None, 2704)              0
_________________________________________________________________
dense_44 (Dense)             (None, 64)                173120
_________________________________________________________________
dropout_20 (Dropout)         (None, 64)                0
_________________________________________________________________
dense_45 (Dense)             (None, 10)                650
=================================================================
```

```
Total params:173,930
Trainable params:173,930
Non-trainable params:0
_________________________________________________________________
```

앞에서 성능이 가장 좋은 모델을 저장하여 불러온 상태다. 이 모델을 이용하여 예측한 값을 제출 파일 양식에 정리하고 데이콘 대회 페이지에 제출한다. 리더보드 점수는 0.9119로 확인된다. 로컬 환경에서 측정한 모델의 검증 정확도 0.9112와 크게 차이가 나지 않는다.

```
[27] y_pred_proba = best_model.predict(X_test)
     y_pred_classes = np.argmax(y_pred_proba, axis=-1)
     submission['label'] = y_pred_classes
     submission_filepath = drive_path + 'mnist_cnn_submission2.csv'
     submission.to_csv(submission_filepath, index=False)
```

02 오토인코더:차원 축소와 이미지 복원

오토인코더(autoencoder)는 원본 이미지 벡터의 차원을 축소하여 은닉 레이어에 주요 특징을 추출한다(인코더). 그리고 은닉 레이어에 추출된 핵심 정보만을 학습하여 최대한 원본 이미지와 비슷하게 복원한 이미지를 출력한다(디코더).

2-1 기본 개념

원본 이미지를 정답으로 생각하고, 원본 이미지의 주요 특징만을 가지고 최대한 원본 이미지와 가까운 이미지를 찾는다. 주요 특징이 추출되어 핵심 정보만을 담고 있는 은닉 레이어를 사용하면, 원본 이미지가 가지고 있는 정보를 충분히 설명할 수 있다.

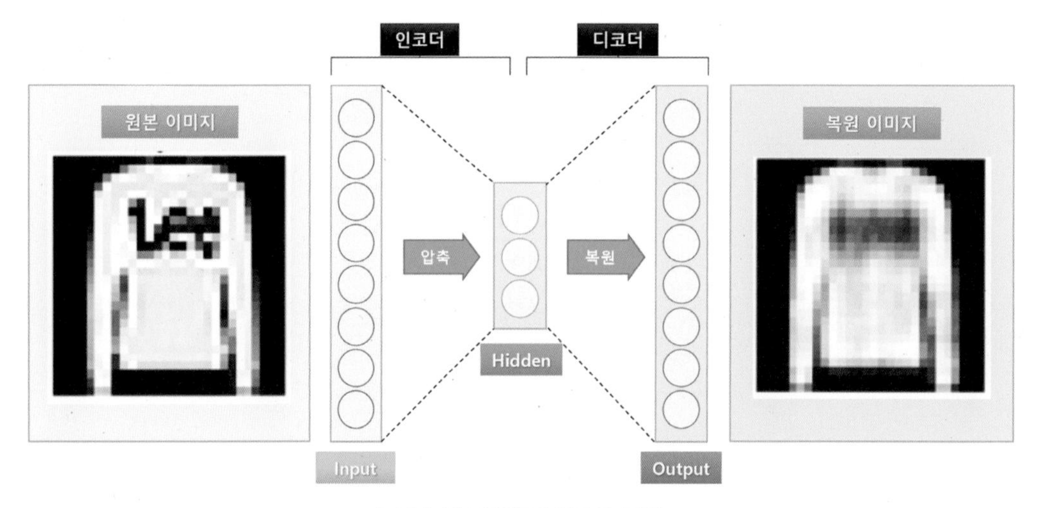

[그림 6-11] 오토인코더 모델 아키텍처

2-2 오토인코더 모델 만들기

실습을 위해 기본 라이브러리를 불러오고 랜덤 시드를 고정한다.

〈소스〉 6.2_autoencoder.ipynb

```
[1] # 라이브러리 설정
    import pandas as pd
    import numpy as np
    import tensorflow as tf
    import matplotlib.pyplot as plt
    import random

    from tensorflow.keras.models import Sequential
    from tensorflow.keras.layers import Flatten, Dense, Dropout
    from tensorflow.keras.layers import Conv2D, MaxPooling2D, Reshape

    # 랜덤 시드 고정
    SEED=12
    random.seed(SEED)
    np.random.seed(SEED)
    tf.random.set_seed(SEED)
```

이번에는 Fashion MNIST 데이터를 케라스 데이터셋 중에서 가져오기로 한다. 앞에서 다룬 바와 같이 데이콘에서 다운로드한 데이터를 사용해도 무방하다. 데이터 정규화를 통해 모든 픽셀의 데이터를 0~1 범위로 변환하고 채널을 추가해 주면 데이터 준비가 완료된다.

```
[2] # 케라스에서 불러오기
    from tensorflow.keras import datasets
    fashion_mnist = datasets.fashion_mnist
    (X_train, y_train), (X_test, y_test) = fashion_mnist.load_data()

    # 피처 스케일링
    X_train = X_train / 255.
    X_test = X_test / 255.

    # 차원 추가
    X_train = np.expand_dims(X_train, axis=-1)
    X_test = np.expand_dims(X_test, axis=-1)

    print(X_train.shape, y_train.shape, X_test.shape, y_test.shape)
```

```
Downloading data from https://storage.googleapis.com/tensorflow/tf-keras
datasets/train-labels-idx1-ubyte.gz
32768/29515 [==============================] - 0s 0us/step
Downloading data from https://storage.googleapis.com/tensorflow/tf-keras
datasets train-images-idx3-ubyte.gz
26427392/26421880 [==============================] - 0s 0us/step
Downloading data from https://storage.googleapis.com/tensorflow/tf-keras
datasets t10k-labels-idx1-ubyte.gz
8192/5148 [==============================================] - 0s 0us/step
Downloading data from https://storage.googleapis.com/tensorflow/tf-keras
datasets/t10k-images-idx3-ubyte.gz
4423680/4422102 [==============================] - 0s 0us/step
(60000, 28, 28, 1) (60000,) (10000, 28, 28, 1) (10000,)
```

케라스 Sequential API를 사용하여 모델을 정의한다. 인코더 부분은 이미지 인식에 적합한 합성곱 신경망을 적용한다. 784개(28픽셀×28픽셀)의 파라미터가 인코더의 마지막 층인 Dense 레이어의 유닛 수인 64개로 축소된다. 디코더 부분은 Dense 레이어 1개로 구성하고 출력 유닛 수는 입력과 동일한 784개로 설정한다. 인코더에서 64개로 축소된 데이터가 원래 크기로 복원되는데, 이 출력값을 Reshape 레이어를 사용하여 28×28 형태로 변환한다.

```
[3] # 오토 인코더 모델 정의
    def Autoencoder():

        model = Sequential()

        # Encoder 부분
        model.add(Conv2D(filters=16, kernel_size=(3, 3),
                         activation='relu', input_shape=[28, 28, 1]))
        model.add(MaxPooling2D(pool_size=(2, 2)))
        model.add(Flatten())
        model.add(Dense(64, activation='relu'))

        # Decoder 부분
        model.add(Dense(units=28*28, activation='sigmoid'))
        model.add(Reshape((28, 28)))

        # Compile
        model.compile(optimizer='adam',
                      loss='mean_squared_error')
```

```
    return model

ae_model = Autoencoder()
ae_model.summary()
```

```
Model:"sequential"
_________________________________________________________________
Layer (type)                 Output Shape              Param #
=================================================================
conv2d (Conv2D)              (None, 26, 26, 16)        160
_________________________________________________________________
max_pooling2d (MaxPooling2D) (None, 13, 13, 16)        0
_________________________________________________________________
flatten (Flatten)            (None, 2704)              0
_________________________________________________________________
dense (Dense)                (None, 64)                173120
_________________________________________________________________
dense_1 (Dense)              (None, 784)               50960
_________________________________________________________________
reshape (Reshape)            (None, 28, 28)            0
=================================================================
Total params:224,240
Trainable params:224,240
Non-trainable params:0
_________________________________________________________________
```

fit 함수를 사용하여 오토인코더 모델을 학습하고, predict 메소드로 1만 개 이미지가 들어 있는 테스트 데이터에 대한 예측값을 얻는다. 출력은 28×28 형태의 이미지가 된다.

```
[4] history = ae_model.fit(X_train, X_train, batch_size=64, epochs=20,
                           validation_data=(X_test, X_test),
                           verbose=0)

    ae_images = ae_model.predict(X_test)
    ae_images.shape
```

```
(10000, 28, 28)
```

테스트 데이터에서 5개의 이미지를 추출하여 원본 이미지와 복원한 이미지를 출력하여 비교해 본다. 원본 이미지의 중요한 형태는 그대로 보존되는 것을 확인할 수 있다.

```
[5] num = 5
    plt.figure(figsize=(20, 8))

    for i in range(num):

        # 원본 이미지
        ax = plt.subplot(2, num, i + 1)
        plt.imshow(X_test[i].reshape((28, 28)), cmap='gray')
        plt.title("Original %s" % str(i))
        plt.axis('off')

        # 복원 이미지
        ax = plt.subplot(2, num, i + num + 1)
        plt.imshow(ae_images[i], cmap='gray')
        plt.title("Auto-encoded %s" % str(i))
        plt.axis('off')

    plt.show()
```

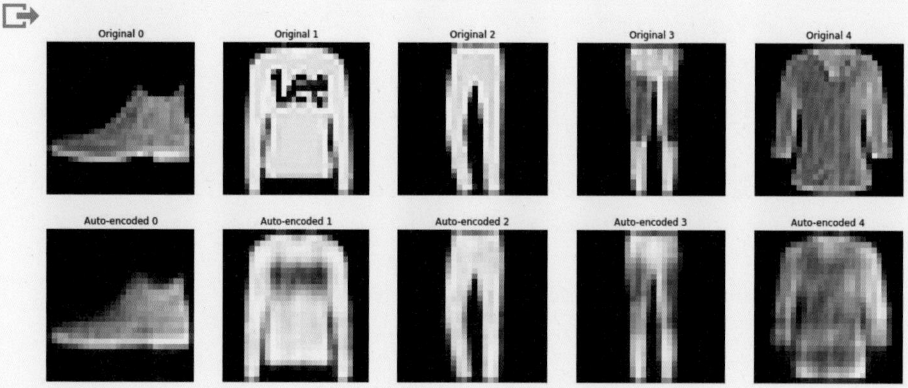

Original 0 Original 1 Original 2 Original 3 Original 4

Auto-encoded 0 Auto-encoded 1 Auto-encoded 2 Auto-encoded 3 Auto-encoded 4

[그림 6-12] 오토인코더 원본 이미지와 복원 이미지 비교

Tip 인코더와 디코더의 아키텍처를 바꾸면 오토인코더의 성능을 개선할 수 있다. 그리고 오토인코더를 사용하면 원본 이미지가 가지고 있는 불필요한 정보나 노이즈를 분리하여 제거할 수도 있다.

03 전이 학습:사전 학습 모델 활용

텐서플로 허브(https://www.tensorflow.org/hub) 또는 케라스(www.tensorflow.org/api_docs/python/tf/keras/applications)에 여러 가지 유명한 딥러닝 모델이 공개되어 있다. 이미지 인식과 같이 많은 데이터를 오랜 시간 학습시켜야 하는 문제의 경우 기존에 성능이 검증된 모델을 가져와 사용하면 학습 시간도 단축할 수 있고 보다 높은 성능을 얻을 수 있다.

모델명	유형	학습 데이터	입력 크기	최상층(top)
VGG16	이미지 분류	ImageNet	224×224	완전 인결 3개 레이어
ResNet50	이미지 분류	ImageNet	224×224	완전 연결 레이어
InceptionV3	이미지 분류	ImageNet	299×299	완전 연결 레이어
MobileNet	이미지 분류	ImageNet	224×224	완전 연결 레이어
DenseNet	이미지 분류	ImageNet	224×224	완전 연결 레이어

[표 6-1] 케라스에서 활용 가능한 이미지 분류 모델 예시

사전 학습(pre-trained) 모델의 검증된 아키텍처와 가중치를 그대로 가져오고, 일부 새로운 층을 추가하거나 가중치를 조정하는 방식으로 학습하는 것을 전이 학습(Transfer Learning)이라고 말한다.

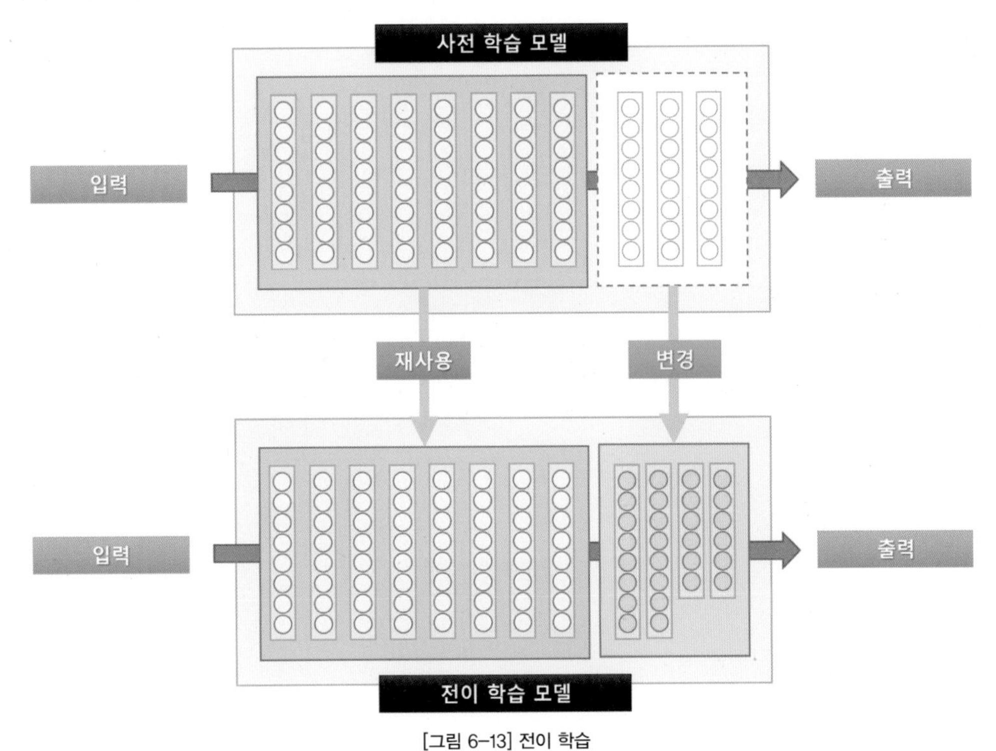

[그림 6-13] 전이 학습

3-1 GPU 런타임 설정

모델의 구조가 복잡하거나 입력 데이터의 개수가 많아지면, 구글 코랩의 디폴트 환경인 CPU 런타임에서는 모델 학습이 느리게 된다. 구글 코랩은 GPU를 사용할 수 있도록 지원하고 있다. 상단 메뉴에서 [Rumtime]을 선택하고 팝업 메뉴에서 [Change runtime type]을 선택한다.

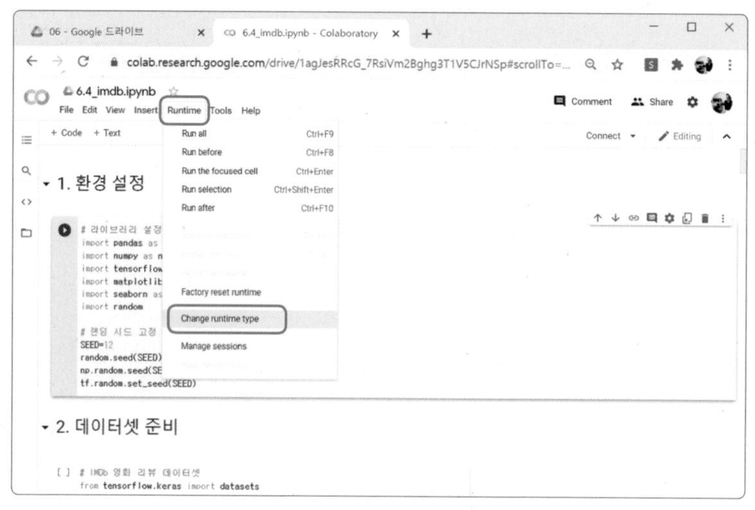

[그림 6-14] 런타임 변경

다음과 같은 팝업이 나타난다. None이 뜻하는 것은 하드웨어 가속기(GPU 또는 TPU)를 선택하지 않았다는 것이고, CPU 환경에서 학습을 하는 것이다.

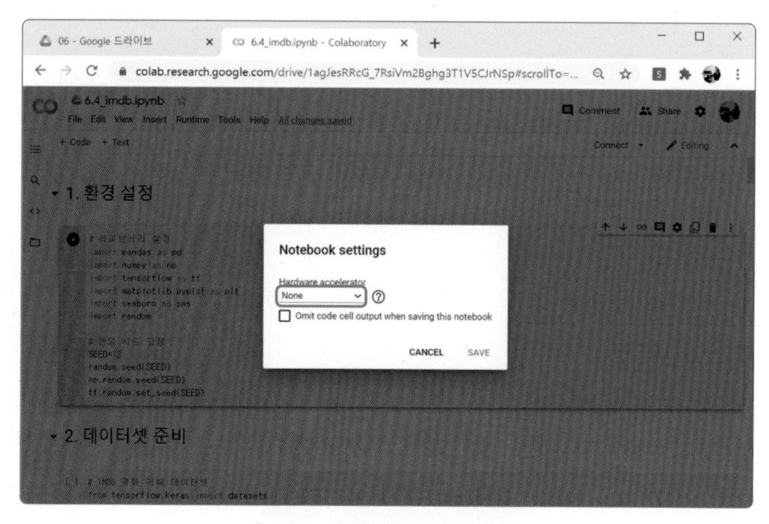

[그림 6-15] 하드웨어 가속기 설정

하드웨어 가속기 옵션 중에서 GPU를 선택하고 [SAVE] 버튼을 누른다. 이제 코랩 노트북에서 GPU를 이용한 모델 학습 준비가 끝났다.

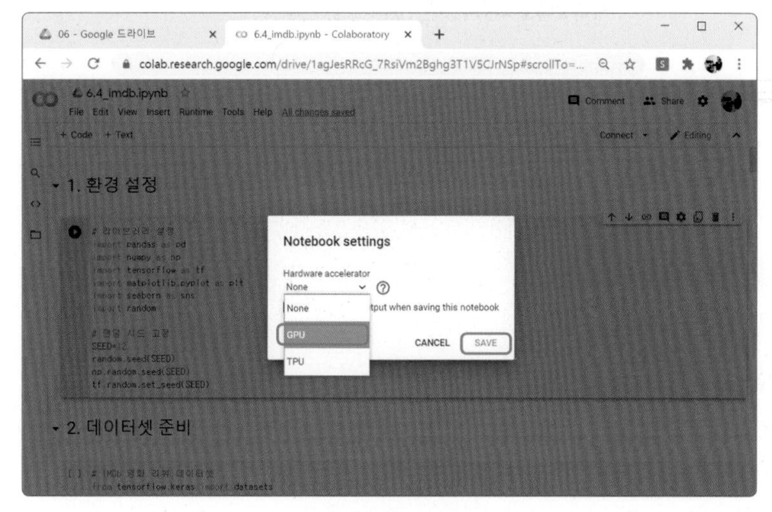

[그림 6-16] GPU 설정

3-2 CIFAR-10 데이터셋

전이 학습을 실습하기 위해 텐서플로 케라스에서 지원하는 CIFAR-10 데이터셋을 사용한다. 이 데이터셋은 10개의 클래스(비행기, 자동차, 새, 고양이, 사슴, 개, 개구리, 말, 배, 트럭)를 갖는 학습용 이미지 분류 데이터이다. 데이터셋을 로딩하기 전에 분석 환경을 설정한다.

〈소스〉 6.3_transfer_learning.ipynb

```
[1] # 라이브러리 설정
    import pandas as pd
    import numpy as np
    import tensorflow as tf
    import matplotlib.pyplot as plt
    import random

    from tensorflow.keras.models import Sequential
    from tensorflow.keras.layers import Flatten, Dense, Dropout
    from tensorflow.keras.layers import Conv2D, MaxPooling2D, Reshape
    from tensorflow.keras.layers import BatchNormalization
```

```
# 랜덤 시드 고정
SEED=12
random.seed(SEED)
np.random.seed(SEED)
tf.random.set_seed(SEED)
```

CIFAR-10 데이터셋을 불러온다. 5만 개의 훈련 데이터와 1만 개의 검증 데이터로 구성된다. 각 이미지는 32×32 크기이고 컬러 이미지이므로 3채널(R, G, B)로 이루어진다. 이미지 픽셀 값이 0~255 범위에 있기 때문에 255로 나누면 0~1 범위로 정규화 변환된다.

```
[2] # CIFAR10 이미지 데이터셋
    from tensorflow.keras import datasets
    cifar10 = datasets.cifar10
    (X_train, y_train), (X_test, y_test) = cifar10.load_data()

    # 피처 스케일링
    X_train = X_train / 255.
    X_test = X_test / 255.

    print(X_train.shape, y_train.shape, X_test.shape, y_test.shape)
```

```
Downloading data from https://www.cs.toronto.edu/~kriz/cifar-10-python.tar.gz
170500096/170498071 [==============================] - 4s 0us/step
(50000, 32, 32, 3) (50000, 1) (10000, 32, 32, 3) (10000, 1)
```

학습용 데이터(X_train)에 들어 있는 첫 20개 이미지를 출력해서 확인한다. 개구리, 트럭, 사슴, 자동차 등 10개 클래스에 해당하는 컬러 이미지를 볼 수 있다.

```
[3] # Train 이미지 출력
    plt.figure(figsize=(10, 8))
    for i in range(20):
        plt.subplot(4, 5, i + 1),
        plt.imshow(X_train[i])
        plt.axis('off')
    plt.show()
```

[그림 6-17] CIFAR-10 데이터셋

3-3 일반 합성곱 신경망(CNN)으로 분류 예측

전이 학습과 비교하기 위해 일반적인 합성곱 신경망 모델을 정의한다. 다중 분류 모델이므로 마지막 출력 레이어의 활성화 함수는 softmax를 사용하고, 손실 함수로 범주형 교차 엔트로피를 사용한다. 목표 레이블이 원핫 인코딩 처리 없이 1개의 열에 0, 1, 2, …, 9로 입력되어 있기 때문에 categorical_crossentropy 대신 sparse_categorical_crossentropy를 사용한다. 보조 지표로 정확도를 나타내는 accuracy를 사용한다.

```
[4] def build_cnn():
        model = Sequential()
        model.add(Conv2D(filters=32, kernel_size=(5, 5), strides=(2, 2),
                  activation='relu', input_shape=[32, 32, 3]))
        model.add(BatchNormalization())
        model.add(MaxPooling2D(pool_size=(2, 2)))

        model.add(Conv2D(filters=64, kernel_size=(5, 5), strides=(2, 2),
                  activation='relu'))
        model.add(BatchNormalization())
        model.add(MaxPooling2D(pool_size=(2, 2)))
```

```
    model.add(Flatten())
    model.add(Dense(units=64, activation='relu'))
    model.add(Dropout(rate=0.5))
    model.add(Dense(units=32, activation='relu'))
    model.add(Dropout(rate=0.5))
    model.add(Dense(units=10, activation='softmax'))

    model.compile(optimizer='adam',
                  loss='sparse_categorical_crossentropy',
                  metrics=['accuracy'])

    return model

cnn_model = build_cnn()
cnn_model.summary()
```

```
Model:"sequential"
_________________________________________________________________
Layer (type)                 Output Shape              Param #
=================================================================
conv2d (Conv2D)              (None, 14, 14, 32)        2432
_________________________________________________________________
batch_normalization (BatchNo (None, 14, 14, 32)        128
_________________________________________________________________
max_pooling2d (MaxPooling2D) (None, 7, 7, 32)          0
_________________________________________________________________
conv2d_1 (Conv2D)            (None, 2, 2, 64)          51264
_________________________________________________________________
batch_normalization_1 (Batch (None, 2, 2, 64)          256
_________________________________________________________________
max_pooling2d_1 (MaxPooling2 (None, 1, 1, 64)          0
_________________________________________________________________
flatten (Flatten)            (None, 64)                0
_________________________________________________________________
dense (Dense)                (None, 64)                4160
_________________________________________________________________
dropout (Dropout)            (None, 64)                0
_________________________________________________________________
dense_1 (Dense)              (None, 32)                2080
_________________________________________________________________
dropout_1 (Dropout)          (None, 32)                0
```

```
-----------------------------------------------------------
dense_2 (Dense)              (None, 10)              330
===========================================================
Total params:60,650
Trainable params:60,458
Non-trainable params:192
-----------------------------------------------------------
```

Tip 앞의 코드를 보면 합성곱(Conv2D) 레이어와 풀링(MaxPooling2D) 레이어 사이에 배치 정규화(Batch Normalization) 레이어가 추가되었다. 딥러닝에서 각 레이어를 거칠 때마다 입출력 데이터의 분포가 변화되는데 배치 정규화를 통해 정규분포와 비슷한 형태로 변환해 준다. 빠르고 안정적인 학습을 하는데 효과가 있다.

배치 사이즈 256, 에포크 20, 검증 데이터 비율(validation_split)을 10%로 설정하여 교차 검증 훈련을 수행한다. 그래프를 보면 손실 함수는 감소하고 정확도는 증가하고 있으나, 배치 정규화를 했음에도 불구하고 학습 과정이 불규칙적이고 변동성이 큰 편이다. 에포크를 늘려서 학습하면 학습이 더 진행될 가능성도 있지만, 모델 학습에 사용된 데이터 개수가 부족하거나 모델의 복잡도가 충분하지 않을 가능성도 고려해야 한다.

```
[5]  # 모델 학습
     cnn_history = cnn_model.fit(X_train, y_train, batch_size=256, epochs=20,
                                 validation_split=0.1, verbose=0)

     # 20 epoch까지 손실 함수와 정확도를 그래프로 나타내는 함수
     def plot_metrics(history, start=1, end=20):
         fig, axes = plt.subplots(1, 2, figsize=(10, 5))
         # Loss:손실 함수
         axes[0].plot(range(start, end+1), history.history['loss'][start-1:end],
                      label='Train')
         axes[0].plot(range(start, end+1), history.history['val_loss'][start-1:end],
                      label='Validation')
         axes[0].set_title('Loss')
         axes[0].legend()
         # Accuraccy:예측 정확도
         axes[1].plot(range(start, end+1), history.history['accuracy'][start-1:end],
                      label='Train')
         axes[1].plot(range(start, end+1), history.history['val_accuracy'][start-1:end],
                      label='Validation')
         axes[1].set_title('Accuracy')
```

```
    axes[1].legend()
plt.show()

# 그래프 그리기
plot_metrics(history=cnn_history, start=1, end=20)
```

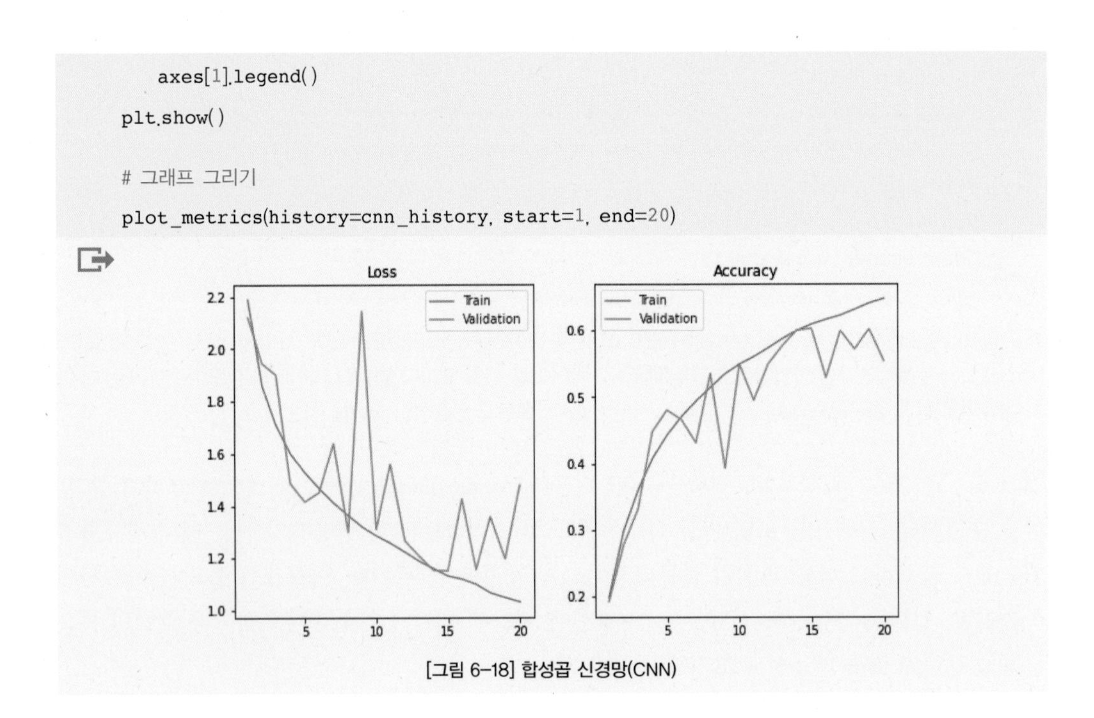

[그림 6-18] 합성곱 신경망(CNN)

3-4 전이 학습으로 분류 예측

이미 수많은 이미지 데이터를 학습한 사전 학습 모델을 활용하면 더 빠르게 안정적인 학습 결과를 얻을 수 있다. ResNet50이라는 사전 학습 모델을 활용하여 다음과 같이 전이 학습 모델을 구성해 본다. 사전 학습 모델을 가져올 때 include_top 옵션을 False로 지정하면 모델의 분류기 역할을 하는 부분을 제외하고 가져온다. weights 옵션에 지정한 'imagenet'은 ImageNet 데이터로 학습한 가중치를 가져온다는 뜻이다. 입력 크기와 분류 클래스 개수를 지정한다.

Flatten 레이어를 사용하여 cnn_base 모델의 출력층을 1차원 배열로 변환하고 MLP 모델에 연결하여 최종 분류 모델을 완성한다. ResNet50이 복잡한 형태의 모델이기 때문에 과대적합 방지를 위해 완전 연결 신경망에 Dropout을 추가하였다.

```
[6] # Pre-trained 모델 가져오기
    from tensorflow.keras.applications import ResNet50
    cnn_base = ResNet50(include_top=False, weights='imagenet',
                        input_shape=[32, 32, 3], classes=10)

    # Transfer 모델 생성
    def build_transfer():
        transfer_model = Sequential()
        transfer_model.add(cnn_base)
        transfer_model.add(Flatten())

        transfer_model.add(Dense(units=64, activation='relu'))
        transfer_model.add(Dropout(rate=0.5))
        transfer_model.add(Dense(units=32, activation='relu'))
        transfer_model.add(Dropout(rate=0.5))
        transfer_model.add(Dense(units=10, activation='softmax'))

        transfer_model.compile(optimizer='adam',
                      loss='sparse_categorical_crossentropy',
                      metrics=['accuracy'])

        return transfer_model

    transfer_model = build_transfer()
    transfer_model.summary()
```

```
Model:"sequential_4"
_________________________________________________________________
Layer (type)                Output Shape              Param #
=================================================================
resnet50 (Functional)       (None, 1, 1, 2048)        23587712
_________________________________________________________________
flatten_4 (Flatten)         (None, 2048)              0
_________________________________________________________________
dense_12 (Dense)            (None, 64)                131136
_________________________________________________________________
dropout_8 (Dropout)         (None, 64)                0
_________________________________________________________________
dense_13 (Dense)            (None, 32)                2080
_________________________________________________________________
dropout_9 (Dropout)         (None, 32)                0
```

```
---------------------------------------------------------
dense_14 (Dense)            (None, 10)              330
=========================================================
Total params:23,721,258
Trainable params:23,668,138
Non-trainable params:53,120
---------------------------------------------------------
```

모델 학습 결과를 확인하기 위해 손실 함수와 정확도 그래프를 그린다. 앞에서 단순 합성곱 신경망을 적용했을 때보다 모델 학습 과정이 안정적으로 보인다. 모델 성능을 나타내는 검증 정확도는 50~60% 수준에서 약 70% 수준으로 향상된 것을 알 수 있다. 다만 10에포크를 지나면서 모델이 과대적합 경향을 보이기 때문에 과대적합을 피할 수 있는 방법을 고려해야 한다.

```
[7] tm_history = transfer_model.fit(X_train, y_train, batch_size=256, epochs=20,
                                     validation_split=0.1, verbose=0)

    plot_metrics(history=tm_history, start=1, end=20)
```

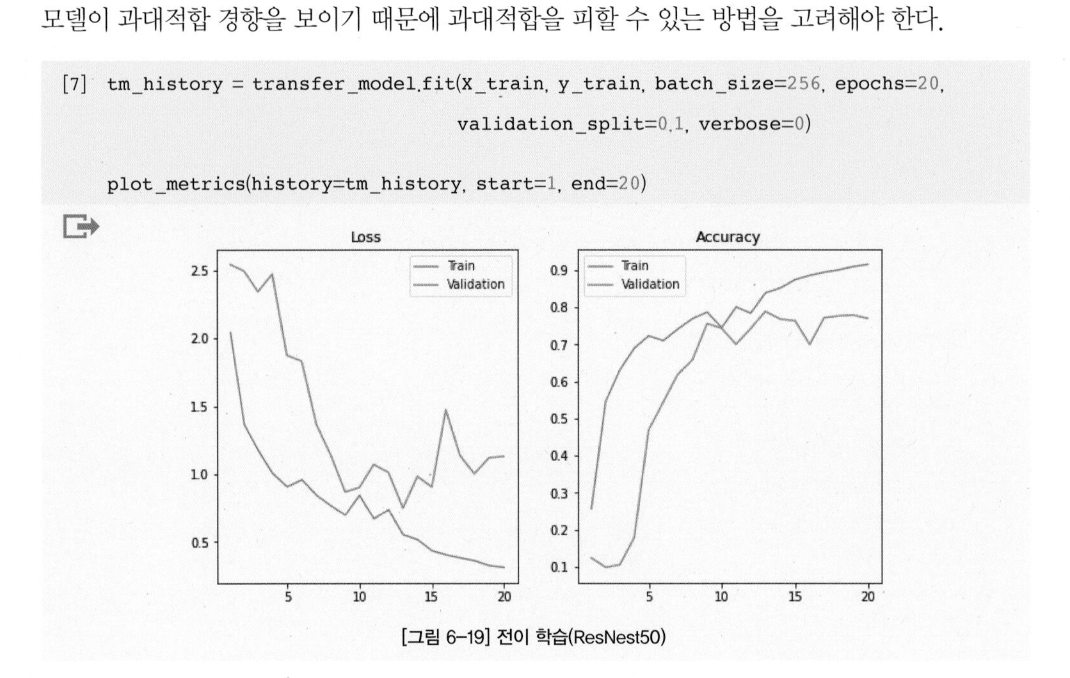

[그림 6-19] 전이 학습(ResNest50)

04 자연어 처리(NLP):IMDb 영화 리뷰 감성 분석

순서가 있는 시퀀스 데이터 분석에 사용되는 RNN(Recurrent Neural Network) 계열의 순환 신경망 알고리즘을 소개하고 IMDb 영화 리뷰 데이터셋 예제를 통해 기본적인 라이브러리 사용법을 익힌다. 먼저 딥러닝 분석에 필요한 기본 환경을 구성한다.

〈소스〉 6.4_imdb.ipynb

```
[1] # 라이브러리 설정
    import pandas as pd
    import numpy as np
    import tensorflow as tf
    import matplotlib.pyplot as plt
    import seaborn as sns
    import random

    # 랜덤 시드 고정
    SEED=12
    random.seed(SEED)
    np.random.seed(SEED)
    tf.random.set_seed(SEED)
```

4-1 IMDb 영화 리뷰 데이터셋

텐서플로 케라스 데이터셋으로부터 IMDb 데이터셋을 불러온다. 관객들이 영화에 대해 남긴 리뷰(말뭉치)와 각 리뷰에 대한 목표 레이블(1:긍정, 0:부정)이 정리된 데이터이다. 훈련 데이터 25,000개와 검증 데이터 25,000개로 나눠져 있다. load_data 함수의 num_words 옵션에 사용할 단어의 개수를 지정한다. 다음의 예제는 많이 사용된 단어 순서대로 10,000개를 가져와 사용한다.

```
[2] # IMDb 영화 리뷰 데이터셋
    from tensorflow.keras import datasets
    imdb = datasets.imdb
    (X_train, y_train), (X_test, y_test) = imdb.load_data(num_words=10000, index_from=3)

    print(X_train.shape, y_train.shape, X_test.shape, y_test.shape)
```

```
Downloading data from https://storage.googleapis.com/tensorflow/tf-keras
datasets/imdb.npz
17465344/17464789 [==============================] - 0s 0us/step
(25000,) (25000,) (25000,) (25000,)
```

훈련 데이터셋의 첫 번째 리뷰를 출력해 본다. 숫자 데이터를 갖는 리스트가 표시된다. 각 숫자는 실제로는 단어를 나타낸다. 자연어를 딥러닝 모델에 입력하기 위해 각 단어를 숫자와 1 : 1 매핑하여 숫자 인덱스로 인코딩 변환했기 때문이다.

```
[3] # 첫 번째 리뷰 - 벡터
    print(X_train[0])
```

```
[1, 14, 22, 16, 43, 530, 973, 1622, 1385, 65, 458, 4468, … ]
```

첫 번째 리뷰의 길이를 출력해 본다. 리스트의 원소 개수를 출력하는데 해당 리뷰에 들어 있는 단어의 개수를 나타낸다. 모두 218개의 단어로 이루어진 리뷰라는 것을 알 수 있다.

```
[4] # 첫 번째 리뷰 - 벡터 길의(원소 개수)
    len(X_train[0])
```

```
218
```

get_word_index 함수를 사용하면 IMDb 데이터셋에 들어 있는 단어가 어떤 숫자 인덱스로 인코딩된 것인지 알 수 있다. 각 단어와 매핑된 숫자 인덱스가 딕셔너리 형태로 정리되어 있다.

```
[5] word_index = imdb.get_word_index()
    word_index
```

```
Downloading data from https://storage.googleapis.com/tensorflow/tf-keras-
datasets/imdb_word_index.json
1646592/1641221 [==============================] - 0s 0us/step
{'fawn':34701,
'tsukino':52006,
'nunnery':52007,
'sonja':16816,
'vani':63951,
'woods':1408,
'spiders':16115,
'hanging':2345,
….(이하 생략)….}
```

다음의 함수를 사용하면 숫자 인덱스로 구성된 벡터를 원래 문장으로 복원할 수 있다. 리뷰 내용을 보면 긍정적인 감성을 읽을 수 있다.

```
[6] # 숫자 벡터를 텍스트로 변환
    def decode_review_vector(review_vector):
        index_to_word = {value:key for key, value in word_index.items()}
        decoded_review = ' '.join([index_to_word.get(idx - 3, '?') for idx in review_vector])
        return decoded_review

    # 첫 번째 리뷰 디코딩
    decode_review_vector(X_train[0])
```

```
? this film was just brilliant casting location scenery story direction
everyone's really suited the part they played and you could just imagine being
there robert ? is an amazing actor and now the same being director ? father came
from the same scottish island as myself so i loved the fact there was ….(이하 생략)
```

첫 번째 훈련 데이터의 목표 레이블 값을 출력하면 긍정을 나타내는 1이 표시된다.

```
[7] # 첫 번째 리뷰의 정답 레이블
    y_train[0]
```

```
1
```

훈련 데이터셋에 들어 있는 각 리뷰의 단어 길이를 그래프로 그려본다. 대부분 1,000개 미만의 데이터로 구성되어 있고, 100~250개의 단어로 구성된 리뷰가 압도적으로 많은 편이다.

```
[8] # 각 리뷰의 단어 개수 분포
    review_length = [len(review) for review in X_train]
    sns.displot(review_length);
```

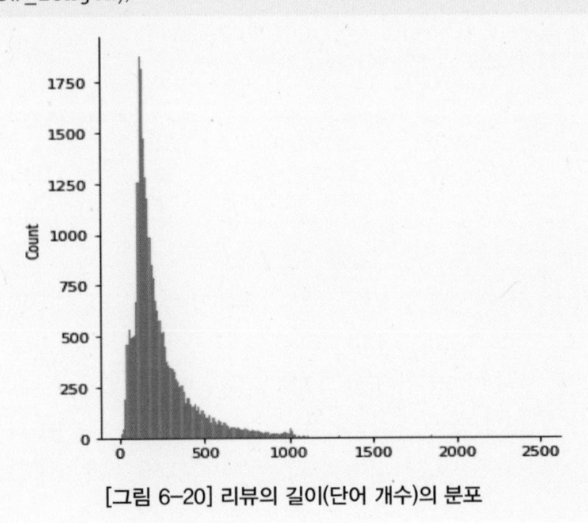

[그림 6-20] 리뷰의 길이(단어 개수)의 분포

4-2 제로 패딩

앞의 그래프에서 확인했듯이 각 리뷰 데이터의 길이가 모두 제각각 다르다. 딥러닝 모델에 입력하기 위해 입력 데이터의 크기를 동일하게 조정해야 한다. 입력의 최대 길이(maxlen)를 설정하고 이보다 길이가 긴 경우에는 중간에 잘라서 길이를 맞추고, 짧은 경우에는 부족한만큼 숫자 0으로 채운다. 이 과정을 제로 패딩(zero padding)이라고 한다.

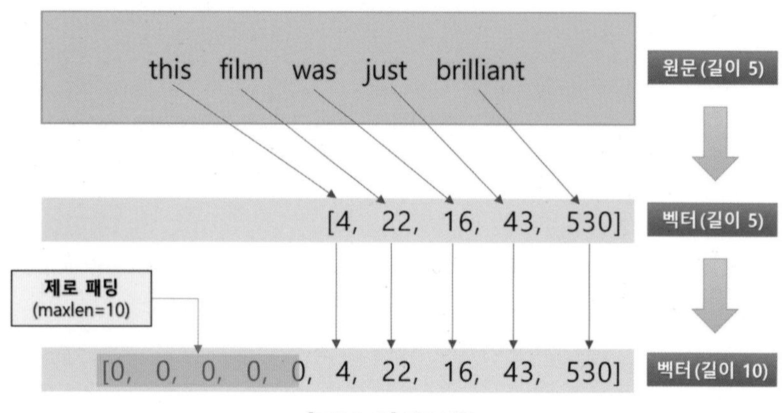

[그림 6-21] 제로 패딩

여기서 가장 빈도가 많은 단어 길이를 최대 길이(maxlen=250)로 지정한다. 이보다 길이가 긴 경우에는 중간에 잘라서 길이를 250으로 맞추고, 길이가 250이 안 되는 짧은 리뷰의 경우에는 부족한 만큼 숫자 0으로 채운다. 케라스 preprocessing 모듈의 sequence 클래스를 사용한다.

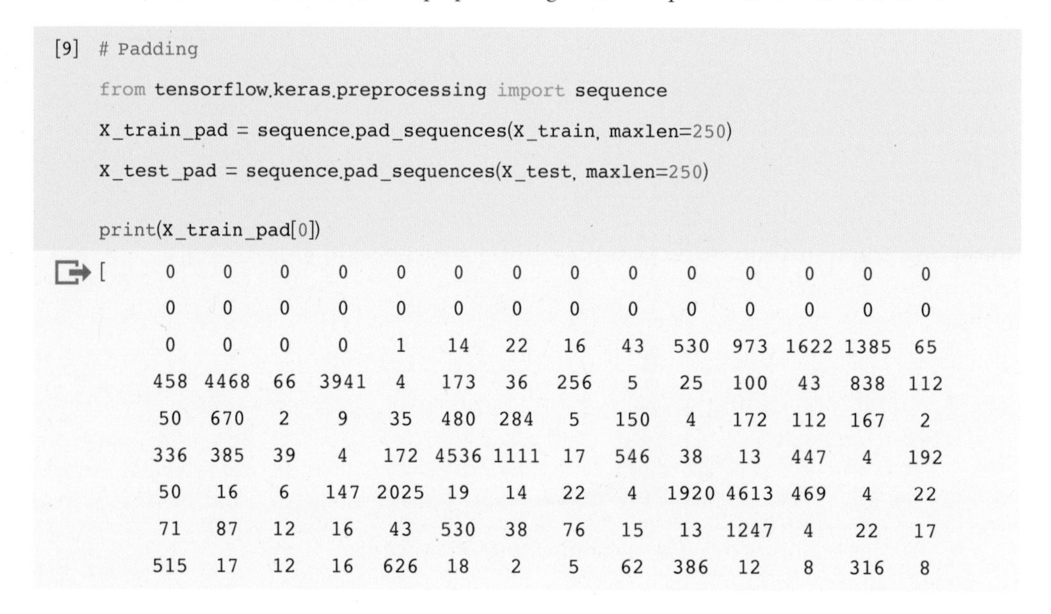

```
[9] # Padding
    from tensorflow.keras.preprocessing import sequence
    X_train_pad = sequence.pad_sequences(X_train, maxlen=250)
    X_test_pad = sequence.pad_sequences(X_test, maxlen=250)

    print(X_train_pad[0])
```

```
[    0    0    0    0    0    0    0    0    0    0    0    0    0    0
     0    0    0    0    0    0    0    0    0    0    0    0    0    0
     0    0    0    0    1   14   22   16   43  530  973 1622 1385   65
   458 4468   66 3941    4  173   36  256    5   25  100   43  838  112
    50  670    2    9   35  480  284    5  150    4  172  112  167    2
   336  385   39    4  172 4536 1111   17  546   38   13  447    4  192
    50   16    6  147 2025   19   14   22    4 1920 4613  469    4   22
    71   87   12   16   43  530   38   76   15   13 1247    4   22   17
   515   17   12   16  626   18    2    5   62  386   12    8  316    8
```

```
106    5    4  2223 5244   16  480   66 3785   33    4  130   12   16
 38  619    5   25  124   51   36  135   48   25 1415   33    6   22
 12  215   28   77   52    5   14  407   16   82    2    8    4  107
117 5952   15  256    4    2    7 3766    5  723   36   71   43  530
476   26  400  317   46    7    4    2 1029   13  104   88    4  381
 15  297   98   32 2071   56   26  141    6  194 7486   18    4  226
 22   21  134  476   26  480    5  144   30 5535   18   51   36   28
224   92   25  104    4  226   65   16   38 1334   88   12   16  283
  5   16 4472  113  103   32   15   16 5345   19  178   32]
```

4-3 단어 임베딩

앞에서 모든 리뷰가 동일한 길이를 갖도록 정리하였다. IMDb 데이터를 불러올 때 num_words에 사용할 단어 개수를 10,000개로 설정했기 때문에 각 리뷰는 10,000개의 단어 사전(BoW, Back of Words)에 들어 있는 단어로 표현되어 있다. 단어 사전에 등록된 10,000개 단어를 기준으로 원핫 인코딩을 적용하여 원핫 벡터로 변환하면 딥러닝 모델의 입력 데이터로 사용할 수 있다.

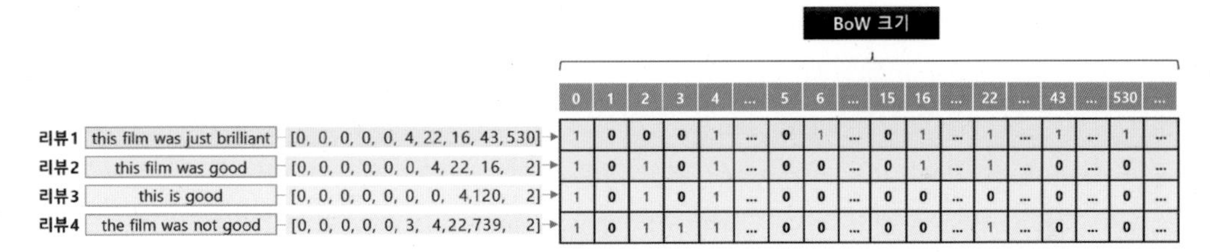

[그림 6-22] 원핫 벡터 변환

하지만 단어 사전의 크기만큼 원핫 벡터의 크기는 10,000이 되고, 단어 길이가 250인 리뷰의 경우 대부분의 값이 0으로 채워지는 희소 벡터(sparse vector)가 된다. 따라서 모델에 충분한 정보를 전달하기 어려워지고, 단어 사이의 유사성 등 언어적 특징을 모델이 학습할 수 없다.

단어 임베딩(word embedding)은 이런 한계를 극복하기 위해 제안된 방법이다. 단어 사이의 관계를 모델 학습하여 서로 유사한 단어들끼리 벡터 공간에서 비슷한 위치에 배치한다. 단어들 사이의 관계를 벡터의 방향과 거리로 나타낼 수 있다. 이런 식으로 각 단어를 저차원의 벡터로 표현하게 된다.

[그림 6-23]을 보면 단어의 유사도를 비교하여 비슷한 어감을 갖는 단어들끼리 가까운 위치에 모인다. 그리고 서로 상반되는 뜻을 갖는 반의어 관계를 벡터로 표시하고 있다.

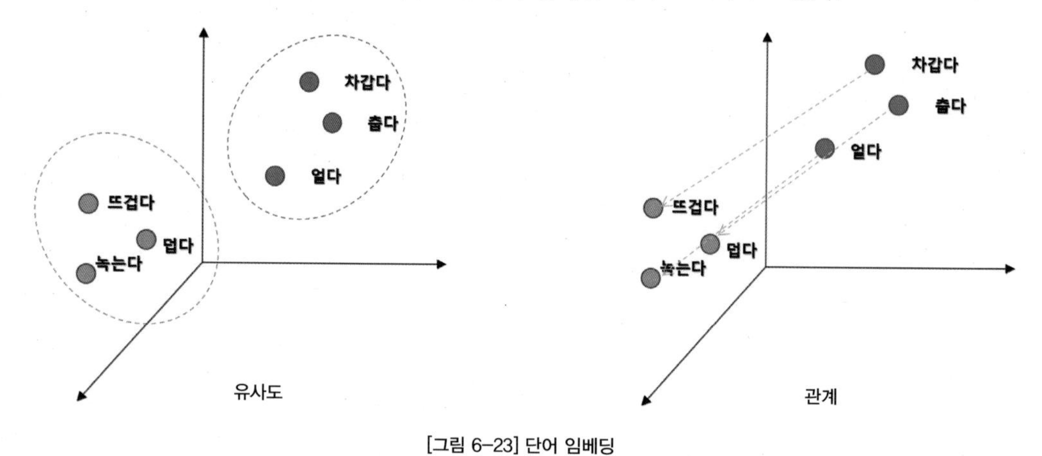

[그림 6-23] 단어 임베딩

케라스는 임베딩 레이어를 지원하고 있기 때문에 말뭉치(corpus)를 입력하여 단어 사이의 유사도와 여러 가지 관계를 벡터로 표현할 수 있다. 임베딩 레이어로 IMDb 데이터셋을 저차원의 벡터로 표현하고, 딥러닝 모델로 학습하여 영화 리뷰가 긍정인지 부정인지 예측해 본다.

먼저 RNN 계열의 3가지 알고리즘을 적용하여 각각 모델 아키텍처를 생성하는 함수를 정의한다. 케라스 Sequential 클래스 객체로 모델을 만들고, 첫 번째 레이어로 Embedding을 추가한다. 단어 사전의 크기에 맞춰서 input_dim을 설정하고, 임베딩으로 변환되는 출력 벡터의 차원을 output_dim에 설정한다. 여기서는 128차원의 벡터로 출력 크기를 설정하였다.
다음에는 RNN 계열의 레이어를 2개 추가하고 Dense 레이어 등으로 구성된 MLP를 최종 분류기로 사용한다. 0과 1을 분류 예측하는 이진 분류 문제이므로 마지막 출력 레이어의 활성화 함수로 시그모이드(sigmoid) 함수를 사용한다. 모델을 컴파일하고 훈련 준비를 끝낸다.

```
[10] # 모델 정의
     from tensorflow.keras.models import Sequential
     from tensorflow.keras.layers import Dense, Dropout
     from tensorflow.keras.layers import Embedding, SimpleRNN, LSTM, GRU

     def build_model(model_type='RNN'):
         model = Sequential()

         # Embedding
         model.add(Embedding(input_dim=10000, output_dim=128))
```

```
    # RNN
    if model_type=='RNN':
        model.add(SimpleRNN(units=64, return_sequences=True))
        model.add(SimpleRNN(units=64))

    # LSTM
    elif model_type=='LSTM':
        model.add(LSTM(units=64, return_sequences=True))
        model.add(LSTM(units=64))

    # GRU
    elif model_type=='GRU':
        model.add(GRU(units=64, return_sequences=True))
        model.add(GRU(units=64))

    # Dense Classifier
    model.add(Dense(units=32, activation='relu'))
    model.add(Dropout(rate=0.5))
    model.add(Dense(units=1, activation='sigmoid'))

    # Compile
    model.compile(optimizer='adam',
                  loss='binary_crossentropy',
                  metrics=['accuracy'])

    return model
```

4-4 RNN

RNN은 순서가 있는 시퀀스 데이터를 입력받아 순서대로 하나씩 데이터를 처리한다. 따라서 모든 입력 데이터를 한번에 처리하는 MLP, CNN 신경망과 차이가 있다. 우리가 분석하고 있는 영화 리뷰는 단어들이 순서대로 관계를 맺고 연결되어 있는 시퀀스 데이터이다. 따라서 RNN 신경망에 단어를 순서대로 하나씩 RNN 레이어에 입력하고 다음 단어를 예측하게 된다. 다음 단어(정답)와 출력(예측)의 차이(손실 함수)를 최소화하는 가중치를 학습한다.

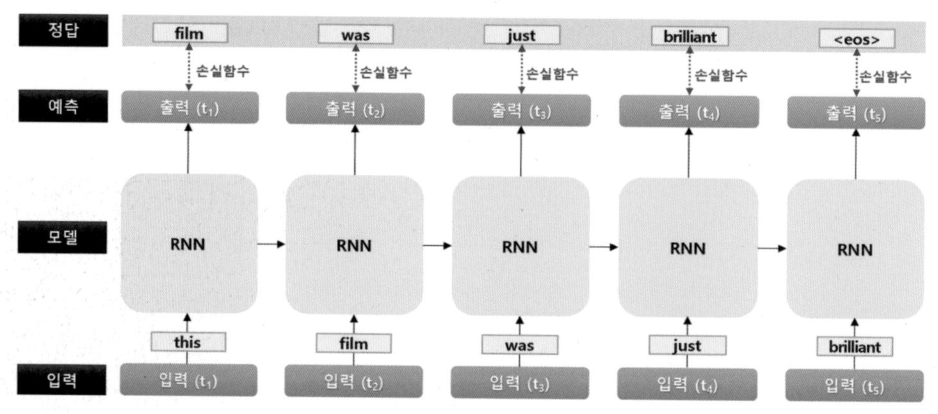

[그림 6-24] RNN 구조

예제는 2개의 Simple RNN을 사용한다. Simple RNN 레이어는 임베딩 변환된 각 리뷰의 단어 데이터를 하나씩 시간 순서대로 개별 RNN 레이어에 입력하고 다음 레이어에 출력을 전달한다. return_sequences 옵션을 True로 설정하면 모든 시간의 출력값을 그대로 다음 레이어에 전달한다는 뜻이고, 따로 지정하지 않거나 False로 입력하면 최종 레이어의 출력만을 반환한다. 이런식으로 마지막 단어까지 학습을 하고 Dense 레이어와 Dropout 레이어로 구성한 MLP 층으로 연결하고 긍정인지 부정인지 최종 예측한다.

```
[11] rnn_model = build_model('RNN')
     rnn_model.summary()
```

```
Model:"sequential"

_________________________________________________________________
Layer (type)                 Output Shape              Param #
=================================================================
embedding (Embedding)        (None, None, 128)         1280000
_________________________________________________________________
simple_rnn (SimpleRNN)       (None, None, 64)          12352
_________________________________________________________________
simple_rnn_1 (SimpleRNN)     (None, 64)                8256
_________________________________________________________________
dense (Dense)                (None, 32)                2080
_________________________________________________________________
dropout (Dropout)            (None, 32)                0
_________________________________________________________________
dense_1 (Dense)              (None, 1)                 33
=================================================================
Total params:1,302,721
Trainable params:1,302,721
Non-trainable params:0
_________________________________________________________________
```

제로 패딩으로 길이를 맞춘 데이터를 입력하여 모델을 훈련한다. 배치 크기 32, 에포크 10으로 설정하고, 입력 데이터의 10%를 검증 데이터로 분할하여 홀드아웃 교차 검증을 실시한다. 에포크가 늘어날 때마다 손실 함수는 감소하고 정확도는 증가하는 추이를 보인다.

```
[12] rnn_history = rnn_model.fit(X_train_pad, y_train, batch_size=32, epochs=10,
                                 validation_split=0.1, verbose=2)
```

```
Epoch 1/10
704/704 - 214s - loss:0.6968 - accuracy:0.5008 - val_loss:0.6934 - val_accuracy:0.4876
Epoch 2/10
704/704 - 211s - loss:0.6932 - accuracy:0.4973 - val_loss:0.6932 - val_accuracy:0.4876
Epoch 3/10
704/704 - 214s - loss:0.6782 - accuracy:0.5473 - val_loss:0.5792 - val_accuracy:0.6928
Epoch 4/10
704/704 - 214s - loss:0.5500 - accuracy:0.7317 - val_loss:0.5902 - val_accuracy:0.6768
Epoch 5/10
704/704 - 210s - loss:0.5311 - accuracy:0.7395 - val_loss:0.5036 - val_accuracy:0.7820
Epoch 6/10
704/704 - 210s - loss:0.4633 - accuracy:0.7996 - val_loss:0.5938 - val_accuracy:0.6928
Epoch 7/10
704/704 - 211s - loss:0.4102 - accuracy:0.8307 - val_loss:0.5267 - val_accuracy:0.7672
Epoch 8/10
704/704 - 208s - loss:0.3785 - accuracy:0.8471 - val_loss:0.5194 - val_accuracy:0.7668
Epoch 9/10
704/704 - 213s - loss:0.3500 - accuracy:0.8577 - val_loss:0.5703 - val_accuracy:0.7456
Epoch 10/10
704/704 - 211s - loss:0.3258 - accuracy:0.8694 - val_loss:0.5046 - val_accuracy:0.7884
```

그래프를 그려 학습 결과를 시각화한다. 5에포크까지 학습이 잘 이루어지다가 그 이후에는 과대적합이 발생한 것으로 보인다. 검증 정확도는 0.75 수준에서 더 개선되지 않는다.

```
[13] # 20 epoch까지 손실 함수와 정확도를 그래프로 나타내는 함수
     def plot_metrics(history, start=1, end=20):
         fig, axes = plt.subplots(1, 2, figsize=(10, 5))
         # Loss: 손실 함수
         axes[0].plot(range(start, end+1), history.history['loss'][start-1:end],
                      label='Train')
         axes[0].plot(range(start, end+1), history.history['val_loss'][start-1:end],
                      label='Validation')
         axes[0].set_title('Loss')
         axes[0].legend()
         # Accuraccy: 예측 정확도
         axes[1].plot(range(start, end+1), history.history['accuracy'][start-1:end],
                      label='Train')
         axes[1].plot(range(start, end+1), history.history['val_accuracy'][start-1:end],
                      label='Validation')
         axes[1].set_title('Accuracy')
         axes[1].legend()
     plt.show()

     # 그래프 그리기
     plot_metrics(history=rnn_history, start=1, end=10)
```

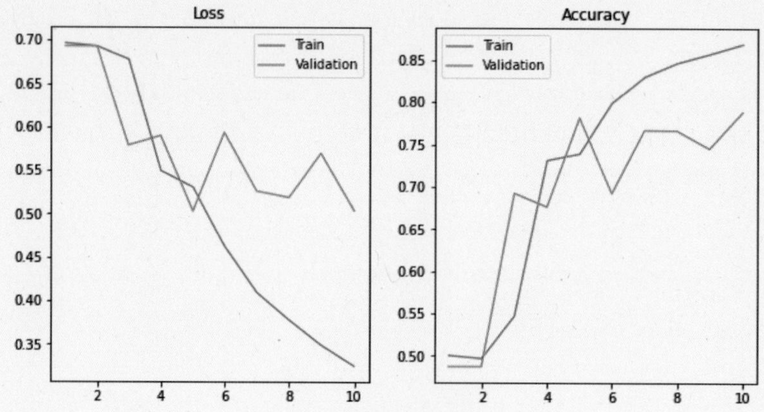

[그림 6-25] RNN 모델 성능

4-5 LSTM

LSTM(Long Short Term Memory) 신경망은 RNN의 단점을 보완한 모델이다. RNN은 레이어를 여러 개 거치면서 처음에 입력했던 단어에 대한 정보를 조금씩 잃어버리게 된다. 최근에 학습한 단어가 모델의 최종 예측에 더 큰 영향을 주게 된다. RNN 모델이 단기 의존성이 높다고 말한다.

한편 LSTM은 RNN 모델이 오래 전에 학습한 데이터를 잘 기억하지 못하는 단점을 해결하기 위해 기존 정보 중에서 중요한 정보를 다음 단계에 전달하는 구조를 도입하였다. 이와 같이 모델의 장기 기억 성능을 개선했기 때문에 길이가 긴 시퀀스 데이터를 학습하는데 적합하다.

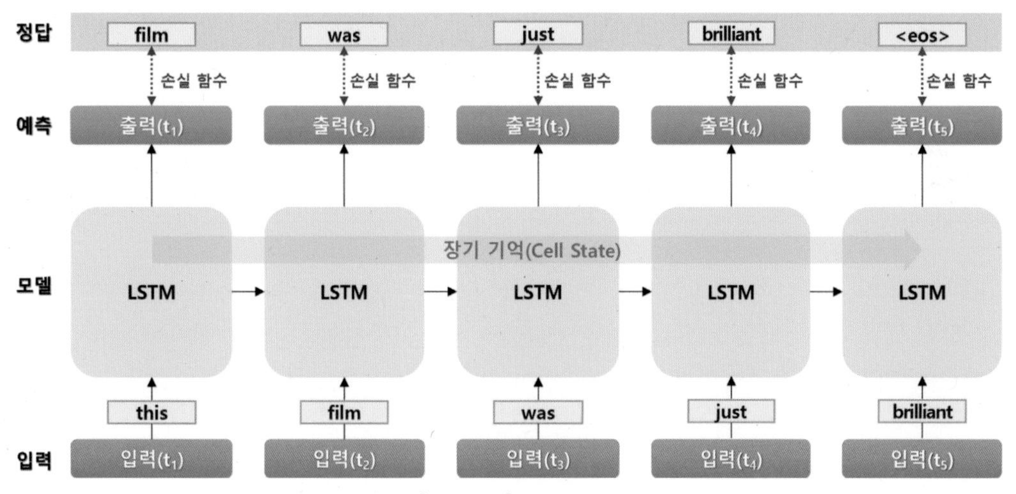

[그림 6-26] LSTM 구조

RNN과 비슷하게 LSTM 모델 아키텍처를 만들고 학습한 결과를 그래프로 시각화한다. 학습 초기에도 굉장히 좋은 성능을 보인다. 과대적합이 초기부터 발생한 것으로 보인다. LSTM 레이어를 2개 사용했는데 1개만 사용하거나 모델 구조를 단순화하는 시도가 필요하다.

```
[14] # LSTM 모델 적용
     lstm_model = build_model('LSTM')

     lstm_history = lstm_model.fit(X_train_pad, y_train, batch_size=32, epochs=10,
                                   validation_split=0.1, verbose=0)

     plot_metrics(history=lstm_history, start=1, end=10)
```

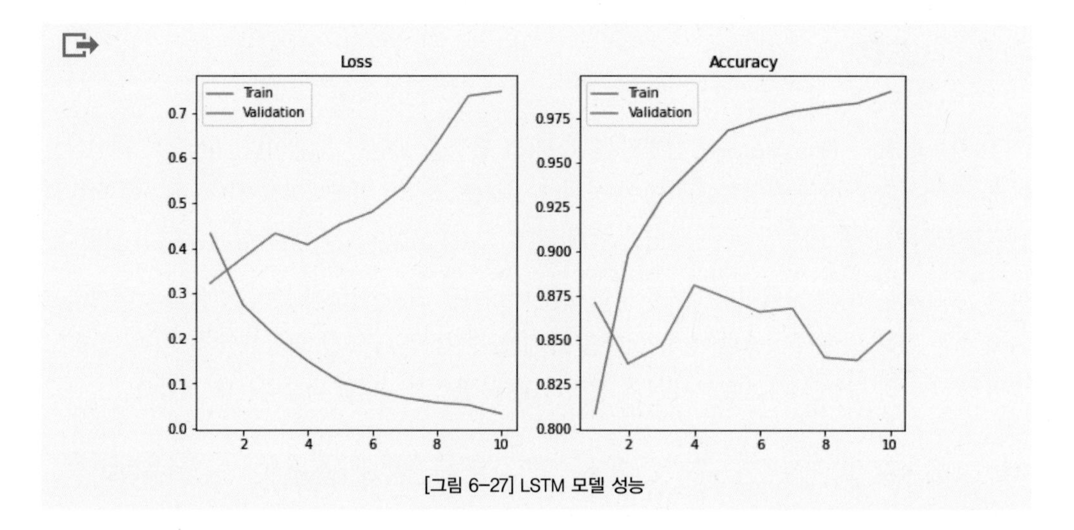

[그림 6-27] LSTM 모델 성능

4-6 GRU

GRU(Gated Recurrent Unit)는 LSTM의 느린 학습 속도를 개선하기 위해 제안된 알고리즘이다. LSTM은 입력 시퀀스의 길이가 길어지면 학습해야 하는 가중치 파라미터의 개수가 기하급수적으로 늘기 때문에 학습 속도가 느리다는 단점이 있다. GRU는 LSTM의 셀을 단순한 구조로 변경하여 모델의 파라미터 개수를 줄이고 학습 속도를 개선한 모델이다.

앞에서 학습한 RNN, LSTM과 비슷한 구조를 갖도록 GRU 신경망을 2개 이어서 연결하여 학습한다. LSTM과 모델 성능은 비슷하고 과대적합이 발생하는 패턴도 비슷하다.

```
[15] # GRU 모델 적용
     gru_model = build_model('GRU')
     gru_model.compile(optimizer='adam',
                       loss='binary_crossentropy',
                       metrics=['accuracy'])

     gru_history = gru_model.fit(X_train_pad, y_train, batch_size=32, epochs=10,
                                 validation_split=0.1, verbose=0)

     plot_metrics(history=gru_history, start=1, end=10)
```

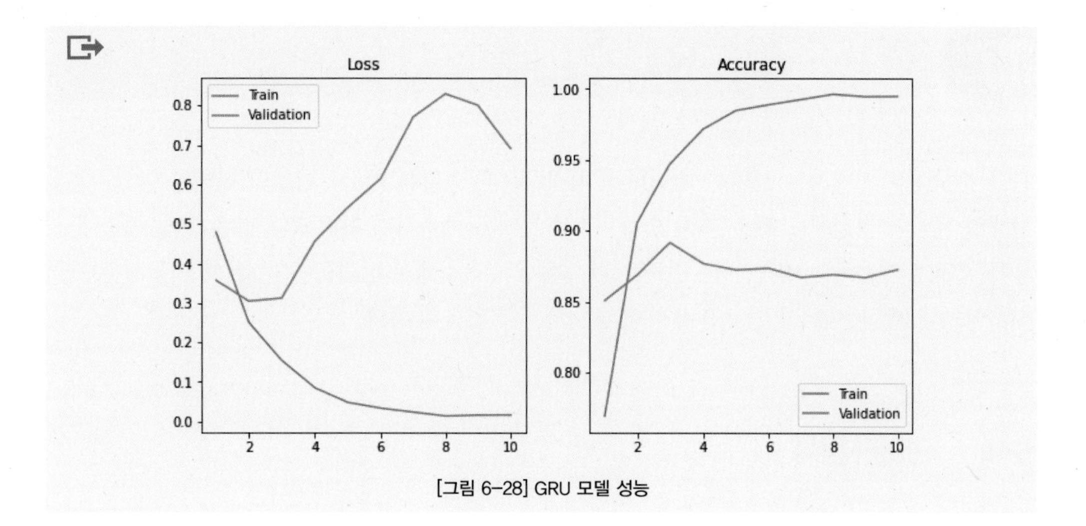

[그림 6-28] GRU 모델 성능

05 시계열 분석:전력 거래 가격 예측

시간 순서대로 이어지는 시퀀스 데이터를 처리하는데 적합한 RNN 계열의 딥러닝 알고리즘은 시계열 데이터 분석에도 활용할 수 있다. 주식 가격을 예측하거나 온도와 같은 기상 예측에 사용하는 것이 가능하다. 이번에는 전력 거래소에서 발전소에서 전력을 구매할 때 지급하는 가격(SMP)을 시계열 데이터를 활용하여 예측하는 예제를 연습해 본다.

5-1 데이터 탐색

필수 라이브러리와 랜덤 시드를 정하고 구글 드라이브에 마운트하는 코드를 실행한다. 이 책에서 다루는 데이터 파일(smp.csv)은 정보문화사 홈페이지(infopub.co.kr) 자료실에서 다운로드 받은 예제 파일에 포함되어 있다. 데이터 파일을 구글 드라이브 [내 드라이브]에 smp라는 폴더를 만들고 그곳에 업로드한다.

데이터 파일은 전력 거래소 EPSIS 전력통계 정보 사이트(http://epsis.kpx.or.kr/epsisnew/selectEkmaSmpShdChart.do?menuId=040202)에서 국내 육지(제주 제외 내륙 지역) 기준 전력 거래가격(SMP) 데이터를 다운로드 받아 일별 최고가(smp_max), 최저가(smp_mean), 평균값(smp_mean)을 정리하였다. 기간은 2018년 1월 1일부터 2020년 3월 31일까지 데이터를 포함한다.

〈소스〉 6.5_time_series.ipynb

```
[1] # 라이브러리 설정
    import pandas as pd
    import numpy as np
    import tensorflow as tf
    import matplotlib.pyplot as plt
    import seaborn as sns
    import random

    # 랜덤 시드 고정
    SEED=12
    random.seed(SEED)
    np.random.seed(SEED)
    tf.random.set_seed(SEED)
```

```
# 구글 드라이브 폴더 마운트
from google.colab import drive, files
drive.mount('/gdrive')
```

```
Mounted at /gdrive
```

CSV 파일을 불러와 smp라는 변수에 데이터프레임 형식으로 저장한다. date 열의 날짜 데이터는 문자열로 저장되어 있는데, 날짜를 표시하는 datetime 자료형으로 변환한다. dt 속성을 사용하면 날짜 정보를 추출할 수 있다. 다음의 예제에서 요일을 나타내는 dayofweek을 추출하여 새로운 열에 추가하였다.

```
[2] # 전력 거래소 전력 거래가격(SMP) 데이터 다운로드(2018.1.1.~2020.3.31)
    # http://epsis.kpx.or.kr/epsisnew/selectEkmaSmpShdChart.do?menuId=040202
    drive_path = "/gdrive/My Drive/"
    smp = pd.read_csv(drive_path + "smp/smp.csv")

    # 날짜 데이터를 time series 형식으로 변환
    smp['date'] = pd.to_datetime(smp['date'])
    smp['day_of_week'] = smp['date'].dt.dayofweek

    print(smp.shape)
    smp.head()
```

```
(820, 5)
```

	date	smp_max	smp_min	smp_mean	day_of_week
0	2018-01-01	95.93	73.69	84.88	0
1	2018-01-02	95.70	88.36	92.57	1
2	2018-01-03	96.47	88.37	92.34	2
3	2018-01-04	98.09	88.37	92.14	3
4	2018-01-05	96.12	88.23	92.42	4

[그림 6-29] smp 데이터

요일 데이터는 숫자 0, 1, 2, 3, 4, 5, 6으로 저장되어 있다. 요일의 순서는 의미가 있으나 상대적인 크기는 의미가 없는 범주형 데이터이므로 원핫 인코딩 변환하여 딥러닝 모델에 입력하는 것이 좋은 결과를 얻을 수 있다. 판다스 get_dummies 함수를 사용하여 원핫 인코딩을 수행한다.

```
[3] # Onehot Encoding
    smp['day_of_week'] = smp['day_of_week'].astype('category')
    smp = pd.get_dummies(smp, columns = ['day_of_week'], prefix='W', drop_first=True)

    smp.head()
```

	date	smp_max	smp_min	smp_mean	W_1	W_2	W_3	W_4	W_5	W_6
0	2018-01-01	95.93	73.69	84.88	0	0	0	0	0	0
1	2018-01-02	95.70	88.36	92.57	1	0	0	0	0	0
2	2018-01-03	96.47	88.37	92.34	0	1	0	0	0	0
3	2018-01-04	98.09	88.37	92.14	0	0	1	0	0	0
4	2018-01-05	96.12	88.23	92.42	0	0	0	1	0	0

[그림 6-30] 원핫 인코딩

전력 거래 가격을 나타내는 3개의 변수(smp_max, smp_mean, smp_min)를 각각 그래프로 그려본다. 3개 변수를 하나의 그래프에 함께 출력해 본다. 시계열 데이터의 일반적인 특징인 주기성 등을 확인할 수 있다. 그리고 smp_max와 smp_min의 경우 값이 매우 크거나 작은 이상치(outlier)를 갖는 것도 확인할 수 있다. 여기서는 이상치를 검출하는 것보다는 장기적인 트렌드를 파악하는 것을 우선 목표로 설정한다.

```
[4] # 그래프 그리기
    fig, axes = plt.subplots(4, 1, figsize=(20, 20))

    axes[0].plot(smp['date'], smp['smp_max'])
    axes[0].set_title('smp_max')

    axes[1].plot(smp['date'], smp['smp_mean'])
    axes[1].set_title('smp_mean')

    axes[2].plot(smp['date'], smp['smp_min'])
    axes[2].set_title('smp_min')

    axes[3].plot(smp['date'], smp['smp_max'], label='smp_max')
    axes[3].plot(smp['date'], smp['smp_mean'], label='smp_mean')
    axes[3].plot(smp['date'], smp['smp_min'], label='smp_min')
```

```
axes[3].set_title('SMP')
axes[3].legend()

plt.show()
```

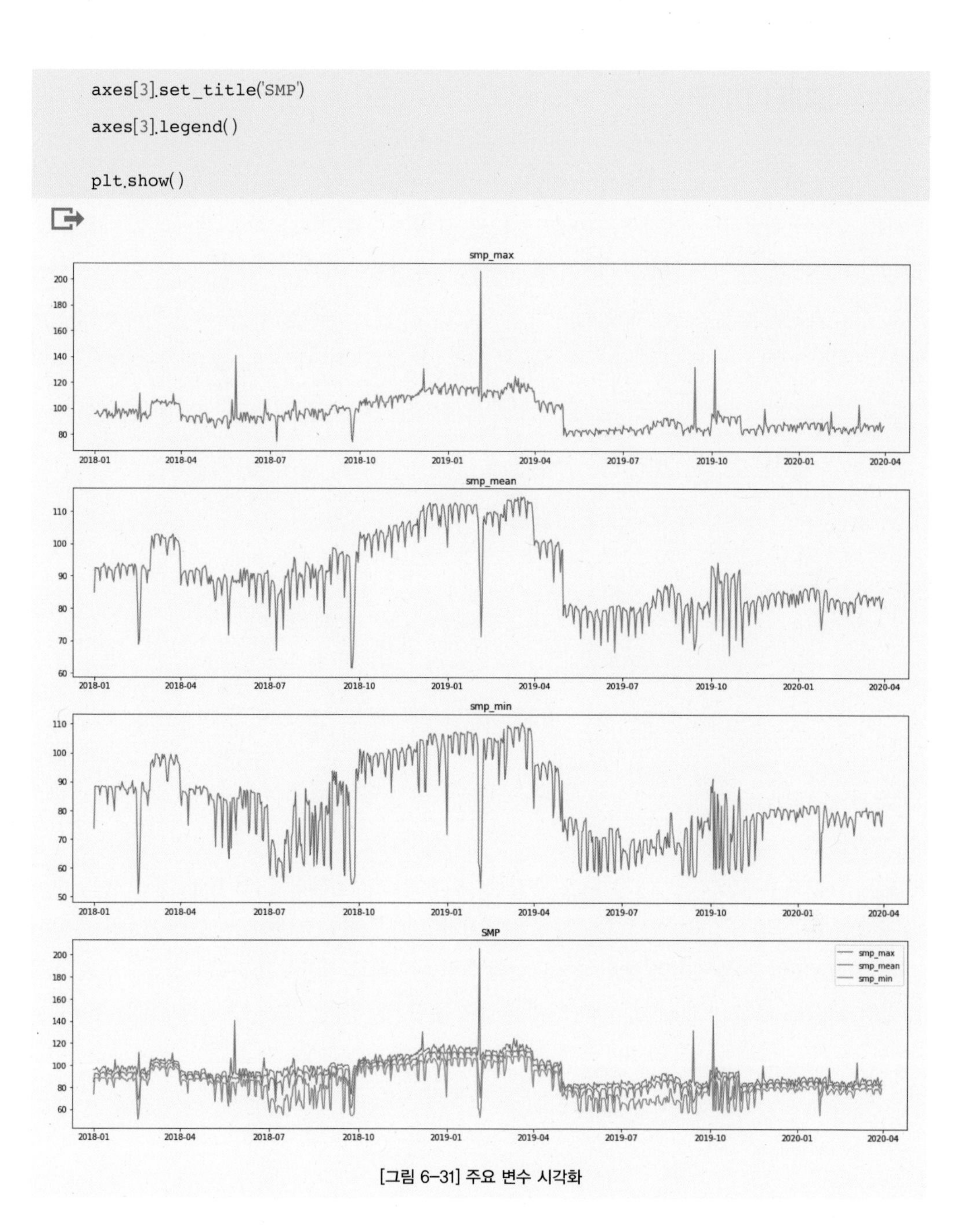

[그림 6-31] 주요 변수 시각화

5-2 데이터 전처리

모델 학습에 앞서 시계열 데이터를 특정한 시점을 기준으로 학습 데이터와 검증 데이터로 구분하는 작업이 필요하다. 여기서는 2019년 12월 31일까지 데이터를 학습 데이터로 사용하고, 2020년 1월 1일부터 이후 시점의 데이터를 검증용으로 사용하려고 한다.

최근 10일 데이터를 학습하여 예측하는 날로부터 3일이 경과한 날의 SMP 가격을 예측하는 모델을 만든다. 과거 10일을 나타내는 window_size와 3일 후를 나타내는 future를 지정한다.

```
[5] # Settings
    train_split_idx = 729    # 2020.1.1. 행 인덱스 번호
    window_size = 10         # 과거 10일 동안 시계열 데이터를 학습 데이터로 사용
    future = 3               # 3일 이후의 타깃 예측

    # Features
    X_train = smp.iloc[:train_split_idx - window_size - future, 0:]

    # Targets
    y_train = smp.iloc[window_size + future :train_split_idx, [3]]  # 'smp_mean' 열

    print(X_train.shape, y_train.shape)
```

```
(716, 10) (716, 1)
```

X_train 데이터프레임의 첫 15개 행을 출력한다. 행 인덱스 0부터 14까지 15개의 샘플 데이터 중에서 행 인덱스 10의 데이터를 현재 시점이라고 가정하자. 날짜로는 2018년 1월 11일이다. 그 이전 10일 간의 데이터(행 인덱스 0~9)를 입력 데이터로 사용하고 3일이 지난 2018년 1월 14일의 smp_mean(SMP 평균) 값인 89.23이 정답이 된다. 행 인덱스로는 13에 해당하는 값이다.

```
[6] X_train.head(15)
```

	date	smp_max	smp_min	smp_mean	W_1	W_2	W_3	W_4	W_5	W_6
0	2018-01-01	95.93	73.69	84.88	0	0	0	0	0	0
1	2018-01-02	95.70	88.36	92.57	1	0	0	0	0	0
2	2018-01-03	96.47	88.37	92.34	0	1	0	0	0	0
3	2018-01-04	98.09	88.37	92.14	0	0	1	0	0	0
4	2018-01-05	96.12	88.23	92.42	0	0	0	1	0	0
5	2018-01-06	94.09	88.38	91.14	0	0	0	0	1	0
6	2018-01-07	93.31	85.28	88.42	0	0	0	0	0	1
7	2018-01-08	95.69	87.72	92.71	0	0	0	0	0	0
8	2018-01-09	95.71	88.48	92.61	1	0	0	0	0	0
9	2018-01-10	98.09	88.48	92.90	0	1	0	0	0	0
10	2018-01-11	99.04	88.24	93.89	0	0	1	0	0	0
11	2018-01-12	97.65	88.23	93.15	0	0	0	1	0	0
12	2018-01-13	99.41	88.41	91.16	0	0	0	0	1	0
13	2018-01-14	92.43	87.06	89.23	0	0	0	0	0	1
14	2018-01-15	95.69	82.10	92.17	0	0	0	0	0	0

input

T-10일(과거)

T-0일(현재)

T+3일(미래)

target

[그림 6-32] X_train 데이터프레임

y_train 변수의 데이터를 보면 첫 번째 목표 레이블 값이 13번 행 인덱스에 해당하는 89.23이라는 것을 확인할 수 있다.

```
[7] y_train.head(5)
```

	smp_mean
13	89.23
14	92.17
15	92.88
16	91.88
17	91.72

[그림 6-33] y_train 데이터프레임

smp 데이터프레임에서 행과 열을 필터링하여 X_test를 추출한다. 2020년 1월 1일의 smp_mean 값을 첫 번째 목표 레이블(y_train)로 만들기 위해 window_size와 future를 행 인덱스에서 차감한다. 91개의 목표 레이블 값을 갖는 검증 데이터셋이 준비되었다.

```
[8] # X_test
    test_start = train_split_idx - window_size - future  # 테스트 데이터 시작 행
    test_end = smp.shape[0] - window_size - future
    X_test = smp.iloc[test_start:test_end, 0:]

    # y_test
    # label_start =  + future # 테스트 데이터의 첫 번째 타깃 데이터 위치
    y_test = smp.iloc[train_split_idx:, [3]]  # 'smp_mean' 열 선택

    print(X_test.shape, y_test.shape)
```

```
(91, 10) (91, 1)
```

X_test의 내용 일부를 출력해서 확인한다. 입력 데이터로 사용할 타임스텝(window_size)과 현재 시점과 예측 목표가 되는 시점 간의 차이(future)에 유의한다. 2019년 12월 29일에 3일 후인 2020년 1월 1일의 SMP 평균 가격(smp_mean)을 예측하려면, 2019년 12월 19일부터 12월 28일까지 시계열 데이터를 입력 데이터로 사용하게 된다.

```
[9] X_test.head(15)
```

	date	smp_max	smp_min	smp_mean	W_1	W_2	W_3	W_4	W_5	W_6
716	2019-12-19	87.62	80.90	84.64	0	0	1	0	0	0
717	2019-12-20	88.08	80.12	84.86	0	0	0	1	0	0
718	2019-12-21	83.45	79.85	82.37	0	0	0	0	1	0
719	2019-12-22	84.47	76.97	80.76	0	0	0	0	0	1
720	2019-12-23	88.43	78.22	84.16	0	0	0	0	0	0
721	2019-12-24	87.89	80.61	84.56	1	0	0	0	0	0
722	2019-12-25	83.20	79.87	81.53	0	1	0	0	0	0
723	2019-12-26	87.34	80.03	84.70	0	0	1	0	0	0
724	2019-12-27	87.69	80.56	84.66	0	0	0	1	0	0
725	2019-12-28	84.58	80.38	81.98	0	0	0	0	1	0
726	2019-12-29	82.25	78.04	80.63	0	0	0	0	0	1
727	2019-12-30	88.05	76.22	84.46	0	0	0	0	0	0
728	2019-12-31	86.09	79.85	82.86	1	0	0	0	0	0
729	2020-01-01	86.20	77.83	81.46	0	1	0	0	0	0
730	2020-01-02	89.68	79.04	85.51	0	0	1	0	0	0

[그림 6-34] X_test 데이터프레임

y_trest 변수의 첫 번째 목표 레이블 값이 729번 행 인덱스에 해당하는 81.46이다. X_test와 잘 매핑되어 정리된 것을 확인할 수 있다.

```
[10] y_test.head(5)
```

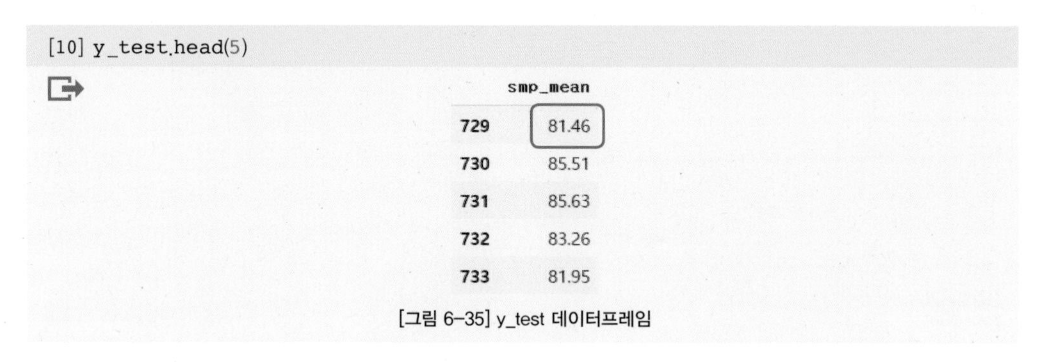

	smp_mean
729	81.46
730	85.51
731	85.63
732	83.26
733	81.95

[그림 6-35] y_test 데이터프레임

딥러닝 모델의 성능을 확보하려면 피처 스케일링으로 전처리를 하는 것이 좋다. 사이킷런 MinMaxScaler를 사용하여 입력 데이터를 0~1 범위로 정규화한다.

```
[11] # Feature Scaling
     X_train_scaled = X_train.loc[:, 'smp_max':]
     X_test_scaled = X_test.loc[:, 'smp_max':]

     from sklearn.preprocessing import MinMaxScaler
     scaler=MinMaxScaler()
     scaler.fit(X_train_scaled.values)
     X_train_scaled.loc[:, :] = scaler.transform(X_train_scaled.values)
     X_test_scaled.loc[:, :] = scaler.transform(X_test_scaled.values)
```

시계열 데이터를 미니 배치로 학습하려면 타임스텝에 맞춰 배치 크기만큼 시계열 데이터를 묶어주는 작업이 필요하다.

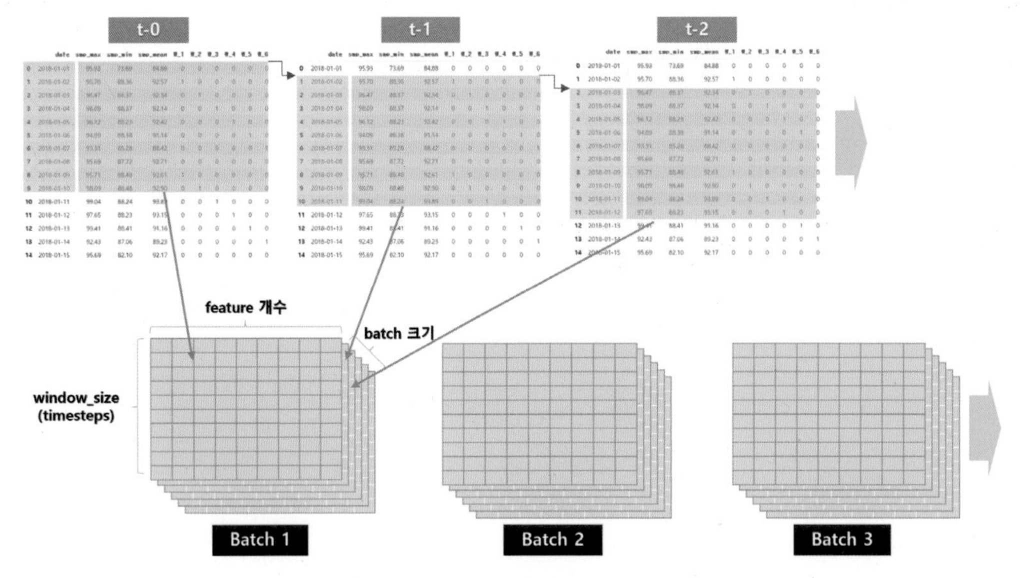

[그림 6-36] 시계열 데이터를 미니 배치로 만들기

텐서플로 케라스는 timeseries_dataset_from_array 함수를 지원한다. 앞에서 정리한 입력 데이터(X)와 목표 레이블(y) 배열을 입력하면 타임스텝을 하나씩 이동하면서 시계열의 길이(sequence_length)만큼 데이터를 그룹화한다. 그리고 앞에서 만든 시계열 그룹을 배치 크기(batch_size)에 입력한 개수만큼 묶어서 미니 배치를 만든다.

```
[12] # Mini Batch 크기로 시계열 변환
     from tensorflow.keras.preprocessing import timeseries_dataset_from_array
     train_data = timeseries_dataset_from_array(
        X_train_scaled, y_train, sequence_length=window_size, batch_size=16)
     test_data = timeseries_dataset_from_array(
        X_test_scaled, y_test, sequence_length=window_size, batch_size=16)

     print(train_data)
     print(test_data)
```

```
<BatchDataset shapes:((None, None, 9), (None, 1)), types:(tf.float64, tf.float64)>
<BatchDataset shapes:((None, None, 9), (None, 1)), types:(tf.float64, tf.float64)>
```

앞의 실행 결과에서 배치 데이터셋(BatchDataset) 객체가 투플로 반환되는데 입력 데이터는 (None, None, 9)의 크기를 갖고, 목표 레이블은 (None, 1) 형태를 갖는다. (None, None, 9)에서 앞의 None은 배치 크기에 해당하고 뒤의 None은 시계열의 길이에 해당한다.

마지막 9는 입력 피처의 개수를 나타낸다. 목표 레이블의 (None, 1)에서 None은 배치 크기를 나타낸다.

미니 배치의 형태를 확인한다. 배치 데이터셋 객체에 take 함수를 사용하면 입력한 개수만큼 배치를 추출할 수 있다. 숫자 1을 입력하면 첫 번째 배치를 가져온다. 검증 데이터(test_data)의 입력 데이터(inputs) 형태를 확인한다. 10개 타입스텝에 대한 9개 피처 데이터가 16개씩 하나의 배치를 이루는 것을 알 수 있다. 목표 레이블(targets)도 배치에 16개 데이터가 있다.

```
[13] for batch in test_data.take(1):
         inputs, targets = batch

     print("Input:", inputs.numpy().shape)
     print("Target:", targets.numpy().shape)
```

```
Input:(16, 10, 9)
Target:(16, 1)
```

배치를 구성하는 16개 데이터 중에서 첫 번째 데이터를 출력해 보면 (10 타입스텝, 9 피처) 형태를 갖는다. 정규화 변환을 했기 때문에 각 피처의 데이터는 0~1 범위의 값을 갖는다.

```
[14] inputs[0]
```

```
<tf.Tensor:shape=(10, 9), dtype=float64, numpy=
array([[0.10309278, 0.50160013, 0.43581017, 0.        , 0.        ,
        1.        , 0.        , 0.        , 0.        ],
       [0.10657975, 0.48846219, 0.43996975, 0.        , 0.        ,
        0.        , 1.        , 0.        , 0.        ],
       [0.07148272, 0.48391443, 0.39289091, 0.        , 0.        ,
        0.        , 0.        , 1.        , 0.        ],
       [0.07921468, 0.43540509, 0.36245037, 0.        , 0.        ,
        0.        , 0.        , 0.        , 1.        ],
       [0.10923287, 0.45645949, 0.42673473, 0.        , 0.        ,
        0.        , 0.        , 0.        , 0.        ],
       [0.10513948, 0.49671551, 0.4342976 , 1.        , 0.        ,
        0.        , 0.        , 0.        , 0.        ],
       [0.06958763, 0.48425131, 0.37700889, 0.        , 1.        ,
        0.        , 0.        , 0.        , 0.        ],
       [0.10097029, 0.48694627, 0.4369446 , 0.        , 0.        ,
        1.        , 0.        , 0.        , 0.        ],
       [0.10362341, 0.49587334, 0.43618832, 0.        , 0.        ,
        0.        , 1.        , 0.        , 0.        ],
       [0.08004851, 0.4928415 , 0.38551711, 0.        , 0.        ,
        0.        , 0.        , 1.        , 0.        ]])>
```

목표 레이블 배치의 16개 원소 중에서 첫 번째 값은 81.46이다. 앞의 10번 코드 셀의 실행 결과에서 확인한 행 인덱스 729에 해당하는 값과 같다는 것을 알 수 있다(2020년 1월 1일).

```
[15] targets[0]
```

```
<tf.Tensor:shape=(1,), dtype=float64, numpy=array([81.46])>
```

5-3 LSTM 모델로 시계열 예측

간단한 LSTM 모델을 구성해서 학습한다. 입력 데이터의 형태를 지정하여 Input 레이어를 설정한다. Squential API를 활용하여 LSTM 레이어와 Dense 레이어를 추가한다. 최종 출력은 선형 회귀 문제이므로 linear 활성화 함수를 사용한다. 옵티마이저와 손실 함수를 정의한다.

```
[16] from tensorflow.keras.models import Sequential
     from tensorflow.keras.layers import Input, LSTM, Dense

     model = Sequential()
     model.add(Input(shape=[10, 9]))

     model.add(LSTM(units=32, return_sequences=False))
     model.add(Dense(units=1, activation='linear'))

     model.compile(optimizer='adam', loss='mse', metrics=['mae'])

     model.summary()
```

```
Model:"sequential_13"

_________________________________________________________________
Layer (type)                 Output Shape              Param #
=================================================================
lstm_13 (LSTM)               (None, 32)                5376

_________________________________________________________________
dense_13 (Dense)             (None, 1)                 33
=================================================================
Total params:5,409
Trainable params:5,409
Non-trainable params:0
_________________________________________________________________
```

모두 500에포크를 훈련하고 검증 데이터(test_data)를 사용하여 교차 검증한다. 손실 함수 그래프를 그려보면 학습은 안정적으로 잘 이루어지는 것을 알 수 있다.

```
[17] # 모델 훈련
     history = model.fit(train_data, epochs=500,
                         validation_data=test_data,
                         verbose=0)

     # 손실 함수 그래프
     def plot_loss_curve(history, total_epoch=10, start=1):
         plt.figure(figsize=(5, 5))
         plt.plot(range(start, total_epoch + 1),
                  history.history['loss'][start-1:total_epoch],
                  label='Train')
         plt.plot(range(start, total_epoch + 1),
                  history.history['val_loss'][start-1:total_epoch],
     label='Validation')
         plt.xlabel('Epochs')
         plt.ylabel('mse')
         plt.legend()
         plt.show()

     plot_loss_curve(history=history,
                     total_epoch=len(history.history['loss']), start=1)
```

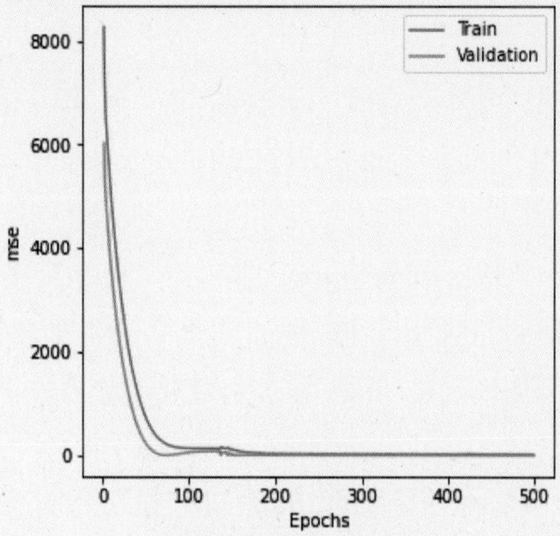

[그림 6-37] 손실 함수 그래프

학습을 마친 모델에 predict 메소드를 적용하면 모델의 예측값을 얻을 수 있다. 검증 데이터(test_data)를 입력하면 2020년 1월 1일부터 82일 동안의 SMP 평균 거래 가격을 예측한다.

```
[18] y_pred = model.predict(test_data)
     y_pred.shape
```

```
(82, 1)
```

검증 데이터의 실제값(y_test)과 모델의 예측값(y_pred)을 시계열 그래프로 그린다. 모델이 시계열의 주기성 등을 반영하면서 장기 트렌드로 잘 추적하는 것을 볼 수 있다.

```
[19] plt.figure(figsize=(20, 10))
     plt.plot(range(len(y_pred)), y_test[window_size-1:], label='y_test')
     plt.plot(range(len(y_pred)), y_pred, label='y_pred')
     plt.legend()
     plt.show()
```

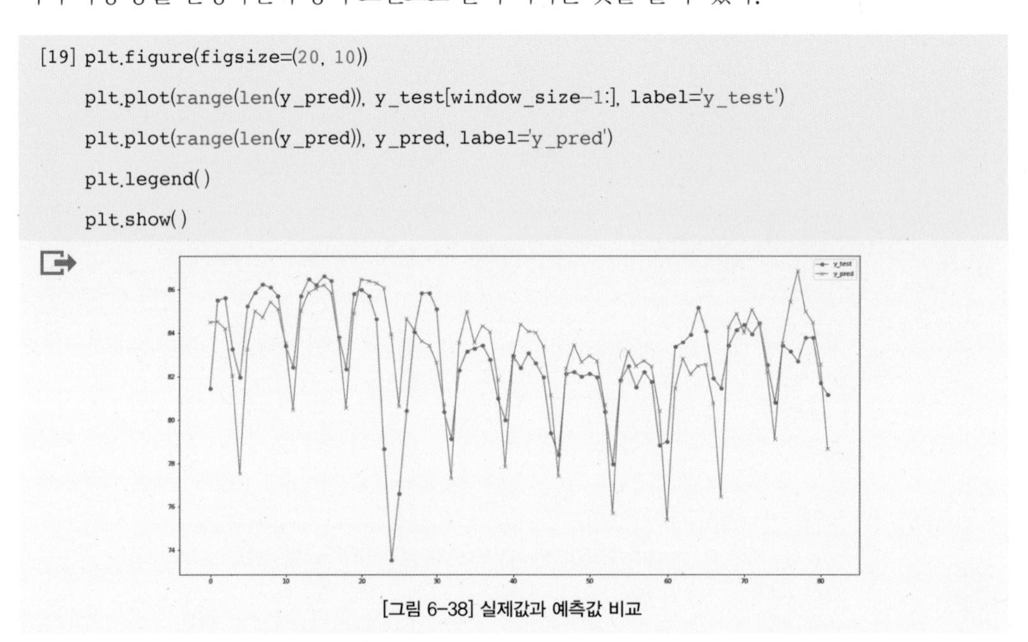

[그림 6-38] 실제값과 예측값 비교

예제에서는 9개의 피처를 선택해서 학습에 사용하였다. 각자 모델 성능을 높일 수 있는 방법을 적용해 보자. 평균 가격과 상관 계수가 높은 편인 smp_max와 smp_mean을 제거하고 학습하는 것도 실험해 볼 필요가 있다.

학습에 사용하는 과거 타임스텝인 window_size, 배치 크기를 나타내는 batch_size, 적용하는 모델의 종류(LSTM, GRU 등)와 아키텍처(레이어 개수, 유닛 수, 활성화 함수, 드랍아웃 등)를 다르게 가져가면서 모델 성능을 비교한다. 모두 모델 성능에 영향을 미치는 하이퍼파라미터에 해당하기 때문이다.

며칠 후의 레이블을 예측할 것인지 정하는 future를 다른 값으로 지정하면 원하는 시점의 시계열 예측 모델을 만들 수 있다. 예를 들어, future를 1로 설정하면 다음 날의 목표 레이블을 예측하는 모델이 되고, future를 7로 설정하면 1주일이 경과한 시점을 예측하게 된다.

찾아보기

찾아보기

찾아보기

찾아보기